スタートアップ
起業の実践論

伊藤紀行 著
[DIMENSION株式会社]

起業家70名のストーリーから投資家が紐解く、成功の原則

・スタートアップを成功させるためには何が必要なのか？
・何をすべきで、何に気をつけるべきなのか？

日々、多くの起業家の皆さんに身近に接しているベンチャーキャピタルの視点から、これらの問いに答える事業成長の原則を紐解きたく、本書を執筆しました。

筆者は独立系のベンチャーキャピタルであるDIMENSIONファンドに所属しており、日々スタートアップへの投資と経営支援に従事しています。弊社はその前身となるドリームインキュベータ時代の実績を含めると、20年の期間にわたり１５０社を超えるスタートアップへの投資を実行し、そのうち32社が上場（２０２３年3月現在）しています。

出資・支援先は、ポケトーク（累計１００万台を突破したAI通訳機を提供）、カバー（世界に７０００万人のファンを持つ、VTuber事務所を運営）、LegalOn Technologies（ＡＩによる契約審査システムを提供）などです。

スタートアップが成功する確率は１００社に１社とも、１０００社に１社ともいわれる中で、出資先の5社に1社の上場実績は「高打率」と表現されることもあります。その成果を実現するため、弊社は厳選集中投資の方針を掲げています。投資担当のフロントメンバーで毎月１００社を超える起業家の方にお会いし、弊社の支援がマッチしそうな企業を探し出します。そして、さまざまな角度から調査や分析・お客様や有識者へのインタビューを重ねた上で、やっと月に1社出資するか否かという割合です。その過程で我々が検証している視点や、出資後の起業家への伴走支援で得られた知見を本書でお伝えできたらと思っています。

もちろん、スタートアップの主役は起業家および経営陣、さらには各社で働く従業員の皆さんであり、投資家は黒子的な存在にすぎません。ですので、本書はリアルな実践例として上場・未上場の起業家の実際のエピソードを軸にしながら、投資家としての客観的な観点を織り交ぜて考察していきます。起業家のリアルな軌跡をケーススタディとして、具体的なイメージをつかんでもらえればと幸いです。これまで弊社オウンドメディアの取材に応じてくださった70名を超える起業家の皆さんの実体験が、本書の土台になっています。

本書で紹介する、スタートアップの急成長を支えるノウハウは、伝統的な企業でも活用できる箇所があると考えています。世の中が目まぐるしく変化していく昨今では、ほんの数か月の差分が、市場を制するリーダーとなれるか、追随する1社で終わるかの明暗を分けてしまうこともあります。本書では起業の実例とともに、大きな成長を比較的短い期間で実現する方法を紹介していきます。この本が、読者の皆さんが手掛ける事業を飛躍させる一助になり、事業の成功につながることを切に願っております。

また、国内のスタートアップへの投資額は過去10年で約10倍と大きく成長しました。さらに、政府は2022年を「スタートアップ創出元年」とし、人材・資金・ビジネス環境でさまざまな支援展開を発表しています。この大きな流れに乗って、日本の課題解決と経済成長を担うスタートアップの躍進に我々ベンチャーキャピタルも貢献できればと思っています。日本からスタートアップがどんどん生まれグローバルに成長していく未来を、一緒に創っていきましょう！

伊藤紀行

2023年3月

構成について

本書の構成は大きく、前編、中編、後編に分かれています。

・前編：事業の核になる課題の発見／仮説の検証／投資家からの資金調達
・中編：ビジョンの設定／採用と組織づくり／マーケティング＆集客
・後編：非連続的な事業成長のためのチャンスとリスク／ＩＰＯの実現

スタートアップを起業した後や、新しい事業をおこした後にたどるべきステップについて、注意点を付記しながら順を追って説明しています。ただし、これらが必ずしも順番どおりに起こるわけではなく、後のステップを先に経験することになったり、同時並行で進んでいくケースもあります。場合によっては資金を集めた後に最初のステップに戻り、事業転換をせざるを得ないようなケースもあります。

最初から順番に読んで頂いても、気になる箇所やいま必要な個所を拾って読んでいただいてもかまいません。例えば、まさにいま投資家からの資金調達を考えている方は、ステージ3から読むと効率がいいでしょう。あるいは、ケーススタディとしてリアルな起業家のストーリーも含めていますので、ご自身が好きな起業家のストーリーを目次から選び、彼らのたどった道を追体験していただくのも面白いかと思います。その多くは七転び八起きの挑戦の物語で、成功した起業家のストーリーを追体験することで、自らの糧とすることができるはずです。ページ数の関係から内容を抜粋して掲載しているので、更に詳しく知りたい場合は起業家のインタビューの全文が掲載されている「DIMENSION NOTE」のウェブサイト（https://dimension-note.jp/）、もしくは我々のYouTubeチャネル（https://www.youtube.com/@dimension5757）よりご確認ください。同チャネルでは、インタビューのポイントを抜粋して投稿しています。

また、本書を手に取ってくださった皆さんに1つ提案があります。筆者は週末を中心にビジネススクールの「ベンチャー戦略プランニング」や「ビジネスアナリティクス」のクラスに登壇しています。その際にクラスでの理論的な学びをお勉強で終わらせてしまうのではなく、自分の日々の実務で実践することを強く推奨しています。この本でもなるべく皆さんが実践することを想定しながら、理論的な説明と具体的な事例を行き来するような構成をとってみました。知識としてスタートアップのノウハウを知るだけではなく、実際にやってみる、自身の関わるビジネスを前進させる一助となればと願っています。

読者の方々へ

この本は起業を志す人・企業内で新しい事業づくりに挑戦する人だけではなく、スタートアップで働くことに関心がある方にも、〝目利き〟の視点で参考になるのではないかと思います。なぜなら、スタートアップに参画することで自身の貴重な資源である時間を投下することになり、多額のお金を投資する私たち投資家と同等、もしくはそれ以上に真剣な目利きが必要になりうるからです。

ミクロの視点で見たとき、一般論として大きな企業で働くより個々人の裁量権が大きくなるケースが多く、スタートアップで働くこと自体が、自身を大きく成長させてくれる場合もあるでしょう。また、成長する企業で働くことで、スキルやネットワークの面でも、経済的な面でも報われる可能性もあります。かつて黎明期のGoogleへの参画を（優良企業からの好待遇のオファーと比べる中で）迷っていたシェリル・サンドバーグ氏に、エリック・シュミット氏はこう熱く語ったそうです。

〝ロケットに乗れる機会を得たなら、迷わず飛び乗れ。急速に成長していて大きなインパクトを残している会社なら、キャリアは勝手についてくる。どの座席にいるかは関係ない〟
（シェリル・サンドバーグ氏のハーバードビジネススクール卒業式でのスピーチ※より、筆者意訳）

そう、大成功するスタートアップの一員として働けば、皆さんのキャリアはまさにロケットのような飛躍を遂げ、想像を超えるほどの成功につながる可能性があります。実力があるのに、安定した環境でくすぶっているのはもったいないと思いませんか。人生の先輩方が築いてきた事業を更に大きくすることも非常に素晴らしいことですが、自分たちで新しい事業をつくることにチャレンジしてみることも、とてもワクワクすることだと思います。

一方で、スタートアップに失敗はつきものです。我々の出資支援先の5社に1社が上場していると「まえがき」でお伝えしましたが、逆にいうと残り4社は上場に至っていないということです（上場＝成功という意図ではありません。こちらについては本文にて触れます）。この確率を高いとみるか低いとみるかは皆さん次第ですが、いわゆる安定したキャリアではないことは確かです。人生の貴重な数年を費やしたにも関わらず、その会社がなくなってしまったり、不本意な形で買収されてしまったりする可能性もありえます。その事実を踏まえた上で、皆さんが参画を検討しているスタートアップが自分の人生の貴重な時間を投下するに値する企業なのか、その目利きに本書の内容が活きればと思っています。

これからスタートアップの参画を検討される皆さんには、当該企業を自身で〝目利き〟し、できれば当初のプランが崩れた場合の、プランBもしくはプランCをしっかり持った上で、素晴らしいキャリアにつなげてほしいと切に願っております。

※SHERYL SANDBERG - 2012 HBS GRADUATION CEREMONY
Get on a rocket ship. When companies are growing quickly and they are having a lot of impact, careers take care of themselves. If you're offered a seat on a rocket ship, don't ask what seat. Just get on.
(https://youtu.be/2Db0_RafutM)

スタートアップ 起業の実践論

ベンチャーキャピタリストが紐解く、成功の原則

目次

※本書は、オンラインメディア『DIMENSION NOTE』に掲載された起業家インタビューをベースに、加筆・再構成したものです。

Stage:1

課題発見

事業の核となる、アイデアを見つける

メディアなどでは成功した事例がとりあげられるため、起業の本当の初期段階について具体的なイメージを持っている人は少ない。このステージでは、課題の発見、課題の初期検証、発見後の初期動作の各ステップでカギになる要素について、起業家の事例とともに検証していく。課題の見つけ方、市場の規模やタイミングの初期的な検証についてふれるため、既に課題を見つけており事業をスタートしている人は、次のステージから読み始めてもらってかまわない。

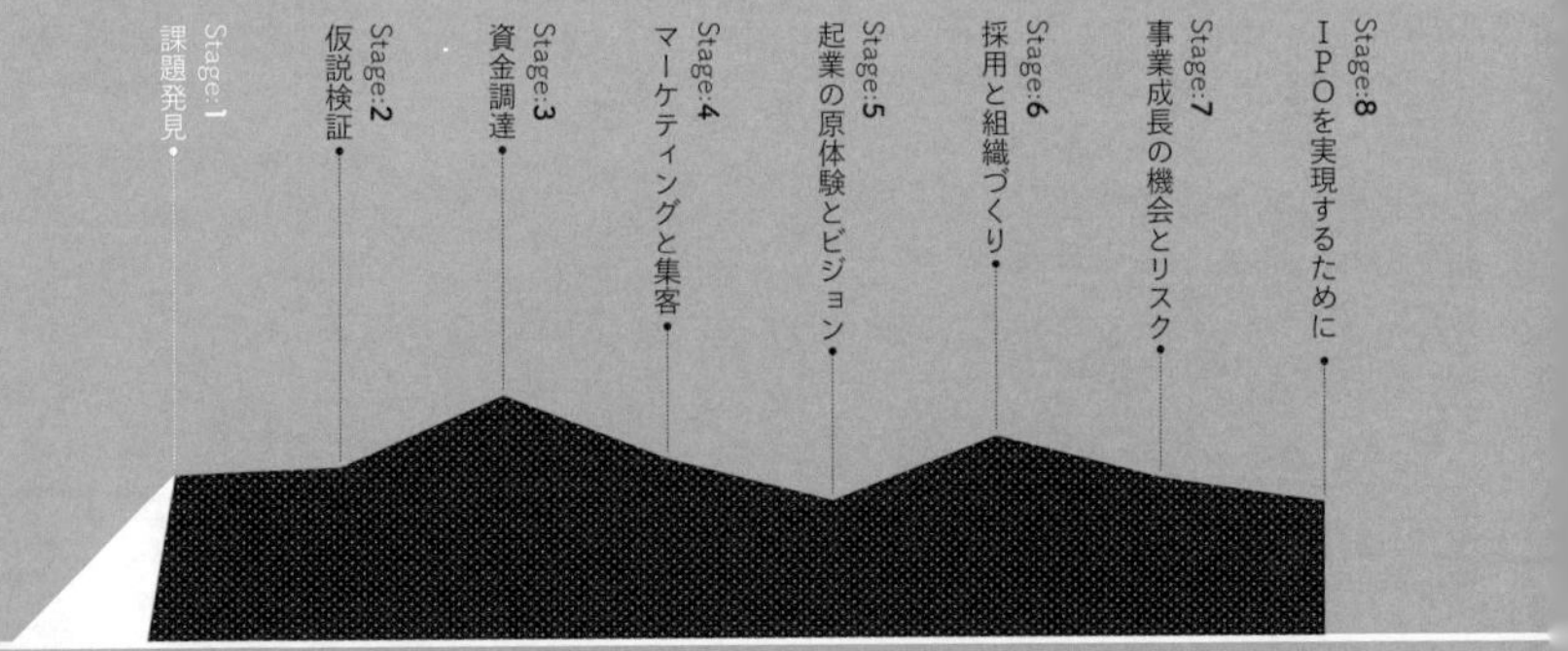

Stage:1

課題発見
～事業の核となる、アイデアを見つける～

本ステージで登場する起業家

Case:A

弁護士ドットコム株式会社

元榮太一郎さん　Taichiro Motoe

1975年生まれ。弁護士ドットコム株式会社 代表取締役社長。2001年弁護士登録。現アンダーソン・毛利・友常法律事務所で勤務後、2005年法律事務所オーセンスを設立。同年法律相談ポータルサイト「弁護士ドットコム」を創業。2014年に弁護士として初の東証マザーズ上場を成し遂げ、2016年参議院議員選挙にて当選。財務大臣政務官、参議院文教科学委員長などを歴任し、2022年に任期満了をもって参議院議員を退任。

Case:B

カバー株式会社

谷郷元昭さん　Motoaki Tanigo

1973年生まれ。カバー株式会社 代表取締役社長CEO。慶應義塾大学理工学部を卒業後、イマジニア株式会社でゲームソフトのプロデュースを担当、携帯公式サイト事業を統括。モバイル広告企業ユナイテッドの創業に参画後、株式会社サンゼロミニッツを創業。日本初のGPS対応スマートフォンアプリ「30min.」を主軸としたO2O事業を展開し、株式会社イードへ売却。2016年にカバー株式会社を創業。

Stage:1「課題発見」のキーポイント

- ●やりたいことをやるだけではなく、そこに自分の得意を重ねる
- ●その市場は伸びるか、その市場で勝てるかを掘り下げる
- ●リサーチは今この瞬間にも始め、断続的にアップデートし解像度を高める

課題を発見するプロセスは難易度が高いが、逆に一度取り組むべき課題が明確になると大きく前進する。実際に多くの起業家も、これまでの過去の経験からふとビッグアイデアを閃いたり、人とのつながりの中で画期的なアイデアが浮かんだりして事業化に至っている。

本ステージで紹介する2名の起業家は、「自分自身が感じた課題を元に、起業する」「得意領域の課題で、起業する」といった手法で課題を見つけ、大きく事業を成長させている。ぜひ彼らの実例を参考にして、自分たち〝ならでは〟の課題を見つけていこう。

課題の発見

初期の起業家に共通する課題の見つけ方

そもそも、スタートアップの起業はどのように始まるのだろうか。起業家がメディアなどで取材されるときにはすでにビジネスが一定規模になっていることが多く、さらに多くの人が従業員として働く場合には、会社の規模が一定以上になるのが一般的だ。そのため、起業前や起業直後のことについては、あまり具体的なイメージを持っていない人も多いかもしれない。

我々ベンチャーキャピタルの仕事は、日々さまざまな起業家と会うことに始まる。コロナ以前は対面での面談が多かったが、今はZoomやGoogle Meetなどオンラインツールの浸透で効率的に起業家と面談できる環境が整い、その数もぐっと増えた。さらに、問い合わせをもらったり、資料のみ拝見したりする方の数も含めると、少なくとも毎月数十名、ピッチイベントなどがある多い月には100名に迫る月もある。

連日起業家の方と話していく中でも、起業家のステージはそれぞれだ。筆者のファンドでは主に創業初期〜数年以内のシード&アーリーステージと、上場まで2〜3年以内に迫ったレイターステージを対象としている。そのため、売上も組織も整いつつあり〝いざ、上場を実現せん〟とする起業家とお話しすることもあれば、彼らが事業をスタートしたばかり、あるいは事業を開始する前からご相談いただくこともある。

後者の場合、まさに、これだ！ という課題を発見し動き始めたばかりの状況でご一緒することになる。何度かそういったことを経験する中で、そこには1つの共通項、いうなれば王道の流れのようなものがあるのではないか、と感じ始めた。

図1-1 虎ノ門のCICにて開催された起業家向けイベントの様子

今回の出版にあたり、筆者が携わるオンラインメディア『DIMENSION NOTE』での70名超の起業家への取材を改めて見直していく中で、そのステップがさらに具体的に見えてきた。そもそも事業をどのように始めたらいいのか、多くの起業志望者が気になるスタート部分を、第1ステージでは見ていきたい。

まずは自分が課題に感じていることから探してみる

成功する起業家は、どのように会社をスタートするのだろうか？ そこには何か共通項はあるのだろうか？

多くの場合、何らかの形でまだ世の中で解決されていない課題や問題に気づき、そこからその解決策となるような事業を考えていく、という流れがある。筆者が日々お会いする起業家、そして『DIMENSON NOTE』で取材した起業家を見ていくと、課題の気づき方には、どうもいくつかのパターンがありそうだ。起業して現在成功している先輩諸氏は、一体どのように課題に気がつくことができたのか、このステージではそんな問いからスタートしていこう。

読者の皆さんに、1つ質問をしたい。皆さんが日々生活していく中で、どんなことに不便を感じているだろうか。少し時間をとって考えてみてほしい。

「必要なサービスがない」
「○○に困っている」
「××に不満をもっている」

等々、おそらく1つ、2つはなんらかの考えが浮かんできたのではないだろうか。パッと思いうかばなかった方は、過去に成功したビジネスの事例でも大丈夫。あのサービスは、こんな課題を解決しているのだろう、とイメージしてみてほしい。実は成功する起業家も同じで、最初は自分自身や自分の身近な人が不便に感じている課題からスタートすることがかなり多い。

たとえば、2021年10月に米国上場したファッションサブスクのRent the Runwayは、自分の妹が友人の結婚式に着ていくためだけに1500ドルのドレスを買おうとしている話を聞いた際、〝オンラインでレンタルできるドレスがあったらいいのでは?〟とふと思ったことからスタートしている。実際にその気づきを事業化していくには、初期的な気づきを深堀して顧客の期待を超えていく必要があるのだが、始まりは他の多くの人が感じるような、フワッとした疑問だった。

「あれ、これって意外にまだ解決策がないよな」
「もしかしてこれってビジネスになるのでは？」

など、ふとした気づきがスタートになっている。本ステージで紹介するケーススタディは、まさにそういった事例を準備してみたので、ぜひ参照してほしい。後に偉大な企業をつくる起業家も、最初は何気ない問題意識からスタートしていることが非常に多い。課題発見の最初のパターンとして、「自分自身が感じた課題」を元に起業するのは最もオーソドックスで、多くの起業家がその道をたどっている。

長期的に課題意識を持ち続け、事業化につなげる

では、自分が感じた課題を事業につなげられる人は、何が違うのだろうか。

たとえば、我々のファンドの出資・支援先で、ペット領域のＤ２Ｃの会社であるバイオフィリア

は、代表の岩崎さんの〝動物を救いたい〟というとても大きな課題認識からスタートしている。幼少期より犬や猫に囲まれて育った岩崎さんはそんな思いを学生時代から持っていたが、当時の彼には具現化する方法がわからず、最初の一歩の踏み出し方も見えていなかった。いつかは起業したい、自分のビジネスをスタートしたいと思っている方の中にもどのようにスタートしていいのかわからない、という方は多いのではないだろうか。

岩崎さんは、新卒で大手証券会社に入社、新規に上場する企業の審査を行う部署に配属となる。当該部署でさまざまな事業を観察し、どういった事業が大きく伸びるのかについての知見を重ねていった。そこで培った経験を元に、ついに現在の会社を起業。4つの事業のアイデアで失敗と検証

バイオフィリア株式会社の代表取締役、岩橋洸太さん

を繰り返し、最も成長性があり、自分たちが勝てる領域を粘り強く見つけていった。現在彼らはその製品で事業を大きく伸ばし、この領域のリーディングカンパニーに成長している（直近、犬の着ぐるみ姿の吉田鋼太郎さんが同社のCMキャラクターに就任。2023年1月14日（土）より全国放映がスタートした）。

このように、最初は自分でもどう取り組んでいいのかわからなくても、後にその思いやアイデアが具現化されることがある。なので、今すぐ事業化の方法がわからないからといって、あきらめる必要はない。これから取り組む領域を決める段階にいるのであれば、ほんのささいな問題認識や課題もメモなどに書き留めておき、折にふれて見返すようにすることをお勧めしたい。

成功しやすい課題発見の方法を知る

一般的には、どのような課題発見の方法があるだろうか？　起業家の事例を調べていくと、多種多様な方法で課題を発見し起業へと結びつけていることがわかる。

その中でもよくあるパターンとして、

1 自分自身が感じた課題を元に、起業する
2 得意領域の課題で、起業する
3 海外の事例を研究、日本にはまだ解決策のない課題で、起業する

などがある。現実にはこれらの組み合わせであるケースが多かったり、そのほかにもパターンがあったりするが、まずはこのような汎用的なパターンを、これから紹介するケーススタディも参考にしながら押さえておこう。

Case:A　（インタビュー記事初出＝2017年11月）

弁護士ドットコム株式会社　代表取締役社長　元榮太一郎さん

自分自身が感じた課題を元に、起業する

元榮さんがたどった課題発見のプロセス

1. 不運な物損事故に遭遇、弁護士が身近でない社会課題に直面する
2. 引っ越し比較サイトから、事業の着想を得る
3. それらの体験と関心を組み合わせ、事業化を計画
4. 課題解決を実現すべく、誰よりも早く行動に移す
5. アイデアを積極的に周りに話し、仲間を集める

弁護士ドットコムのビジネスモデル

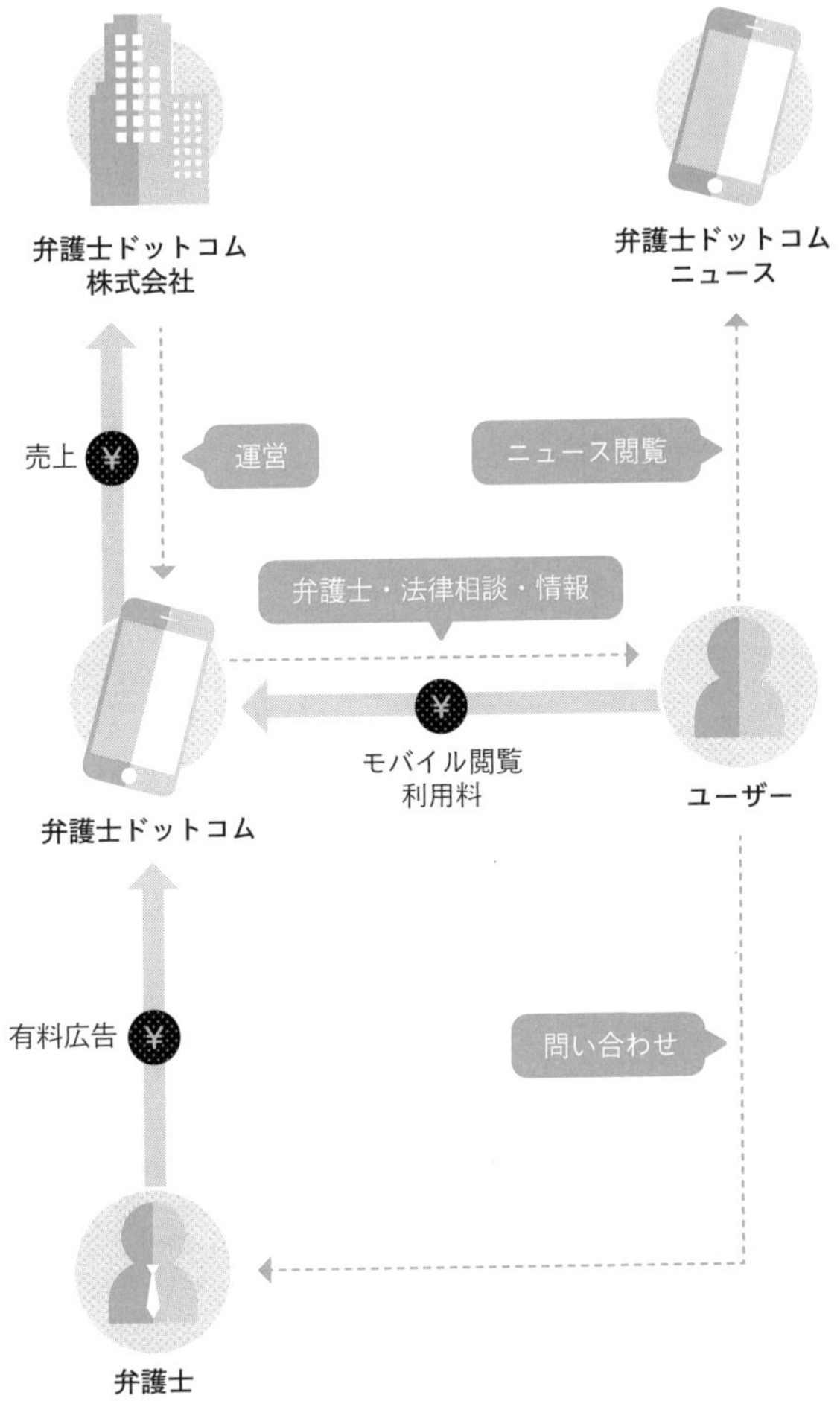

「弁護士ドットコム」は誰でも法律相談が手軽にできる日本最大級のポータルサイトだ。アンダーソン・毛利法律事務所出身の元榮さんが2005年に創業し、2014年に東証マザーズ（当時）に上場を果たしている。事業領域は初期の弁護士ポータルサイトから、税理士相談のポータルサイトや電子契約サービスなど、事業領域を急速に拡大している。

弁護士の元榮さんが弁護士ポータルサイトを創業したという意味で、次ケースと同じく、得意領域での創業としても捉えられる。しかし、本ケースが特徴的なのは、元榮さんが自分自身の課題を解決しようと試みた点にある。それでは課題発見のストーリーを一緒に見ていこう。

物損事故をきっかけに、自身の志を見つける

元榮さんに起業のアイデアが生まれたのは自身が弁護士であったことが大きな要因といえる。そもそも元榮さんはなぜ弁護士を目指したのだろうか。

きっかけは学生時代に物損事故に遭ったことだという。

「自分ではどうしようもない事態に陥ったときに、弁護士に助けられました。この弁護士さんの姿を見て、「こんなに困っている人の力になれる仕事ってすごいな」と素直に感心し、興味

を持つようになったのです」

ひとつの事故をきっかけに弁護士を志したという元榮さんだが、きっかけを活かせるかどうかは日頃の自分の過ごし方次第、という面がある。常に好奇心をもって世の中を眺め、自分がやりたいことを素直に感じとることが大切なのではないだろうか。

日頃の思考力が起業家精神を醸成する

元榮さんに起業のアイデアが降りてきたのは、引越し業者を比較するウェブサイトのサービスを見つけて利用していたときだった。同じ比較の仕組みを弁護士にも応用できないかと発想したのが、弁護士ドットコムの原型だ。そして、前述の物損事故に遭ったときに弁護士を探し相談することが大変だったことを思い出し、実際にこの事業アイデアの先に課題があるのではないかと考えたという。

「こうした自分自身が困りはてた経験から、弁護士とかかわったことのない多くの人は、『いざ』というときに解決の糸口をつかめずに困っているのではないかと考えたんです」

元榮さんの場合、引っ越し比較サイトへの関心と、弁護士を探すのに苦労した経験の掛け合わせにより、弁護士ドットコムのサービスは産み出されている。自分自身の体験と関心が重なる奇跡的な瞬間だ。それでは、このようなきっかけをつかむことができるようになるには、なにが必要だろうか。たとえば、以下3つの思考力が重要になってくるかと思うが、いかがだろうか。

①解決のための問いを立てる思考
②事象を応用・組み合わせるアナロジー思考（類推する力）
③主観的な事象をマクロ視点で捉え直す俯瞰思考

解決のための問いを立てる力とは、生活の中の問題に対しＷＨＹ？／ＨＯＷ？を問い続けることだ。目の前の問題が「なぜ存在するのか？」「どうすれば解決できるのか？」「別のアプローチはないか？」「組み合わせて変えられないか？」「なぜ今できていないのか？」と連続的に問いを立て続けると、自ずと行き止まりにぶつかる。それを何度も繰り返すと、解決の糸口が見えてくる可能性が格段に高まる。出勤中でも、家の掃除中でもいい。頭の体操として習慣化しておくと、ある瞬間、自分だけの課題と事業アイデアの発見につながるかもしれない。

事象を応用・組み合わせるアナロジー思考は、元榮さんの弁護士ドットコムのアイデア創出に最も大きく貢献した思考であろう。これは特定の課題や解決策が他の領域でも応用できないかと考えることである。弁護士ドットコムの場合、引越し業者の比較を弁護士の比較に応用できないかと考えたことが発端になっている。この思考は応用するアイデアの源が多ければ多いほど、アイデア創出に有効だ。海外事例でも、他業界の事例でも、日常の生活内で利用するものでもいい。日頃からアナロジーの種を蓄積していくことで、より筋のいいアイデアを創出できる確率が高まる。

主観的な事象をマクロ視点で捉え直せる俯瞰思考は意外に見落としがちだが、最も重要な視点と言っても過言ではない。これは、自分が主観的に捉えた課題が世の中全体としても意味があるのか、問うことである。課題が自分に固有すぎて、他者に関心がなければニーズもなく、市場もない。

弁護士ドットコムは、主観的な事象をマクロの視点で非常に上手く捉えたケースなのではないだろうか。元榮さんが弁護士ドットコムのサービスを思いついたのは2000年代の半ば。当時はインターネットが勢いを増してきた時代だった。弁護士についてインターネットで検索をしながら、整理されていない情報の海に溺れ、さまよっている人がたくさんいた時代だった。また弁護士側から見ても、インターネット広告が解禁された直後。当時、司法制度改革により弁護士数が急増する中、事務所同士の競争が激化するものの、インターネットマーケティングについて理解している弁護士は少なかった。
今でこそ相談系のプラットフォーム事業は複数あるが、当時まだ日本にはそのようなサービスはなく、そのタイミングで思いついたからこそ、元榮さんの事業は成長したともいえる。適切なタイミングで未解決の課題に気がつく、これが非常に大事なポイントといえるのではないだろうか。もう1つ、課題に気がついた後の動きも、重要になってくる。

思い立ったらスピード・スピード・スピード

自分が確信を持てる課題と事業アイデアを思い立ったら、後は誰よりも早く実行に移すことが、成功への近道である。元榮さんの場合、異端ともいえるスピードで行動に移していた。

「思い立ったが吉日ということで、インターネット分野未経験、経営もよくわからないままひとまず退職届を出しました。サービスを思いついた直後、突然の退職届に周囲は唖然としていましたね」

インターネット分野も経営もわからないまま、退職届を出した元榮さんは、まずは関連する書籍を何十冊も買い漁り、必要な知識を血肉化しながら実践を重ねていった。そこまで思い切りスピード重視で行動に移せた理由は、「弁護士をもっと身近にする」ことで間違いなく社会を変えることができると確信したからだそうだ。

本ケースのメッセージは、自分が圧倒的に確信を持てる課題、そしてそれに伴う事業アイデアを見つけよう、ということである。そのために、日頃の中の自分自身の課題に着目しよう。そしてその課題に対し、問いを立てる思考、アナロジー思考、俯瞰思考の視点で向き合おう。結果、確信を持てるアイデアを見つけたら、そこからはスピード・スピード・スピード！

アイデアをどんどん周りに話し、仲間を集める

いかにしてビジョンを組み上げ、仲間づくりを実現したのか。創業当初を振り返り、元榮さんは以下のように語ってくれた。

「私は、常に『こういう人を求めている』と周りに言いふらすようにしています。創業当時も、『弁護士ドットコムとしてこういうことをやりたいんだ。こういう人を探している』とさまざ

まな所で話していました。独立して1か月後ぐらいに、大学のゼミの後輩の弁護士が『おもしろいですね。僕にもやらせてください。弁護士になったものの受験時代みたいな熱い想いがもてなくてどうしようかと思っていたんですよ』といってきてくれました」

情報を常に発信することで、その志に共感する人が声をかけてくれるようになっていた点は、特筆すべき点だろう。その後の展開を元榮さんはこう回想する。

「彼のルームメイトに大手企業のエンジニアがいて賛同してくれたり、その彼の大学のゼミの同期で某オークションサービスを立ち上げた立役者などもいたりして、多くの人がどんどん集まってくれました。2005年4月に居酒屋に集まって、情熱を込めたパワーポイントのスライドを見せながら、『こんな感じだけど、どう？　やってみない？』と誘ったら、みんなが「やりたい！」と答えてくれたのです。こうして、起業して4か月ほどでオリジナルメンバーが揃いました」

ここで重要なのは、周りの仲間に熱量が伝わり、当事者として更にその仲間を引っ張っている点である。リーダーはフォロワーがいて初めて成立する。その意味で、周りの人がこのリーダーに賛同しよう、となることが最初の大きな一歩であろう。更にここから、破竹の勢いで採用活動を仕掛けていくことになる。

「2013年7月に加わったCOO（最高執行責任者）やCFO（最高財務責任者）も同様です。COO、CFOを本格的に探し始めたのは2013年4月。上場準備の直前期に入り、そういえばCOOとCFOがいないなと気がつきました。そこで、4月にFacebookで『COO、CFO大募集‼　我こそはという人は来てください』と募集をかけました。そのときはすでに、弁護士ドットコムがたくさんのメディアで紹介されていたこともあって、多くの方からお問い合わせをいただきました。そして、募集をしてから3か月で入社してもらうことになったのです」

CxOの採用まで、このスピード感が実現できたのはやはり情報発信し続ける元榮さんの行動あってのことだろう。元榮さんは、採用においてビジョン、旗を立てることの重要性をこう語る。

「一番大切なのは、どういう旗を立てるかだと思います。私は、『弁護士を身近にする！』という旗を立てました。みなさん弁護士を遠い存在で敷居が高いと思っています。それをもっと身近にしたら、必ず社会に役立ちますよね。借金で困っている人や養育費を払ってもらえないシングルマザー、相続トラブルを抱えている人など、生活をしていればいろいろトラブルはあるのに、弁護士を活用できていないんです。共感されやすい理念をしっかり立てて、それを広報も活用して訴え続けていけば自ずと引力が生まれ、人は集まってくると思います」

みんなが潜在的に困っている課題を解決する、という旗を掲げ、それを熱心に発信していけば、仲間は自ずと集まってくる。

【参考文献】
○弁護士ドットコム公式サイト　https://www.bengo4.com/corporate/
○アエラスタイルマガジン「弁護士ドットコム株式会社 代表取締役会長・弁護士　元榮太一郎インタビュー［前編］ニッポンの社長、イマを斬る。」https://asm.asahi.com/article/13875688
○DIMENSION NOTE　https://dimension-note.jp/manager/detail/8

Case:B （インタビュー記事初出＝2017年11月）

カバー株式会社 代表取締役社長 CEO 谷郷元昭さん

得意領域の課題で、起業する

谷郷さんがたどった課題発見のプロセス

1. 〝ふわっとしたビジョン〟で事業をスタートしてしまう
2. その事業は大きく成長することはなく、売却へ
3. 1万時間を投下してきた、〝得意領域〟で再度起業する
4. 起業家コミュニティで、切磋琢磨し事業を磨く
5. 業界内のキープレイヤーとつながる

カバーのビジネスモデル

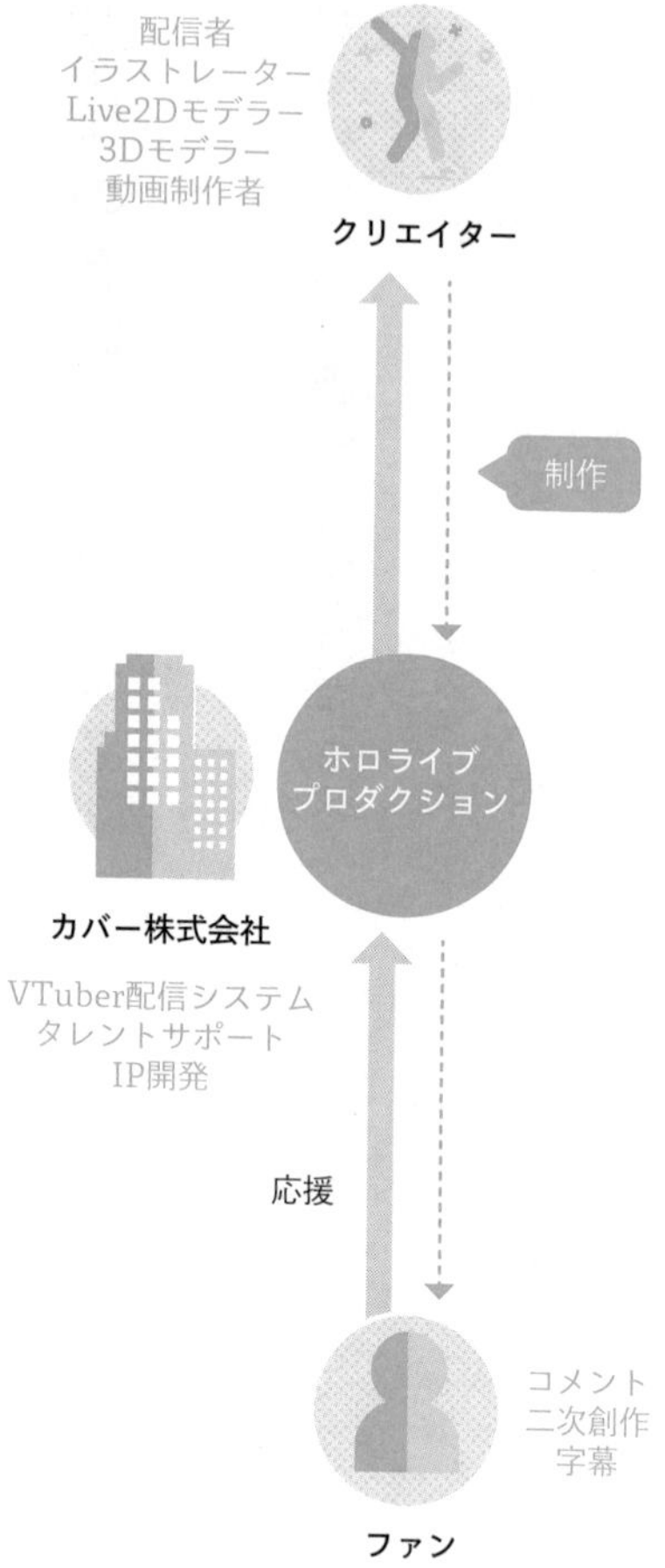

ファウンダーマーケットフィットを意識する

アイデアを事業化する上で、得意領域で戦うことが重要になる。経験・知見の豊富な得意領域で戦えば、競合に対し継続的な優位性を構築できる可能性が高いからだ。それはなぜか。主な理由は、

①過去の成功・失敗パターンを熟知している
②現在・未来のユーザーの潜在ニーズに対する理解度が高い
③領域内のキープレイヤーを知り、ネットワークを持っている可能性が高い

などがある。これらの優位性を持ち、自分自身がファウンダーマーケットフィット（創業者とマーケットが適合）しているのか、自問することで勝てる事業アイデアを見つけられる可能性が一気に高まるだろう。

カバーの実際の事例を見ながら、このポイントを見ていこう。谷郷さん率いるカバーは、日本発のバーチャルタレントIPで〝世界中のファンを熱狂させる〟ことをビジョンに掲げ、バーチャルユーチューバー事務所「ホロライブプロダクション」の運営、並びにメタバースの企画・開発をし

ている。バーチャルユーチューバー事務所として国内で二強を争う同社は、現在急激に成長しており、ネクスト・ユニコーンになるのではないかと囁かれている。谷郷さんは、『Forbes JAPAN』の特集「日本の起業家ランキング２０２３」で第3位に選出されている。

ふわっとしたビジョンでスタートした事業での挫折

そんな輝かしい実績を持つ同社も、谷郷さんの前事業での挫折を経て立ち上げられている。カバーを創業する前に、谷郷さんはサンゼロミニッツという会社を起業・経営していた。サンゼロミニッツは全国各地の地元店舗、イベント、話題のスポットを閲覧できるタウン情報サイトだ。共働き世代が増えていく中で、地域情報を共有・閲覧できるニーズが増えるのではないかという、〝ふわっと〟したビジョンのもと選択した事業だったと谷郷さんは振り返る。事業選択の際に、アイデアの実行者である自分が適任なのか？　という視点を、起業当時は考慮しなかった。結果的に谷郷さんはサンゼロミニッツを、M&Aでエグジットしているが、当人の中では納得のいくエグジットではなかったそうだ。

「結果的に自分より適任者が事業を率いる方がうまくいくということで、売却に至りました。

ビジョンをうまく実現する力がなければ、結果的に世の中に役立つことができないと痛感したのです」

自分自身よりも事業実行の適任者がいるのであれば、彼らと競合した際に負けてしまう。それを考慮すると、着想時点から自分が得意な領域でのアイデア選びが重要になってくる。

1万時間投下した領域で戦い、勝率を高める

サンゼロミニッツでの苦い経験を糧に創業したのが、現在経営しているカバーだ。〝ふわっと〟した未来構想から逆算するのではなく、同領域への経験・知見を豊富に持ち、自分が手触り感を持って理解しているコンテンツビジネスを選択したのだ。

谷郷さんにとってコンテンツビジネスが「得意領域」になった背景には、彼の新卒での勤務先が影響している。新卒でゲーム会社に入社した彼は、ゲーマーの若い感性に寄り添い、コンテンツ領域に膨大な時間を投下した。さらにゲーム業界の名だたるコンテンツホルダーとも数多くのプロジェクトで協働している。総投下時間は1万時間を超えているという。この1万時間以上の中で経験した数々の事業の成功・失敗パターンや、若い感性を持つゲーマーのニーズに向き合い続けた経験こ

そが谷郷さんが前進する強力なドライバーになっている。

「たとえ他の著名起業家が参入してきたとしても、絶対に勝てる自信がある領域で勝負することができています」

コンテンツビジネスが得意領域だという自負を持つことで、自信を持ちながら経営し続けられると谷郷さんは語る。

「本物の起業家コミュニティ」で、切磋琢磨する

谷郷さんの強みにさらに磨きをかけたのが、起業家コミュニティだった。ここで指す起業家コミュニティとは、VCなどが運営するシェアオフィスやインキュベーション施設などのことである。このような起業準備・シード期に利用できる施設が日本中に数多く存在する。

40代の谷郷さんにとって、20代の若い起業家が集まるコミュニティには少し抵抗感を感じたが、刺激に溢れていたという。共用施設に早朝から行くと、寝袋で寝ている人がたくさんいたそうだ。決して華やかではないが、ハングリーな起業家が集まる空間だからこそ、悪戦苦闘しながら今のカ

バーの原型となる事業アイデアを捻り出すことができた。

「学習塾と同じで、ライバルがいるからこそ刺激をもらいながら成長できるという側面がある」

ここで伝えたいメッセージは、読者にも寝袋とPCを両手に、泊まり込みで事業アイデアを考えてほしいということではない。伝えたいのは、互いに刺激し合い、切磋琢磨しながら事業アイデアを生み出せる仲間を作ろうということ。自分を他の潜在起業家と相対化できる環境に身を置くことで、自分の「得意領域」の理解が深まる効果もあるからだ。

谷郷さんの場合、前社のサンゼロミニッツ売却後、カバー創業までに2年半の起業準備期間があった。サラリーマン時代に既に1万時間以上コンテンツビジネスと向き合っていたのにもかかわらず、この期間起業家コミュニティで更にいいアイデアを探し続けた。

業界内のキープレイヤーを仲間に

「得意領域」の課題を選ぶことの利点は、事業アイデアに精通していること以外にも、業界内のキープレイヤーを知り、ネットワークを持っている点にもある。知見・経験がない領域を選んでしまうと、業界内のＫＯＬや連携パートナーの目利きが難しい。結果、望ましくない連携先に時間を浪費してしまい、事業が成長できないケースは頻繁に見られる。また業界内に精通していないと、各プレイヤーのニーズも分かりにくい。故に連携を持ちかけても、相手の必要なものを提供できず、身を結ばないケースがある。カバーのケースを見てみよう。

谷郷さんは起業家コミュニティでの活動を通し事業アイデアを思いついた後、早い段階で大きな問題点に気づいた。それは日本国内でのＶＲ領域に対する資金流入が、海外と比較して圧倒的に足りていないことだ。海外では既にＶＲ専門ファンドが台頭する中、ＶＲ黎明期だった日本には同等の存在がなかった。この環境下では資金調達が難航するだろうと谷郷さんは感じた。そこでモバイルオンラインゲーム事業に精通しているgumiの国光宏尚取締役会長にＶＲ専門ファンドの企画を提案した。

「モバイルオンラインゲーム事業などに精通されているgumi（グミ）の国光宏尚さん（取締役会長）にVR専門ファンドの企画を提案し、国光さんが２０１５年に実際に立ち上げてくださったのがTokyo XR Startups株式会社でした。同社は弊社の株主としても参画してくださっています。

資金調達ができないほどの市場黎明期なのだとしたら、ファンド自体を自ら提案してつくってもらう。そうすることで、日本のＶＲコンテンツが世界と戦える土壌をつくることを考えたのが最初の一手でした」

このように得意な事業領域を選択することで、業界のキープレイヤーを特定し、巻き込める可能性は格段と上がるのだ。

【参考文献】
○カバー株式会社公式サイト https://cover-corp.com/
○『Forbes JAPAN 2023年1月号』(リンクタイズ)
○Business Insider Japan「ミライノツクリテ・谷郷元昭」https://www.businessinsider.jp/series/miraInotsukurite/tanigo-motoaki/
○MoguraVR「『ホロライブ』のビジョンとこれから――Tokyo XR Startups 出身起業家インタビュー（第一回：カバー株式会社 CEO 谷郷 元昭氏）」https://www.moguravr.com/tokyo-xr-startups-interview/
○DIMENSION NOTE https://dimension-note.jp/manager/detail/82

課題のキーポイント

やりたいことだけではなく、そこに自分が得意なことを重ねる

実際に起業を検討中、もしくは起業したばかりの起業家の方とお会いすると、実は、「なんとなくマーケットがありそうだから」「この市場が急速に成長しているから」など、漠然としたビジョンで突き進んでしまっているケースも多い。

ＩＴの発達で起業のハードルが下がり、昔と比べてサービスを生み出しやすくなっている。また、本書を執筆中の２０２３年現在では、資金調達の環境はかつてないほどに整ったものになっており、お金を集めることのハードルもぐっと低くなった。まだ製品やサービスがなくても、アイデアだけをもった起業家に投資が実行されるケースさえある。

しかし、投資家向けのプレゼンだけが非常にうまくても、あるいは素晴らしいビジョンを滔々と

語ることができたとしても、それだけでは事業を創造することは難しいのが現実だろう。ユーザーの心理を深く理解し（そのユーザーが自分であれば、さらに推進しやすいはず！）、市場にプロダクトをフィットさせる。その過程では、ユーザーの課題を明確に把握することが必須となってくる。

起業家のプレゼンを聞いていて、対象とする市場やビジョンはそれらしく聞こえるのに、何かがおかしい、なんだかしっくりこない、と違和感を覚えるときがある。そこには、課題を自分事として、リアルにとらえきれていない起業家の姿がある。そのためかユーザー数や売上などの指標が爆発的に成長しない結果になってしまうことが多い。まず自らが取り組もうとしている課題は〝ホンモノ〟か、手触り感を持てているか、誰の、どんな課題を解決しようとしているのか、一度立ち止まって考えてみてほしい。具体的な検証方法は、次のステージで紹介したい。

〝やりたいことをやる。そのために起業する〟という考え方について、賛同する方も多い。起業には膨大なエネルギーが必要になるため、自分が心を燃やせるテーマに取り組むことが必要条件であることは間違いない。また、起業家本人が強い思いを持っている事業ほど事業のキモになる部分での解像度があがり、事業構築のペースも速くなる。また、そういった起業家は応援されやすく、投資家のお金が集まる傾向があることに間違いはないだろう。

しかし、スタートアップを起業することは個人としての〝開業〟とは違い、今までになかった事業を起こし、組織をつくっていくことが前提となる。ヒト・モノ・カネをあつめ、並み居る競合を押しのけ、自分たちの事業を急速に成長させていく必要がある。やりたいことを突き詰めた先に事業としての成功があるかというと、ことはそんなに単純ではなさそうだ。

なぜ、やりたいことをやるだけでは勝てないのか。それは、事業成長の過程で必ずぶつかることになる競合の存在が挙げられる。伸びている市場では、儲かるとわかるやいなや必ずといっていいほど競合が参入する。起業家のピッチの中で、

「競合はいません」
「我々が唯一無二です」

というフレーズが出てくると、投資家の頭の中で、〝これはまずいパターンかもしれない〟と警報が鳴り響いているケースは多い。競合がいない＝魅力がない市場の可能性があるのはもちろん、自分たちの隣接する領域まで含めて潜在的な競合を認識できていない場合もある。あるいは仮に今

は本当にいなくても、事業の成長とともに他企業の参入はグッと増加するケースは枚挙にいとまがない。事業の成長過程において競合が存在しないことはほとんどありえない。これが現実ではないだろうか。

そんな中で、どのように競合に対する差別化戦略を構築していくのか。市場の黎明期において類似のサービスを提供する複数社において、実は真の意味での優位性はそんなに多くは存在しないことが多々ある。Googleは後発の検索エンジンであったし、いくつかのＳＮＳが流行した後にFacebookが台頭してきたことはあまりに有名な話だ。日本の例でいえば、メルカリは後追いのフリマアプリであり、２０１３年頃の日経新聞のフリマアプリ特集ではトップ10にすらランクインしていなかった。

このように激しい競争の中で勝者と敗者を分けるものは何か。その1つの回答は、起業家自身が得意な領域で勝負することでないだろうか。強いＷｉｌｌだけではなく、強いＣａｎがある場所で勝負することで勝率が高められるはずだ。劇的な成長をとげるＶＲ市場においてVirtual YouTuberの事業を軸にメタバース領域で急速に事業を伸ばしているカバーの谷郷さんの事例はそのエッセンスを学べる現在進行形のケースとなるので、その背景を改めて確認してほしい。

市場は伸びるか、そして、その市場で勝てるかを掘り下げる

投資案件を数多く見ていく中、特に初期段階の投資検討において、筆者のファンドで特に重要視している2つの視点がある。それは市場が伸びるか、その中でこの会社が勝てるか、という2点。どんなに優れたアイデアも、市場が伸びていく適切なタイミングで実現できなければ、大きな事業に成長させることは難しい。あまりに早すぎて、あるいはほんの少し時期が遅れてしまい、市場の勝者になる機会を失ったという事例は枚挙にいとまがない。

起業家との対話の中で、自分たちが置かれている市場はどのような市場なのか、規模と成長性が十分にあるのかはしっかり議論する重要なポイントであり、もし当初のアイデアが十分な規模と成長性を持たない領域にあると判明した際には、可能なかぎり速やかに別の市場へと転換（ピボット、という言葉がよく使われる）することになる。思いがあるところに道は開かれるという考え方は美しいが、市場の大きなトレンドに1社の企業が抗うことは難しい。自分たちの取り組む領域には十分な大きさがあり、かつ追い風が吹いているのか、定量・定性で必ず検証することを勧めたい。

市場の規模と成長性が十分にあり、〝伸びる〟とわかった後、２つ目の「勝てるか」がポイントになってくる。これは継続的な競争優位性を構築できるか、と言い換えてもよいかもしれない。この競争優位性をみるときに、起業家と経営チームが自分たちの得意な領域で戦っていることがキモになってくる。彼ら・彼女らが十分な強みをもっている領域で戦っているのであれば、仮に大手の競合が多額の資金を投入してきても恐れるに足りない。

起業家が培ってきた経験・知見が、自ずと競合に負けない一手を紡ぎだしたり、ユーザーのニーズを捉えて離さず言語化しづらい粘着性を産み出したりする。そういった意味で真に恐れるべきは、その領域を同じく得意としていて、最速で市場を獲得することに迷いがない類似のスタートアップかもしれない。彼らといかに戦っていくかについては、後のステージで見ていこう。

自身の取り組む事業は、伸びる市場にいるか、そしてその中で勝てるのか。課題発見の初期においてその問いを投げかけてみてほしい。

リサーチは今この瞬間にも始め、断続的にアップデートを重ねる

起業について、〝まずはやってみる〟という考え方がある。しかし、特にまだ学生であったり、養うべき家族がいたりする場合、安易に「まずやってみよう」ではなく、徹底して市場をリサーチすることをおすすめしたい。その過程で業界の多くの方に会い、自分なりの勝ち筋を見つけてから取り組む。一見当たり前のことのように見えるが、リサーチの時点で仮説を深めることができるか否かで事業の到達点ががらりと変わってくる。

まだ人脈や経験がなく、業界のコアな情報を獲得する難易度が高いように感じられた場合は、どうすればよいだろうか？　誰かに知見を乞うとき、「若いこと」や「未経験であること」が思っている以上に大きなアドバンテージを持つことに、賛同してくれる方も多いのではないだろうか。

たとえば皆さんがまだ学生や若手の社会人だったとすると、「○○のようなアイデアで起業を考えている。事業のプランについてお話を伺いたいので、お時間いただけますでしょうか」とメールなどで連絡した場合、皆さんが思っている以上に時間をとってくださる方は多いはずだ。どれほど著名な起業家・投資家でも悪い気はせず、むしろ若手だからこそ会える人もいるはずだ。もちろん、

忙しい中時間をとっていただくことへの感謝をしっかり伝え、できれば会うことによる先方にとってのメリットも提示できると望ましい。

また、最近では、スタートアップ支援のイベントやアクセラレーターも増えており、情報の取得手段は数えきれないほど増えている。経験や人脈のなさを言い訳にせず、まずは愚直にリサーチを推進してみる。特に未経験の分野での起業においては、ここで十分に検証を重ねられるか否かが、最初の分かれ道になる。市場の変化をうまくとらえ、自らの得意な領域で事業を成長させた事例として、2つ目のケース（Case・B）を参照してほしい。

課題発見後の初期動作

なぜ自分たちがやるのか？なぜ今やるのか？を言語化する

課題の特定にあたり、なぜ自分がその課題に取り組むのか、も貴重な視点になってくる。我々が投資検討を進める際も、経営者および経営チームの経歴や実績、その過程で得られた強みを多角的な視点で必ず確認している（レファレンスを含む）。前職時代に培った経験や知見、人脈があるからこそ実現できるチームは、やはり強い。必然的に、これは！　と思う経営チームは知見と実績を備えたケースが増えてきている体感がある。

本書で紹介する十数名の起業家も、前職や学生時代から培ってきた〝ならでは〟の強みを元にビジネスを起こしているケースが多い。本ステージの元榮さん、谷郷さんの事例に加え、次ステージの前田さんや木下さんのケース含め、ぜひそれぞれの事例を確認してみてほしい。

同時に、なぜ今やるのか？　も、思考投入してみることを提案したい。短期間で大きな成長を遂げるビジネスは外部環境や社会の変化を的確にとらえ、時流にのっていることが多い。

1200円カットで有名なQBハウスは、

・カットに特化しムダを省いたオペレーション
（洗髪、手渡しの会計、電話予約、すべて意図的に省略されている）
・アクセスのいい店舗立地
（平日の行動の導線上や大手ショッピングモール等に店舗が構えられているケースが多い）

などの強みを構築し、低価格ながら大量の顧客を獲得するモデルで事業を成長させてきたことで有名だ。少し俯瞰して、現在から彼らの成長の軌跡を振り返ると、

・人口の減少&景気の後退
・理容所から美容室への流出
・価格感度の高い消費者の増加

など、マクロの環境が大きく変化する中で、従来の理容業界の顧客が減少する変革期をうまくと

らえていたという見方もできる。伸び始めた市場の黎明期にいることは、事業が大きく成長する企業に共通する条件の1つであるのは間違いない。

タイミングを逃してしまうと、競合がすでに大きくなってしまっていることも多い。その場合、第一想起を他社にとられてしまったり、デジタルマーケティングの集客を試みた場合の顧客獲得単価が高くなったりしてしまいがちだ。

だからこそ、ここぞ！ というタイミングを逃さず参入できるかが、新規事業が上手くいくかどうかを左右する大きなポイントの1つになり得る。

できる起業家のスピードに倣い、動きながら考え続ける

「幸運の女神には前髪しかない」という言葉は、まさにスタートアップの起業の領域にもあてはまる。サービスの必要性に気がついた後、起業家はどのような行動をとるべきだろうか。

身近な課題に気がついたら、他の誰かが実現してしまう前にすぐさま行動に移す。楽天の三木谷

社長のモットーである「スピード・スピード・スピード」は、皆さんご存じの方も多いだろう。こと新しい事業の創出については、タイミングが何にもまして非常に重要なことは強調しすぎても強調しすぎることはない。本ステージでケースとしてご紹介した弁護士ドットコム創業者の元榮さんのように、アイデアを思いついたその週のうちにすぐ退職届けをだされた方もいる。読者の皆さんにすぐ現職をやめることをお勧めはしないが、自身が認識できた瞬間から最速で動く、そんな前のめりの姿勢が大事になってきそうだ。

少し余談になるが、投資家同士の交流の場にて、優れた起業家は何が違うのかと議論になることがときどきある。投資家によって重視する資質は様々であるし、自分なりの見立てのコアになる部分はお互い共有しない。しかし、〝フィードバックへの修正速度〟については、多くの投資家が共通して重視していて、驚いた経験がある。

たとえば、投資家との面談で話に上がったポイントについて、ものの数日後に、

「指摘を元に顧客×名にアンケートをとってみたところ、こんなことがわかりました」

「前回提案してもらった内容を元に早速実験してみたところ、○○と判明したため施策を修正して

います」

といった反応が返ってくると、その起業家の修正速度に驚くとともに、実行力の高さと本気度を感じざるを得ない。ある投資先でご一緒している、創業した会社を上場させてエンジェル投資も行っている経営者が、

「ピッチを聞いて改善点を指摘したら、すぐ修正してきた。その後も定期的に報告とフォローアップがあり、ついに根負けして投資しちゃった」

と語ってくれたことがある。投資家は結果的にそうした起業家に出資・支援するケースが多く、我々が投資を行わなかった場合にも、他投資家の力を得て事業を前進させていることが多々ある。少しでも可能性があると感じたら、すぐ実験してみる。この姿勢は起業家にとって非常に重要といえそうだ（当該領域における理解の深さは起業家の方が深いケースも多いので、投資家のコメントを鵜呑みにする必要はない。こだわりと素直さをうまくバランスさせて、適宜取捨選択するのがオススメと思う）。

数か月の施策の差が、その後の市場の地位を決めた事例

スピードが勝負を分けたケースとして、1つ、実例を紹介したい。2023年現在、フリマアプリの代表例といえばどのサービスを想起するだろうか。筆者が登壇するビジネススクールのクラスでこの質問をすると、9割以上の方がメルカリの名前をあげる。しかし、実は同サービスは後発であり、先行するフリル（現ラクマ）には大きな差をあけられていたエピソードを聞いたことがあるだろうか。実際、フリル、今のラクマが先行している段階の2010年代半ば、日経新聞のフリマ特集の中でメルカリがランキングに掲載されていなかったという逸話もある。日本を代表するメガベンチャーの1社である同社も、当時は全く振り向いてもらえずにいたのだ。そのような状況から、彼らはどのように追い上げたのだろうか。

端的にいうと、プロダクト、マーケティング、資金調達によるお金の注入を同時並行で進めたことが、追い上げの要因といえる。創業者の山田氏がリードするプロダクトの良さはもちろんだが、事業を加速させるマーケティングのために、戦略的に資金調達をしたことも見逃せない。同社は2014年3月に、14・5億の資金調達を実施。そのときはまだ売上0の状態だったというから、驚きだ。余談だが、メルカリの資金調達を意思決定したVCのパートナーの方と話すと、事業に可能性を感

じたものの、時価総額の高さもあって最後まで迷っていたそうだ。もしかしたら時代を象徴するような案件になるかもしれない。悩ましいが、経営陣の皆さんにかけてみよう、そんな思いで投資を実行したという。

彼らは調達で得られた大きな軍資金を使って、２０１４年５月にテレビＣＭを開始している。実は調達金の払い込みの前から、ＣＭをずっとつくっていたらしい。現金がまだ手元にないのに、資金調達ができる前提でＣＭをつくり始めており、資金が払い込まれたのを見てすぐさまＣＭを発注したという。結果的に同社のダウンロード数は倍々ゲームで増えていく。図１・３は、その成長を示したグラフだ。横軸の単位が年ではなく月である点に留意されたい。

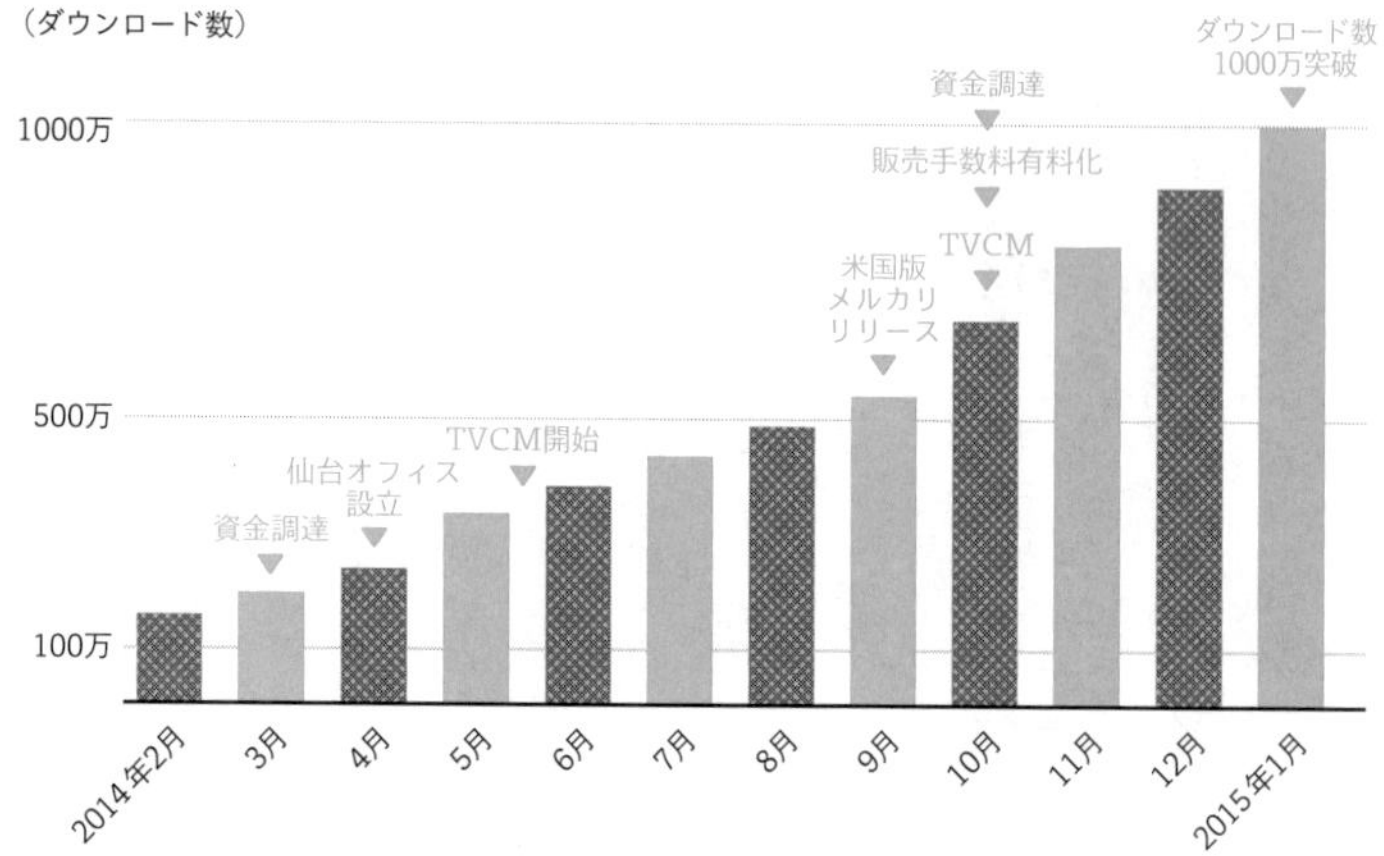

図1-3　2014年～15年時のメルカリアプリのダウンロード数と主な施策
（出所　プレスリリースおよび
「メルカン」（https://mercan.mercari.com/articles/2018-10-15-114111/）より作成）

実質、この数か月の施策で彼らはマーケットのリーダーポジションをとり、勝敗がついた。もちろん、ＣＭ後の急激な流入を見越したオペレーションの整備、前提となるプロダクトのすばらしさなど、彼らの成功をマーケティングだけに帰結することはできない。しかし、競争の激しいスタートアップにとって、適切なタイミングをとらえてアクセルを全開にすることが大切であることが伝わってくるエピソードではないだろうか。

本書で紹介するケーススタディではそういった起業家の事例も紹介しているので参考にしてほしい。

【参考文献】
○「メルカリが〝日本で勝ち切る〟ための戦略は、テレビＣＭ・資金調達・カスタマーサポート拠点開設の３点セット」
(https://logmi.jp/business/articles/320230)

Stage:2

仮説検証

アイデアを磨き、事業に昇華する

本ステージでは、発見した課題に関する仮説をどのように検証し進化させていくかという点を考察する。優れた起業家は意図的に批判の声を取り入れたり、非常に多くの仮説を同時並行で検証していたりする。彼らが実践する仮説検証のノウハウの紹介に加え、「市場の規模、成長性とタイミング」「収益性」「競合に対する持続的な優位性」など、検証の5つの視点を紹介していきたい。

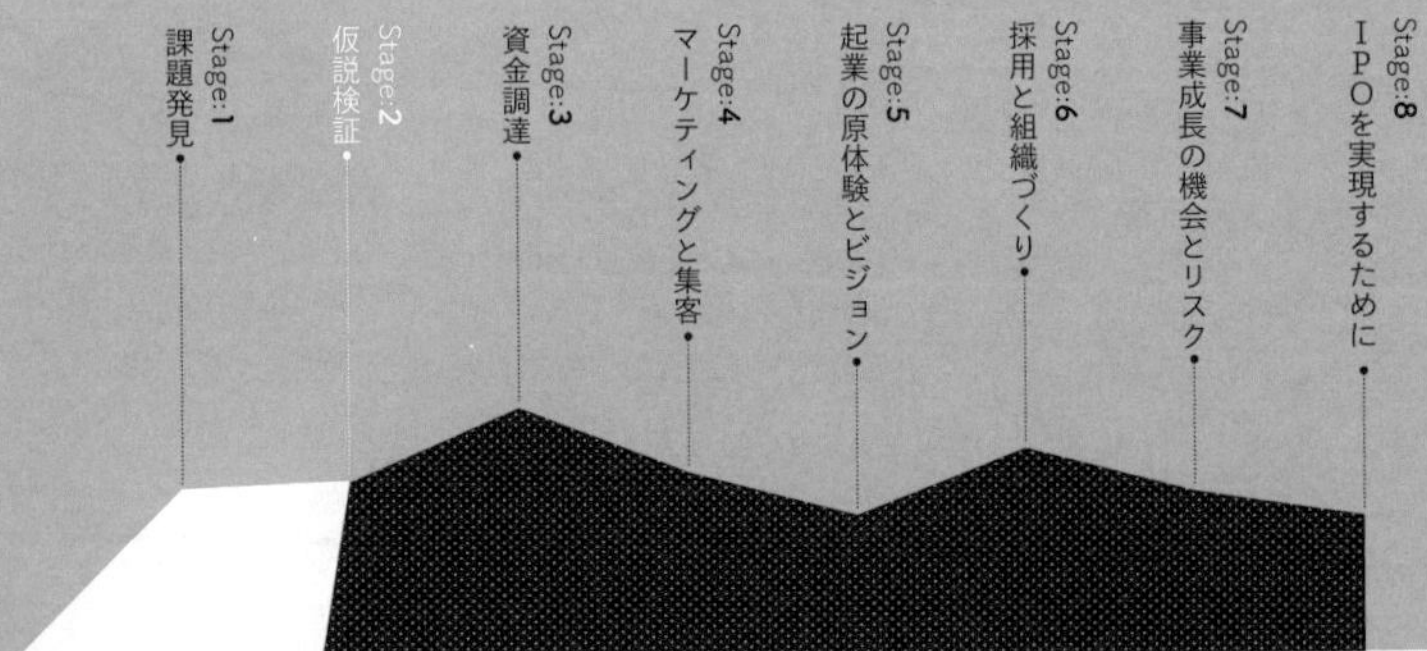

Stage:2

仮説検証
～アイデアを磨き、事業に昇華する～

本ステージで登場する起業家

Case:C

SHOWROOM株式会社

前田裕二さん Yuji Maeda

1987年東京生まれ。2010年に早稲田大学政治経済学部を卒業後、外資系投資銀行に入社。2011年からニューヨークに移り、北米の機関投資家を対象とするエクイティセールス業務に従事。株式市場において数千億～兆円規模の資金を運用するファンドに対してアドバイザリーを行う。その後、0→1の価値創出を志向して起業を検討。事業立ち上げについて、就職活動時に縁があったDeNAのファウンダー南場氏に相談したことをきっかけに、2013年5月にDeNAに入社。同年11月に仮想ライブ空間「SHOWROOM」を立ち上げる。2015年8月に当該事業をスピンオフ、SHOWROOM株式会社を設立。現在は、SHOWROOM株式会社代表取締役社長として、「SHOWROOM」事業、ならびに2020年10月にローンチしたバーティカルシアターアプリ「smash.」事業を率いる。著書に『人生の勝算』『メモの魔力』(共に幻冬舎)。

Case:D

株式会社北の達人コーポレーション

木下勝寿さん Katsuhisa Kinoshita

1968年生まれ。大学卒業後、株式会社リクルート入社。その後、独立し、2000年に北海道特産品のインターネット販売を開始。2009年、株式会社北の達人コーポレーションに社名変更し代表取締役社長に就任。健康美容の分野へ本格参入し、2012年札幌証券取引所アンビシャス市場に上場(その後東証プライム上場)を果たす。著書に『売上最小化、利益最大化の法則――利益率29%経営の秘密』(2021年、ダイヤモンド社)

Stage:2「仮説検証」のキーポイント

- "ウェット"な一次情報である生の声を聞き、仮説の精度を高める
- 検証の絶対量を確保し、非合理に見える真実を見出す
- 誰よりも速く正しく論点を見極め、誰よりもパワフルに掘る
- サービスや商品の価値を粘り強く検証し、ニーズドリブンな思考でヒットを生み出す

本ステージの序盤では、ＡＩ翻訳機やスキルマーケットが世に産み出されたときの仮説検証の事例に触れながら、成功した起業家の実践的な検証ノウハウを紹介する。また、起業家のケーススタディからは、仮説検証の要となる「顧客ニーズの見定め」を実際にどのように行ったのかを紹介したい。また、そこを起点にサービスや商品のレベルアップを図りつつ、組織に仮説思考を浸透させていく実例をみていこう。最後に検証の視点として、「市場の規模、成長性とタイミング」「収益性＝儲かる回収エンジンはあるか」「競合に対する持続的な優位性＝"ならでは"の要素の構築」などのポイントにも触れる。これらは自分１人では客観的な視点が得づらい面もある。他の起業家や投資家、建設的な議論ができる人、想像力のある人とディスカッションしながら考えを深めていき、アイデアを磨いていこう。

仮説の構築

〝ウェット〟な情報から核になるアイデアを磨きこむ

ここからは、事業アイデアのブラッシュアップ、並びに仮説検証のアプローチについて見ていこう。

業界関係者などから得られる生の声を「ウェットな情報」、公になっている調査結果や統計、ニュースのようなものを「ドライな情報」と、ここでは表現する。まず、初期の情報収集の段階で起業アイデアの精度を高めるためには、「ウェットな情報」を収集することを提案したい。

もう少し言葉を添えると、「自分だけのウェットな情報」と言い換えることもできる。市場関係者しか知らないような情報、業界の中でも最先端を走っているような人から引き出すディープな一次情報は、顧客の課題の理解をぐっと高めてくれる。そして、正しく顧客の課題を理解することから、ニーズを的確にとらえた製品やサービスが誕生する。

我々の出資・支援先のある起業家は、企画を発想してから事業化するまでに実に1年半を準備期間に費やしている。当時その起業家が実践していたことは、あるビジネスマッチングアプリを使って、事業をおこそうとしている業界の人に数多く会い、ビジネスモデルに対する意見を募ったそうだ。当時1日の上限数が10人だったものを、アプリの事業責任者に直談判して専用の50人フリック有料プランをつくってもらったほど。そこで得たネットワークを活かしつつ、主要な関係会社はすべてテレアポし、電話でプレゼンをしてはフィードバックをもらい続けたという。特に、批判的な声が出たときこそチャンスだ。内輪の人の声より外の声に真実が隠れていることも多い。投資家も含めて壁打ち相手としてフル活用するなど、なるべく忌憚のない意見が得られるような環境を準備したい。この起業家は出資後もこうした姿勢を変えていない。新しい事業を思いついたときには我々投資家や業界の関係者に質問を投げかけながら仮説の精度を高めていく姿勢を維持されている。このように、事業の仮説を検証する過程では、顧客や関係者の声をどんどん取り入れながら、仮説を〝進化〟させてみよう。

まずは価値そのもの、次に成長性を確かめる2段ステップを踏む

スタートアップにおける仮説検証は、大きく考え、小さく始めることが大原則だ。この時の具体的なアプローチとして、〝価値〟を確かめ、次に〝成長性〟を確かめる、という2段階のステップをお勧めしたい。

まず、価値を確かめるプロセスでは、顧客が製品やサービスを実際に使うときに本当に価値を提供できているかどうかを検証したい。前のステージで見てきたように、最初に掴んだ課題感はまだふわっとしているケースが多い。たとえば

- そもそも本当にユーザーが使ってくれるのか
- どの機能や効能がささっているか
- 何は削り、何に集中する必要があるのか
- 言葉でイイねというだけではなく、本当にお金を払ってくれるのか

を最低限の機能をそろえた製品で検証することが重要だ。

累計100万台以上を売り上げたAI翻訳機の会社では、フォーカスグループなどの人為的な調査に頼らず、経営陣自ら店頭にたって顧客の声を聴き、製品改善のアイデアを得ているという。調査ではバイアスがかかることが多く、懸命に製品開発・改善に取り組んでいる経営陣に、面と向かって非難する人は多くはない。友人や知人であればなおさらだろう。自らの財布の口をひらいてお金を払うかどうか、身銭をきれるかどうかを考える瞬間にこそ、顧客は本音を語ってくれる。

次に、成長性については、「新しい顧客」が製品やサービスをどのように受け入れてくれるかを判断することが欠かせない。最初にサービスを使ってくれる層である、アーリー・アダプターから、広く世の中や社会にどのように広がっていくのか、拡大や成長の可能性を探ることである。

この2つのステップを踏む過程で、

・顧客の課題に十分な深さはあるか
・それに対する解決策は妥当か

を繰り返し問いかけ、見極めることを進めたい。ビジネスアイデアを形づくっていくこのステッ

プで陥りがちな罠を1つ紹介すると、〝Nice to have（あったほうがよい・あるとうれしい）〟だが、〝Must have（ないと困る）〟ではないアイデアに執着してしまうことだ。すなわち、顧客の課題の深さに欠けるか、解決策としての唯一性が弱い状態だ。結果、想定ユーザーに十分な課金をしてもらえない事業ができあがってしまうことがある。

実務上は、価値の確認も成長性の検証も、仮説を柔軟に何度も見直していく粘り強さが必要だ。全国3000以上の保育施設におむつを直接提供するサブスクサービス、BABY JOBもこの仮説の検証を繰り返し行っており、現在のサービス形態にいきつくまでに何度もアップデートを重ねている。第4ステージで具体的な事例を紹介しているので、ぜひ参照してみてほしい。

非合理に見える真実を見出すためには、検証の絶対量と論点設定がカギ

スタートアップの創業にあたっては、一見非合理にみえる真実にチャンスがあると語る起業家もいる。たとえば、「知識・スキル・経験」を売り買いできるスキルマーケットという新しいコンセプトのサービス。同社は創業前にコンセプトや戦略を相当に練りこみ、大部分において創業前の仮説どおり事業が進捗しているという。

そうなった要因の中で特に大切なのは、「世間からは非合理に見える真実」が創業時から見えていたということにある。スタートアップを起業する際に、誰からも合理的に見えるビジネスプランには旨味がないことが多い。なぜなら、大資本を持つプレイヤーが後から参入し、シェアを奪ってしまう可能性が高いからだ。

Googleも Airbnbも、最初は誰も彼らが大きくなるとは思っておらず、彼らだけに見えていた「真実」があって、それが時間を経て現実となった。大きな事業をつくる起業家のビジネスプランは「世間からは非合理」に見えなくてはいけない。そして、「起業家にだけ見えている真実」があることが鉄則である。

スキルマーケットの事業において、「世間からは非合理に見える真実」は何だったのだろうか。彼らは創業当初「500円均一のスキルマーケット」としてスタートしたが、1時間かかるような作業をたったの500円で売るのは合理的じゃないから売り手がいるはずがない、と最初はみんな思っていた。しかし、彼らは成功した。たとえ500円しかもらえなくても、自分のスキルを喜んで売りたい人がたくさんいる」ということに、なぜ気づくことができたのだろうか。

それはもともと創業チームがＮＰＯを運営し、お金をもらわなくても楽しく働く人たちを見てきた、その働く人たちのモチベーションの源泉に触れていたことに要因がある。だからこそ、金額の多寡は問題にならないということが見えていたのだ。

一方でやってみないとわからない部分も当然ある。スキルマーケットの事例でいうと「オンラインで知らない人のスキルに対して〝５００円も〟払う買い手がいるか」という買い手側の部分。この点について確証を得るべくさまざまなテストを高速で繰り返し、実現性を検証していったという。事業化に至るまで、老若男女１００名もの人にヒアリングを繰り返している。この事例にみられるように、優れた起業家は仮説検証の絶対数が圧倒的に多い傾向がある。

リソースを集中し、特定領域の〝ダントツ〟の勝利を目指す

かつて８００億円もの赤字を抱えていたコマツの業績を回復させ、危機から救った敏腕経営者・坂根正弘氏は、「ダントツの部分がある製品開発こそ重要だ」と語っている。相手に負ける部分を一部覚悟しても、ダントツで勝てる部分にリソースを集中させ、勝ち抜くという考え方だ。ただ筆

者は、これはスタートアップこそが取り入れるべき戦略だと考える。

スタートアップは文字どおり、ゼロから事業を立ち上げていく作業だ。ヒト・モノ・カネのリソースもないし、ブランドもないケースが多い。故に、強みのある部分で圧勝することに集中して勝ちをつくり、その後で次に展開していくことを心掛けたい。

実際、我々が投資検討を進める際に実施する競合との比較調査でも、あらゆる面で競合に勝っているという企業はそうそうない。ピッチ資料上は自社優位に書かれていることの方が多いが、実際に競合のサービスも使っているお客さんの声を丁寧に聞いていくと、完全に満足していることはほとんどない。むしろ、創業初期の段階では粗い部分もたくさんあることの方が多く、弱点をすべてなくそうとするのは非効率だし、遅きに失する可能性もある。まずは粗削りでもいいので、&ダントツで勝てる軸を持つことによる一点突破を目指したい。

小売店の、〝ドミナント戦略〟を聞いたことがある方も多いだろう。セブンイレブンが代表例として有名だが、特定の地域に出店を集中させ、競合他社の参入を阻みつつ配送や物流の効率を上げる、という一石二鳥の戦略だ。小売店が物理的な地理の面で集中させて〝ダントツ〟の勝利を狙うように、スタートアップは特定の領域にあらゆる経営のリソースを集中することを意識したい。

たとえば、弊社オウンドメディアの取材の中でも、ある起業家が「アポイントを取るまでの営業プロセスをアウトソースし、社員は企画提案や関係構築の部分にフォーカスしました。（中略）自分たちが強みを発揮できることに集中して、他は思い切ってアウトソースすることでチームを少数精鋭に保つ。結果的に、東証一部（現グロース市場）に上場した今でも正社員は40人強しかいません」と語っていたのは印象的だった。

それではここからは、実際に仮説を磨いて事業を成長させた起業家の事例をみていこう。

Case:C
（インタビュー記事初出＝2017年5月／2019年6月）

SHOWROOM株式会社　代表取締役社長　前田裕二さん

企業文化として仮説思考を鍛える

前田さんがたどった起業準備・仮説検証のプロセス

1 小学生時代のギターの弾き語りで仮説思考力の重要性を学ぶ
2 外資系投資銀行でゲームのルールとは何かを知る
3 徹底的な仮説検証による問いの見極めと圧倒的な努力投入で結果を出す
4 代替不可能な価値創出のため起業を決意する
5 ディー・エヌ・エーで事業を立ち上げ、実業にて修行を積む
6 リーンに始め、初期ファンと共にサービスを改善する
7 他者への想像力でAKBグループと協力関係を結ぶ

SHOWROOMのビジネスモデル

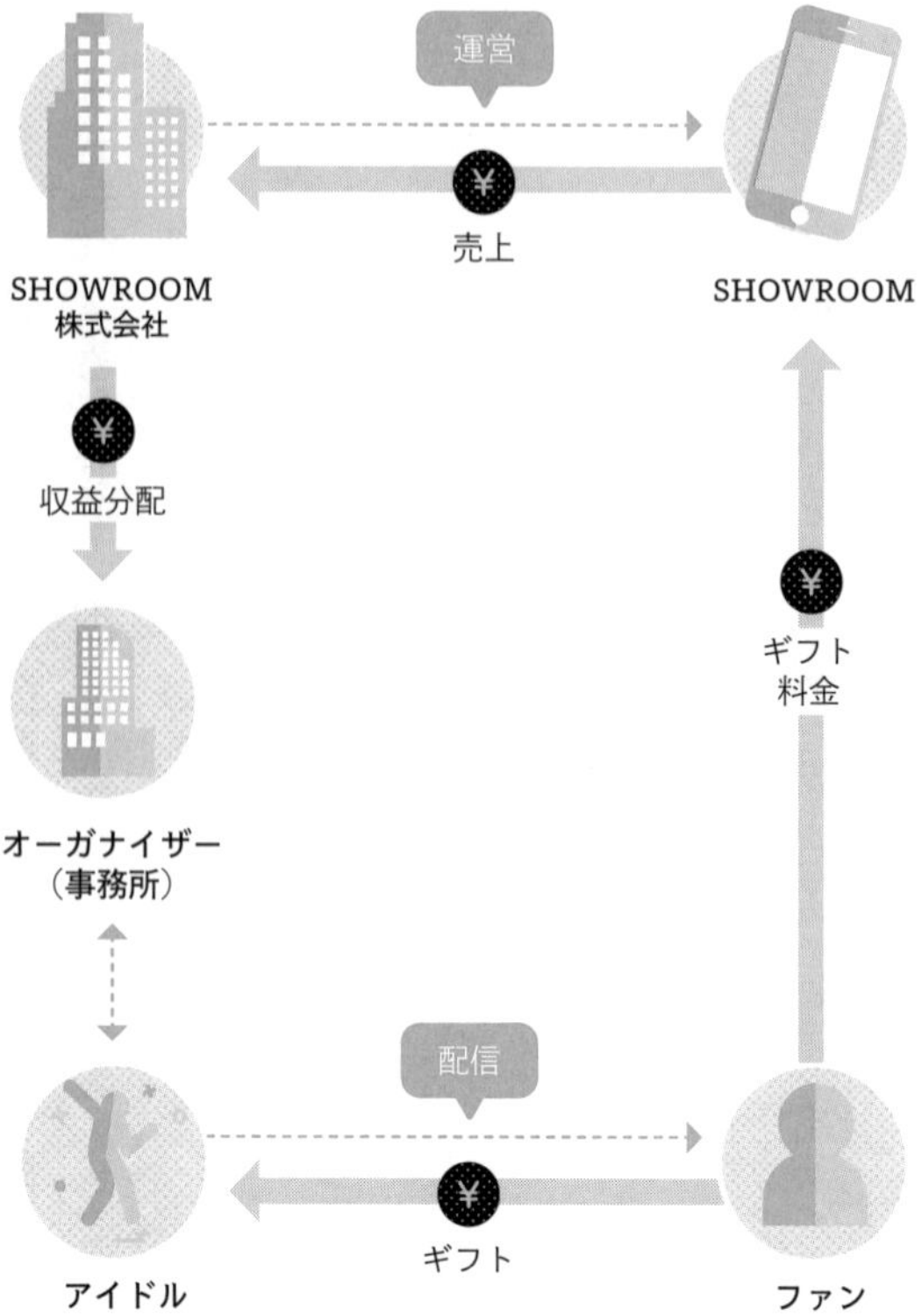

SHOWROOM株式会社は、アーティストやアイドルによるコンテンツ配信が無料で視聴でき、誰でもすぐに生配信が可能な〝夢を叶える〟ライブ配信プラットフォームサービス「SHOWROOM」を運営している。「努力がフェアに報われる世界を創る」という明確なミッションを持ち、素人からプロまでのさまざまな演者が視聴者と双方向につながりながら活動できる。２０１３年に事業を開始した後、ギフティングを収益源として急成長し熱狂的なファンを多数抱えている。代表の前田さんは社長業をしながら作家活動やメディア出演にも精力的に取り組み、著書『メモの魔力』は75万部のベストセラーにもなった。また、スタートアップ業界でも大きな注目を集めており、若手起業家の中ではカリスマ的な存在にもなっている。前田さんの創業の背景、そして仮設検証力をどのように獲得し、事業成長につなげていったのかを学んでいこう。

仮説検証の原点は、ギター弾き語り

仮説検証やＰＤＣＡが事業の成長に重要だ、という主張はある意味当然のようにも聞こえる。ただ、自らの体験として、収益を明確な指標にした上で、仮説立案と行動の評価・修正がもたらす効用をどの程度実践により体感できているだろうか。前田さんは小学6年生時代にギターの弾き語りとしてその体験を得ている。８歳のときに両親を失った後、親戚からギターをもらったのを契機に生活費を得るため、路上での弾き語りを始めたストーリーをご存じの方もいるかもしれない。しかし、最初はどうにもうまくいかず、次のような試行錯誤により改善していく。

「独自の価値を出すためにはオリジナル曲がいい」↓「未知より既知のカバー曲がいい」↓「金額は場所で変化する」↓「昭和の曲と小学生とのギャップが刺さる」↓「リクエスト曲を後日約束の日時に披露することで絆や特別感という価値が生まれる」

このような仮説検証による工夫を積み重ね、最初は1か月毎日やっても500円に満たない見入りが最終的には10万円以上のお金がギターケースに入るようになった。こうした経験を経て仮説思考の重要性が前田氏の意識に刻まれた。

「仮説思考の力というのは、PDCAを回す中でついていきます。仮説のないアクションは悪であって、1個1個の行動に、その時点での最善仮説を持てているかを強く意識しています」

アクション後に効果確認を実施しないのは大きな問題であるが、事前にどのような結果が期待できるのかについての仮説を徹底的に考える癖を、習慣化できているだろうか。仮説は単に行動の方向性を決めてくれるだけではない。仮説と効果とのギャップを常に検証することで現実の理解度を高め未来予測の精度を鍛えることができる。これにより必要最低限の情報収集のもと、迅速で質の高い意思決定を量産できるようになる。まず未来の答えを出し、行動は答え合わせという手順を徹底したい。

起業を志した大学時代、選択したのは就職の道

前田さんは大学時代に起業を志していたが、外資系投資銀行に就職することになる。大学時代には100以上の事業アイデアをノートにまとめ、自己分析としても30冊ほどの分量で徹底的に自身の研究を行った。しかし、人生を掛けるほどの情熱を抱ける起業アイデアに出会えなかったこともあり、株とビジネスへの興味、報酬面などを考慮し外資系投資銀行に就職した。

大学卒業後、すぐに起業する人もいるが、事業アイデアと熱意が合致しない場合、将来の起業を見据えて関連する能力や気づきが獲得できる企業に就職するのは一つの手である。起業することを目的にして、自身の熱量が持てない事業プランでは起業しないことを勧めたい。常に、成功するまでの自身の最短を考えたいところだ。

なお、書籍『Insight』によると、正しく自己認識できている人は自身の能力を正確に見極め、良

好な人間関係を築きつつ、成功や幸福につながる最善の決断を下すことができるという。また、自己を認識する力があっても、他人が自分をどう見ているかを認識する力とは相関がない。そのため、経営者は自身のフィードバックを積極的に求め正しい自己認識の獲得と改善に努め成果を上げていることも多い。読者においては優れた事業プランの構築だけでなく、自己認識にも時間をかけて取り組んで欲しい。

外資系投資銀行でゲームのルールとは何かを知る

就職した外資系投資銀行では、投資家に日本株の情報提供を行う営業として活動していたが最初は成果が伴わなかった。株を分析して高度なレベルで投資アドバイスができることが仕事の重要ポイントだと思っていたが、そもそも営業の電話をしてもまるで出てくれないという課題にぶつかる。しかし先輩からのアドバイスにより営業成績が急伸することになる。それはお客様の立場になって考えたときに、プライドの高い電話を取りたいかというものだった。当時の前田氏には、どんな人の電話なら話をしたくなるかという視点が欠けていた。そこで葛藤はあったが、飲みの席で馬鹿に徹してお客様に好意を感じてもらうことで、電話をとってもらう確率が飛躍的に上昇したそうだ。このように営業において何がゲームを動かすルールであるのかを理解し、相手視点を持つことの重要性を前田さんは学んだ。

「課題にぶつかったとき、つまり相手が自分の思うように動いてくれなかったときには、相手の目になる癖がつきました。何が嫌で、何が嬉しいのか。徹底的に考え抜くようになりました」

ゲームのルールの理解と他者視点の獲得は、事業成功のためには欠かせない要素である。結果を取り巻く構造、その中で何が最も結果に影響を与えるのかを、冷静に見極める姿勢を意識したい。思い込みにより結果への影響が弱い、または全くない部分への注力は避けなければならない。飛行機は、鳥のように羽ばたくことで実現できるという思い込みが数百年実現を遅らせたといわれているが、工夫では解決できない無謀な挑戦に時間をかけている余裕はスタートアップにはなかなかないのが現実だ。

また、他者視点の獲得は、他者がどのような行動や意思決定をするかの予想力を底上げし、自身を取り巻く不確実性を縮小し、仮説精度を大きく高めることができる。そして、他者への最適なアプローチ方法の発想は、自身だけでは直接動かせない要素であっても、他者の力を借りて動かすことにつながっていく。

成長の本質は鉱脈の見極めにあり

その後、国内で成果を上げ2年目にはニューヨークに転勤、北米の機関投資家に対して日本株の投資営業を実施することになる。ここでも前田さんは高い成果を上げた。その理由として前田さんは次の2点を挙げる。

1　解くべき問題（本質）を見極めて、やり切ったこと
2　仕事への熱量やモチベーションが誰よりも多かったこと

1は鉱山に例えるなら、闇雲に掘らず宝の場所を見極めてから掘るということを指す。つまり信じ切れる仮説を全力で立てて、見つかるまで本気で掘ることが重要なのだ。

2は圧倒的な努力投入量を指すが、これはスピード感をもった仮説検証と掘り切る力の根源となるほか、数多くの苦しい局面を跳ねのける力となる。起業家は、情熱を持ち行動指向や直感に誇りを持つことも時には重要であるが、1のように冷静な仮説を背景に行動しないと裏目に出る場合も多いことを意識しておきたい。

「誰よりも速く正しく論点を見極めて、ほかの人よりもパワフルに掘ることができる。それができれば、高い確率で成功する。ロジックとしては、シンプルにそういうことだと思います」

ロングセラー本『イシューからはじめよ』にもあるとおり、バリューのあるものだけにリソースを集中投下する考え方を意識したい。スタートアップは常に残りの資金と時間との戦い、という面もある。短い期間で最大限の成果を得るためには？ と発想すれば、おのずと仮説思考に行き着くだろう。

ディー・エヌ・エーで社内起業、実業にて修行を積む

前田さんは就職活動時代から縁があったディー・エヌ・エー（DeNA）の南場智子氏（現代表取締役会長）から声が掛かり、事業立ち上げの経験ができる環境を得るため社内起業を選択した。SHOWROOMの誕生には以下2つが影響しているという。

1つ目は、投資銀行時代に出会った中国最大級のライブストリーミングサービスの市場が急速に拡大しており日本でも急成長しうる可能性を見出したこと。

2つ目は、運命に負けたくない幼少期からの想いと、大学でのバンド活動などで音楽業界では努力が報われづらいという原体験である。

これらがつながり、前田さんの人生を通じてつくり上げたい世界観として2013年にSHOWROOMが生まれた。なお、原体験は必ずしも必要ではないが、事業内容や経営者としての活動が自分の幸福の方向性と適合しているかは確認したいところである。前田さんはこれから起業家を目指す人へのメッセージの中で次のようにコメントする。

「自分の価値観と事業が紐づいたら、こんなに幸せなことはないです。心からの生き甲斐のようなものをすごく感じていて、高い幸福度の中で仕事ができています」

その後、事業が一定の成長を達成したことを契機に、2015年にスピンアウトしSHOWROOM株式会社を設立することになる。社内起業で感じたメリット／デメリットについて前田さんはこのように振り返る。

「社内起業で良かった点は『ひたすらユーザーに向き合うことができたこと』です。一方で、難しかった点は『会社に対してのオーナーシップが100％もてないこと』です」

リーンに始め、マーケットでの改善を徹底

サービス開発で重要なのは、市場反応を通じたアイデアの検証速度と量である。特にスタートアップは費用と時間を最小限にしながら、最大限のインサイトを集めていく必要がある。前田氏は事業立ち上げ期、ファンの獲得とTwitterでの相互コミュニケーションなどを通じて高速改善しながらサービスを進化させていった。

供給側の論理や思い込みでプロダクトアウト的にサービスをつくってはいけない。とにかく素早く、MVP（価値検証可能な最小限のプロダクト）をつくり、一刻も早くサービスのコアバリューを世に問い、マーケットイン（市場・顧客の需要に合わせて商品開発）で改善していく。このやり方を徹底することが重要となる。

「なぜこれが重要か。2つあります。1つ目はユーザーの声をスピーディーに取り入れることが、利便性向上の観点で効率がいいということ。2つ目は、サービスに改善の『余白』があることで、『その余白を埋めたい』と思ってくれるコアファンがついてくれることです。そのコアファンが、サービス立ち上げ初期の熱量を醸成してくれます」

このような方針を持ちながら、事業成長に当たっては何が収益を動かすのか、事業初期から科学を続け、本質的な気づきを得てきたという。スタートアップでは、ファンと一緒にプロダクトをつくる伴走型を意識したい。一番重要なサービス改善の種を段階に応じて継続的に獲得できるだけでなく、一緒につくったという事実がファンとの絆を強力にし、ユーザー側から市場への認知拡大も育んでくれる。みなさんの事業プランも顧客行動で証明されるまでは仮説であることに留意したい。検証して確認するまでは何も証明されているものはないのである。

また、前田さんは磨かれた仮説思考を背景に、周りが反対するような仮説でも、未来を方向づけるようなインパクトが大きい仮説については、ほぼ外すことがないと語る。SHOWROOMはAKB48グループとの提携が1つの成長ドライバーになったが、当初、「いまさらトップコンテンツが入って来たら、これまでの世界観が崩れるリスクがあるのではないか。SHOWROOMを独自の世界観で楽しんで使っている演者やユーザーからしたら、自分たちの遊び場を汚すな、といった感覚を持つのではないか」という反対意見も多く出ていたという。しかし、前田さんは徹底的に仮説を立てて実行し、想定どおりKPIを跳ね上げることができた。

ファクトに真摯に向き合い、時には仮説を捨てる

仮説に自信があるほど、仮説が外れた事実は受け入れづらく方向転換を躊躇するのが人間の性質でもある。ここで意識しておきたいのは、仮説との一致に関わらず、中立的な立場で検証や解釈を実施すること。そして仮説よりも事実を優先し判断することである。中立的な立場をとるためには次の2点に気をつけたい。まずは、都合の悪い情報をいい情報と同等に収集し検証材料とすること。次に、仮説が外れたときだけ異議を唱え、都合のいい解釈を得るために追及しないことである。追及するのであれば、いい結果の場合にもそうでない理由を追求しないと妥当ではない。これらは認知的なバイアスが影響しているため、仮説の立案時点でどのようなデータが出ればどのように判断するかを事前に設計しておくのは有効である。医療実験においては事前に第三者に仮説、手法や検証基準を公開することでこのようなバイアスの回避に努めている。そして、都合の悪いファクトが得られても従うことが重要である。論より証拠。検証結果を尊重するのを忘れてはいけない。

SHOWROOMの仮説が外れた際の判断について、2つ事例を見てみよう。サービス初期、視聴者の回遊率をどのように向上させるかという大きな課題があった。そこで、他の視聴者がフォローしている演者を参照できるようにすることで、応援したいと思える演者を発見でき回遊率が上がるの

ではという仮説を立てた。しかし、機能リリース後、想定された結果は出ず、ＳＮＳにも悪い反応が見られたそうだ。

「ここで『そんなはずはない。ほかのユーザーが誰に興味を持っているのかがわかるほうが、心地がいいはずだ！』と、自身の仮説を信じて走り続けることもできたんですが、データをドライに観察して『これは違うな』と判断しました」

〔「Mobile Leaders Summit」（２０２０）基調講演より〕

その後、ユーザーからのフィードバックを通じて、他の演者も応援していることを他者に伝えたくないというインサイトも得ることができて、付随する改善仮説をすべて取り下げる判断をしたという。

２つ目の事例は、事業初期に計画していた収益の成長仮説である。こちらは少し知名度がある演者こそがユーザーの課金を生み出すという仮説であったが、伸び悩んでいる事実を受け入れ、仮説を捨てる判断を素早く実施したという。

「こだわりを捨て、現象と真剣に対峙していかないと、この判断はできなかったなという学びがありました。実際にサービスを運用していくと、自分たちが持っている仮説ってすごく正しそうに思えているというか、それが気づけば〝謎のこだわり〟になって、そこから中々抜け出せない」

〔「Mobile Leaders Summit」（２０２０）基調講演より〕

このようなプロセスを経てサービスが大きく成長していった。ファクトドリブンで真摯に顧客の声を聴き、素早く仮説を入れ替えながらサービスのブラッシュアップに努めたいものである。

仮説検証能力の組織化

仮説検証は高速回転させるほど効用が得られる。代表や役員の仮説思考が卓越していても事業に併せて組織が大きくなると、中央集権的な意思決定では実行速度が遅くなってしまう。各社員が迅速で自律的な仮説思考とアクションを実施できるように意識的に組織づくりを実施していきたい。
前田さんは仮説思考の組織化に当たり、次の2点を意識している。

―１　思想の伝播フローをつくる―

2　採用時点での適正把握とコントロール

思想は接触量の多い相手から言われ続けることで伝播していくことから、自身の会社のメンバーに対して仮説思考で考えるように徹底して働きかけているという。経営トップからミドルマネジメント、そして現場へと口癖として伝播するフローを意識的に構築することで社内全体への浸透を実現しているそうだ。

また、仮説思考の適正が認められる人に絞り採用することにも気をつけていると前田さんは語ってくれた。面接においては水平思考のクイズ（出題者にｙｅｓ／ｎｏの質問を投げかけながら答えを導き出すゲーム）を通じて、仮説構築力のスピードと精度の把握を試みる。そもそも質問が出ない人や、ロジック的に意味をなさない質問をする人は、仕事においても同様の仮説の立て方をする傾向にあるという。思考の癖は一朝一夕で変わるものではない。そのため、採用時点で見極める方法を確立しておくことは重要である。

また、SHOWROOMでは行動指針として「イシュー（解くべき問いと仮説の設計）」を定めているが、組織内では「イシュー」や「抽象化」という言葉が頻繁に使われているそうだ。前田さんは、仮説検証文化を浸透させ、自身は経営に集中できる組織体制を構築できている。

仮説検証を徹底する組織とそうでない組織の違いは、企業文化（社員の信念や価値観）が大きいだろう。そもそも不確実性がある中で仮説を設計し正しく評価するのは相応の労力が必要であり、その効用は一見わかりづらいものである。

それは、仮説を立てずに行動した場合との比較は難しく、様々な因果関係がある中で正しく影響を評価すること自体が難しいことに起因する。さらに、新たな知見獲得を目的にする場合、仮説を広げていくと一見無駄に思える失敗が多くなる。そのため効率性や短期的な成果を重要視する組織では実験的な考え方が根付きづらい。はじめは簡易なものでいいので仮説検証の実績を着実につくり、組織的に大切にする価値観としてうまく熟成していきたいものである。

【参考文献】
○SHOWROOMのMission, Vision　https://showroom.co.jp/
○前田裕二・著『メモの魔力』（幻冬舎、２０１８）
○前田裕二・著『人生の勝算』（幻冬舎、２０１７）
○ターシャ・ユーリック・著／中竹竜二・監修／樋口武志・訳『insight―いまの自分を正しく知り、仕事と人生を劇的に変える自己認識の力』（英治出版、２０１９）
○「Mobile Leaders Summit」（２０２０）前田裕二氏・基調講演
https://logmi.jp/business/articles/323726
○DIMENSION NOTE　https://dimension-note.jp/manager/detail/21
https://dimension-note.jp/manager/detail/60

Case:D （インタビュー記事初出＝２０２１年12月）

株式会社北の達人コーポレーション　代表取締役 社長　木下勝寿さん

計画的な仮説検証を生み出すクールヘッドが不可欠

木下さんがたどった起業準備・仮説検証のプロセス

1 「ホットハート」「タフネスマインド」「クールヘッド」をバランスよく
2 ぶれない基準を持つ
3 ニーズは直接マーケットに確認
4 ニーズ検証は「使ってもらうこと」がポイント

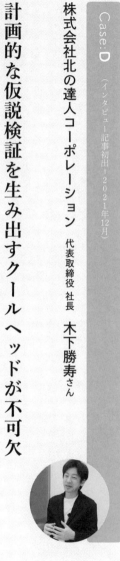

北の達人コーポレーションのビジネスモデル

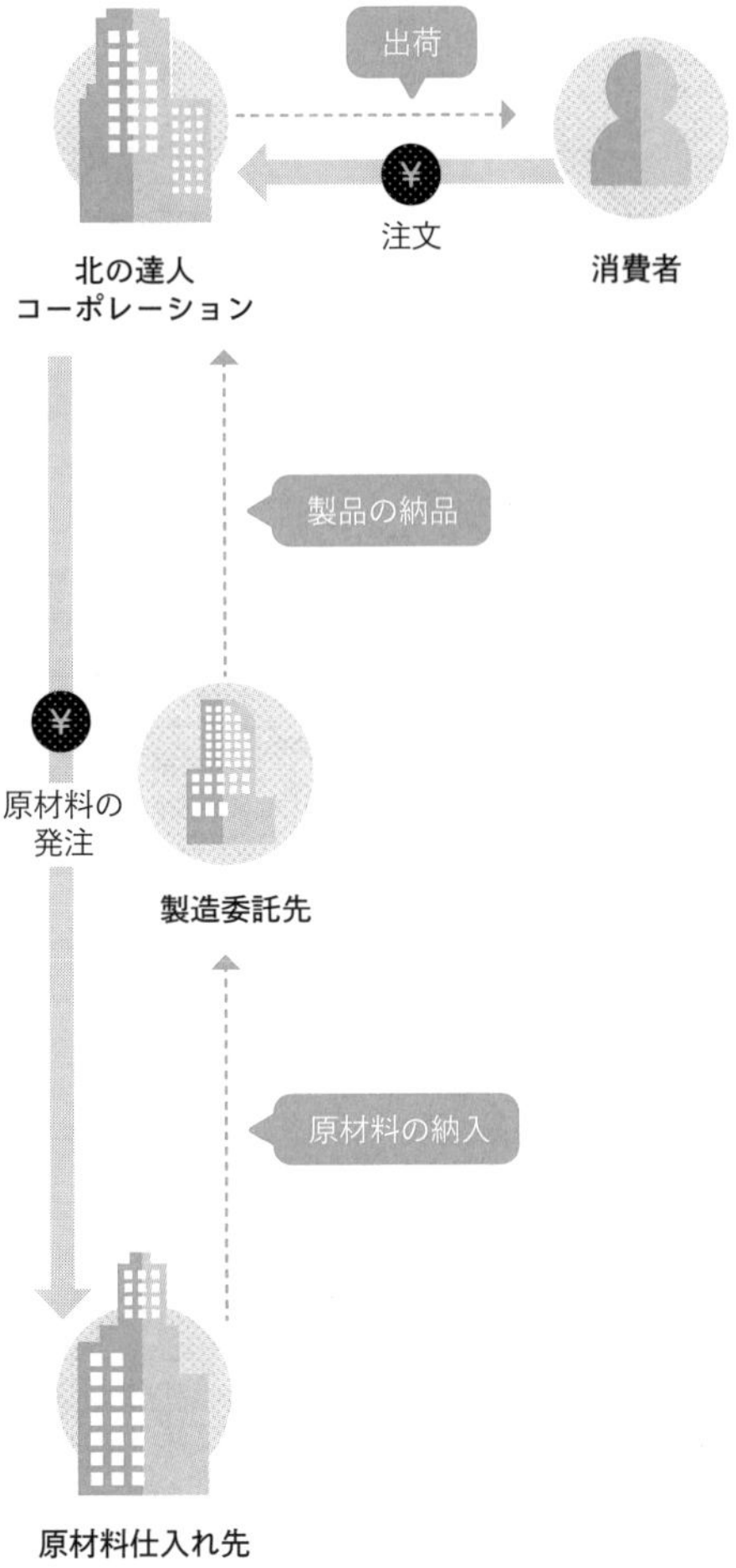

「北の大地の高い技術と能力を持ち活躍するプロフェッショナル集団でありたい」、その思いで立ち上がったのが、異色のD2C躍進企業、株式会社北の達人コーポレーションだ。2002年に創業後、2012年に札幌証券取引所アンビシャス市場に上場し、2013年に同取引所本則市場、2014年に東証二部（当時）、2015年に東証一部（東証プライムに移行）へと市場変更をしながら成長を続ける。サブスク・ライクに健康美容商品をEC販売する北の達人は、圧倒的に高いリピート率、利益率そして顧客満足度を誇る。当社を牽引する、代表取締役社長木下さんから起業準備、並びに仮説検証のアプローチを学んでいく。

ブレインはハートについてきているか？

準備以前に、そもそも起業家には必須の素養が3つあると、木下さんは語る。「ホットハート」「タフネスマインド」「クールヘッド」だ。

「ホットハート」とは、「自分のプロダクトを世の中に伝えたい」と思う情熱だ。どんなビジネスも初めからうまくいくケースは少ないが、そのときに自分自身を経営者として推進し続けられるのが、この熱烈な情熱だという。

「我々、北の達人コーポレーションも『売れる商品』をつくるのではなく『伝えたい商品』をつくることに徹底的にこだわっています。ビジネスをしていると、どれだけ売れると思っていても実際には売れない場合が多々あるもの。そのときに『これを知ってもらえないと世の中の損失だ』と思えるほど自分たちが『伝えたい商品』であれば、必ず打開策は見いだせるはずなのです」

そして「ホットハート」と通ずる部分がある「タフネスマインド」。これは少し精神論に聞こえるかもしれないが、「成功するまでやり続ける心」を意味する。当初の想定どおりにいかなかったとしても、粘り強くやり続けられる素質のことだ。

実際、投資家の間でも経営者の粘り強さに注目することが少なくない。たとえば、一度出資を断られてもフィードバックを入念にもらったり、検討を再依頼したりと、失礼にならない範囲で粘る姿勢を持つことは、必ずしも悪い印象になるとはかぎらない。自分の大切なお金を、簡単にあきめて事業を止めてしまう起業家に預けたいと思うだろうか。最後に勝敗を分けるのは執念、というと精神論になってしまうが、次々とヒット商品を産み出し続けている木下さんから語られると、非常に示唆深い。

「ホットハート」「タフネスマインド」に続いて「クールヘッド」は、木下さんいわく、起業家として不可欠な素養だという。これは、リスクを想定しながら未来を見据える計画性のことだ。

「10回やったら9回は失敗して、最後の1回でうまくいく。そんなことが当たり前なのがビジネスの世界。それなのに多くの起業家は『2から3回で自分は上手くいく』と過信し、2～3回失敗するとゲームオーバーになってしまうようなお金の使い方をしてしまっているのです」

どれほど粘り強くチャレンジし続ける意志があっても、計画的にリソースを使いこなせなければ、リソース自体が底を尽きてしまう。結果、チャレンジできなくなってしまう。そのような事態を避けるため、ホットハート、タフネスマインドを持ちながら、クールヘッドを持つことが大切なのだ。

起業準備という観点でこの3つの素養を捉え直してみよう。

まず「ホットハート」については、自分が情熱を注げる企業テーマを準備段階で発見することがポイントだろう。「儲けよう」「成功したい」〝ワナビー〟起業家マインドが先行すると、なかなか思うようなテーマには巡り会えない。

「タフネスマインド」は、日頃の活動の積み重ねから身につく。忍耐強く取り組む経験を積めば積むほど、それは自分の中で常識化していく。この感覚を持って事業を始めれば、粘り強く事業を推進できるだろう。

そして「クールヘッド」。こちらも積み重ねがものをいう。事業の立ち上げから成長を緻密に計画し、考え続けることでクールヘッドの感覚は研ぎ澄まされていく。また、投資家やアドバイザーをはじめとした良きディスカッション・パートナーを持つことで、ここの計画性にさらに磨きが掛かる。

生存率2%のブレない開発基準

冷静に計画を立てながら、熱いハートで粘り強く、やり抜く。これが木下さんのセオリーだ。一方で仮説検証を繰り返す中で、ビジネスモデルを変えることは現実的にあることも認めている。ただし、そこでは「あるべき論」を自分で持つことが大切だと木下さんは語る。理論上「こうやるべき」という、持論に立脚して意思決定をするということだ。

よくある過ちが、「できること」を起点に意思決定をしてしまう場面だ。とにかく取り組みやすいことを中心に意思決定を繰り返した結果、組織に一貫性が失われたしまったという悲劇はよく見られる。仮説検証を通して、新たな示唆を事業に取り込んでいくことは大切だが、ブレない自分の戦略・ビジョンを持つことも念頭においておこう。

ブレない意思決定をするためには、明確な基準を持つべきだ、と木下さんは語る。北の達人コーポレーションは「びっくりするほどいい商品ができたときにしか発売しない」という大きな方針を立てている。そしてこの方針を貫くために「市場があるか」「実際につくれるか」の2つの明確な基準を持ち、製品の開発・リリースを展開している。北の達人のユニークさはこの2つの基準をさらに細分化し、それらの基準が満たされているか徹底的に確認していくところだ。

「市場があるか」の検証では、机上の空論レベルで商品コンセプトを企画し、アンケートや調査によって実際に市場・ニーズがあるかを調べる。この時点で10のアイデアがあれば9つは不採用になってしまうほど、設定されている基準値は高い。「発売できれば売れる」レベルの商品を企画構想段階で見極めているのだ。

次の「実際につくれるか」の検証では独自の商品開発基準として850項目を設定し、その基準に則したモニター調査を行っている。3、4年試作品をつくり続けている商品アイデアがゴロゴロあるという。売れるコンセプトを実際に販売できるケースはこのフェーズでは2%ほどしかないそうだ。

「びっくりするほどいい商品ができたときにしか発売しない」という、あるべき論を実現するために、どれほどの試行錯誤が繰り返されているか、ご理解いただけただろうか。検証前に明確な基準を設定することで、コーポレート・ビジョンに一貫性を持ちながら事業推進することができる。ここでも木下さんの、計画的に仮説検証を繰り返す「クールヘッド」と、膨大な数の検証をやり抜く「ホットハート」と「タフネスマインド」が垣間見える。

ニーズドリブンの検証が生み出すヒット製品

少し話が前後するが、「市場があるか」の検証の重要性は特に強調したい。市場の規模・成長性などのマクロ的な集計データにとどまり、n=1の手触り感のある顧客ニーズを理解していないケースにあたることもある。常にニーズドリブンで仮説を検証し、顧客ニーズをよりシャープに理解していきたい。このアプローチで生まれたヒット商品が北の達人の「アイキララ」という製品だ。

「アイキララという商品の開発では、『目の下にできるクマを解決する商品をつくろう』というゴール設定のもと、いろいろなメーカーに打診をして試作品をつくりました。この段階では化粧品も健康食品も両方混ざって、いろんな商品カテゴリーがある状態です。そこからどの商品が一番効果を感じるかというモニター調査を行い、結果的に一番効果が出たのがクリームでした。商品化された後に世間的にこれが「アイクリーム」と呼ばれる商品カテゴリーだと知ったほどです」

ざっくりとした目標を設定し、北の達人はプロダクト開発に取り組んだわけではない。「目の下にできるクマを解消する」という顧客の課題を正確に捉え、モニターを繰り返すことで、あらゆる製品カテゴリーの中から、クリームタイプのアイキララにたどり着いたのだ。

使うまで自分自身もわからない顧客の本音

アイキララのケース同様、ユーザーに実際に使ってもらい、プロダクトのフィードバックを得ることがポイントだ。特に革新的な新製品はユーザーにとっても、未知の領域であり、マーケットにリリースするまで正確な反応が得られないことがある。「二十年ほいっぷ」の台湾リリースにて、木下さんはこの事実を知ったという。「二十年ほいっぷ」とは肌のくすみを改善する洗顔フォームで、台湾で大ヒットを記録した。

「実は台湾に物流拠点をつくろうとしていた頃、『二十年ほいっぷ』がなぜ売れたのか、現地の人にインタビューしてみたんです。最初にある女性に『なぜ二十年ほいっぷが売れたと思いますか?』と聞いたら、『台湾ではスキンケア用の洗顔が無いから』と答えました。「次に、別の人に商品が売れていることをいわず、『二十年ほいっぷという商品をどう思いますか』と聞いてみました。すると、『台湾ではスキンケア用の洗顔が無いから』断言されてしまったんです(笑)」

日本ではすでに存在したスキンケア用洗顔フォームだが、台湾ではホワイトスペースだった。そこに「二十年ほいっぷ」が先駆者として参入したことで「洗顔でもスキンケアできる」という、まだ満たされていないニーズを見事に射抜いたケースだ。衝撃的なのが、まだ満たされていないが故にユーザー自身もその必要性に気づいていない事態だ。全く新たな製品カテゴリーでは正確なユーザーの反応がわからないまま、テスト・リリースせざるを得ないことがある。そのようなときは即座に参入・撤退できる体制を事前に構築しておこう。想定以下の反応しか得られない際に、クイックに撤退できた方がリソースを無駄に浪費するような悲劇を避けられるだろう。

北の達人の「二十年ほいっぷ」のケースでは、リリース前に「スキンケア用洗顔の二十年ほいっぷは売れるか?」を調査していたら、大きな機会損失が起きていたかもしれない。ニーズの検証を上市前にモニターとして行うのか、それともリリースして確認するのかは、プロダクトに合わせて行っていきたいところだが、重要な点は実際に使用してもらってフィードバックを得ること。そしてそれに合わせて迅速に改良・撤退し、優れたプロダクトを選び抜いていくことだ。

【参考文献】
○北の達人公式サイト　https://www.kitanotatsujin.com/
○木下勝寿・著『売上最小化、利益最大化の法則――利益率29％経営の秘密』（ダイヤモンド社、２０２１）
○木下勝寿・著『ファンダメンタルズ×テクニカル マーケティング Ｗｅｂマーケティングの成果を最大化する83の方法』（実業之日本社、２０２２）
○DIMENSION Note　https://dimension-note.jp/manager/detail/92

実践のためのさらなる学び

仮説の検証

5つの視点でビジネスモデルを検証する

ここまで、仮説をたてる基本的なステップの概要と起業家の実例を見てきた。地道なヒアリングを徹底的に行いながらビジネスモデルを構築していくことになるが、ビジネスモデルの妥当性をどのように評価すればいいのだろうか。実際に我々が投資検討の過程で見ているいくつかの視点から、幹になる5つの視点を紹介したい。

1 市場の規模と成長性
2 お金の回収エンジンと収益性
3 競合に対する優位性〝ならでは〟の要素があるか
4 ビジネススキーム
5 集客とマーケティング

1つ目、「市場の規模と成長性」

まず大きいところでは、市場の規模と成長性を見て、仮に一定水準までシェアを獲得できたときの事業規模や、一定のシェアを取り切るまでの時間軸を見定めている。時間とともに人件費はかかり続けるため、資金の制約が強いスタートアップでは事業成長の時間軸は特に大切な視点だ。さらに事業規模が事業価値を規定し、調達額へも影響を及ぼすため（第3ステージ参照）、市場規模から事業規模・バリュエーション・調達額の大枠が見えてくる。

- 市場の規模はいくらで、どんなペースで成長しているのか
- なぜ今のタイミングで、この市場に取り組むのか
- なぜ自分たちの会社が、この市場でシェアをとれるのか

まずは基本的なところになるが、右記の質問の問いを自分自身に投げかけてみてほしい。具体的な検証方法の一例を、本ステージのケーススタディ（Case:D）で紹介しているので、ぜひ参照してみてほしい。

2つ目、「お金の回収エンジンと収益性」

続いては、どのような仕組みで稼ぐのかという点だ。課金形態、金額、コスト構造を見誤ると、売上は伸びても、なかなか黒字化しない事業ができあがってしまうケースがある。アーリーステージのベンチャーで時々見られる光景として、破格の値段でサービスを販売しているパターンだ。サービスを使ってもらうために、価格を安めに設定したい気持ちはよくわかる。しかし、最初に値決めを間違ってしまうと時間が経過してもなかなか値上げできず、いつまでもエコノミクスが成立していない事業ができあがってしまう。プライシングやコスト構造は中長期の目線でプランニングしないと、伸びているようで利益のでない事業になってしまうため、要注意だ。弊社も出資・支援しているLegal On Technologiesは、初期のプロダクト開発のために社数を限定し、意図的に無料提供の期間を設けた後、高い価格帯でサービスを提供することに成功している。本事例を第3ステージで紹介しているので、ぜひ参照してみてほしい。

また、プラットフォーム型のビジネスを筆頭に、フリーミアム型で爆発的にビジネスを伸ばした事例を知っている読者も多いと思う。この戦略は正しく活用できればユーザー獲得に有用だが、決して万能薬ではなく、うまく機能しないケースも多いのが現実だ。成長戦略の一環として一部を取り込むのはアリだが、どこかのタイミングで必ずマネタイズの問題に向き合わないといけないことは覚えておこう。

3つ目、「競合に対する優位性」

言い換えると、〝ならでは〟の要素があるかどうかだ。前述のとおり、全方位的に競合に勝っている必要はないし、創業初期には粗削りでも十分だ。ダントツで勝っている、模倣困難性を高く&長く保てる優位性があるかがカギになる。あるサービスが成長し注目を集めると、必ず類似のサービスを提供するライバルはあらわれる。競合が真似できない要素は何か。この要素があるからこそ、大企業が参入してきても負けないといえる武器は何か。客観的に厳しい目線で、自身に問いかけてみてほしい。

また、できれば2つ、3つこういった差別性があり、組み合わせで戦えることがのぞましい。日本の家具業界で圧倒的な地位を築いたニトリも、スタートは北海道の家具屋さんの1社にすぎなかった。しかし、彼らは自社の強みを1つずつ積み上げ、商品の企画・製造からマーケティング、物流・配送までを一気通貫で提供するバリューチェーンをつくりあげた。ある機能、ある特徴で他社が真似することができても、他社が全体を真似ることの難易度は非常に高くなっている。模倣困難な高い優位性は一朝一夕に積み上げられるものではない。しかし、早くからその重要性を意識し参入障壁になりうる強みの構築に取り組みはじめると、時間が味方をしてくれて他社が簡単には追いつけないレベルに到達できることもある。ぜひ未来を見越して、2つ目、3つ目と貪欲に差別性を構築していくことをお勧めしたい。

4つ目、「ビジネススキーム」

続いては、自社でビジネス機能を内製化するのか、それとも外部と連携しながら実行するのか、という論点だ。社内リソースが常に逼迫していることが多いスタートアップにとって、社外リソースにレバレッジ（てこ）をかけて成長していく観点も有効だ。自分ですべて内製化して取り組むと時間的にも資金的にも限界があるので、外部のパートナーをうまく巻き込む意識を持ってみよう。

他者と共栄できるスキームを構築し、持続的な成長を目指そう。その際注意すべきなのが、何を外部に公開して連携していき、逆に何をクローズドに内製化するのかの判断だ。自社の強みとなる優位性まで外部へ公開してしまい、気づけば優位性だけ抜かれて連携を打ち切られるリスクがあるため注意が必要だ。我々の支援先の中で一例をあげると、約８０００億円の売り上げをもつユニ・チャームとの事業提携を実現したBABY JOBの事例などがわかりやすい（第４ステージで紹介）。

５つ目、「集客」と「マーケティング」

最後の基準である「集客」と「マーケティング」。言い換えると、どうやって拡大していくかの論点だ。どの時期に、どのようなデザインやコピーライティングで、どのチャネルで、いくら予算をかけて、誰に向けて集客を実施していくのか。ここでもやはり、この章の冒頭でみた「顧客の理解」がカギになってくる。デジタルマーケティングは極論、人を採用したり外注費をかけたりすることで、一定汎用化される側面がある。なので「上流部分のマーケティング≒顧客理解」が差別化のキモとなる。この「顧客理解」があって初めて「言葉」「色合い」「デザイン」といったマーケティング部分の改善をスタートさせられる。こちらについては、第４ステージで詳細を見ていきたい。

これら５つの判断基準を持ちながら、ウェットな情報を精査していく。そうして事業機会を確実にものにしていくことを、本書では提案したい。

リスクを可視化し、最悪のケースに備えておく

さて、ここまで見てきたポイントを元に仮説を検証することができたら、いよいよ事業のアクセルを踏んでいくことになる。次のステージに行く前に、スケール化していくときのリスク面についても触れておきたい。機会を追い求める際には、必ずリスクがつきまとう。

・多額の資金を投入したが、顧客に受け入れられない
・いつまでも収益性が改善せず、赤字が継続しキャッシュを失う
・お客さんのイメージが悪化し、再度の挑戦の障壁になる

など、枚挙にいとまがない。これらのケースに遭遇したときにどう対処するのか。想定どおりに事業が進捗しないときにも致命傷が避けられるよう、可能な限りリスクを洗い出しておくことを勧めたい。我々の投資検討の際にも、事業上で想定されるリスクについて上場審査の経験をもつエキスパートの方の意見も踏まえ、丁寧に検証する段取りを踏んでいる。外部から資金調達を実施すると、後戻りすることは難しくなる。一度上げた株価・時価総額を下げることをダウンラウンドというが、その意思決定は容易ではない。自分たちだけで客観的な視点を持つことは難しいと思うので、

我々のような外部の投資家などをうまく活用し少し俯瞰した視点でフィードバックを得ておくことを提案したい。

アクセルを踏む前に、ヒトとカネのリソースを確認しておく

逆にうまく仮説があたり事業が急速に拡大した際に、

・現時点のオペレーション体制は十分か？
・拡大したときに増員できる体制になっているか？

という組織面のチェックをまず行ってほしい。スケールのためには、製品や市場の状況にあわせた柔軟な組織づくりが欠かせない。事業が拡大した後にヒトを雇っても、組織になじんでパフォーマンスを発揮できるまでは時間がかかる。難易度が高いのは十分承知しつつも、可能なかぎりニーズを〝先読み〟して採用計画をたてながら、柔軟に変え続けることを勧めたい。スタートアップの採用における重要な論点は、第6ステージで紹介したい。

加えて、もちろん、〝カネ〟の面の準備も欠かせない。

- ・拡大を実現できる、軍資金の目途はあるか？
- ・ベンチャーキャピタルからの調達の目途はたっているか？

ベンチャーキャピタルからの調達ができれば次の調達ラウンドだけではなく、翌々ラウンドまで見越して資金計画全体を設計するのが理想的だ。創業初期に上場までのすべてのプロセスを見通すことはできないし、その必要性はない。しかし、自分が取り組む事業が今後数年でどの程度の資金が必要なのか、上場までにおおよそ何回資金調達が必要になるのか、ぜひ自分なりのシナリオをつくっておくことを提案したい。具体的にどのようなステップを踏めばいいのかは、第3ステージで詳細を紹介したい。

【参考文献】
○エリック・リース 著／井口耕二訳『リーン・スタートアップ』（日経ＢＰ、２０１２）
○Wedge Online「コマツを救った坂根顧問が語る製造業復活のカギ」(https://wedge.ismedia.jp/articles/-/17061)
○榎本篤史・著『すごい立地戦略 街は、ビジネスヒントの宝庫だった』（ＰＨＰ研究所）
○DIMENSION NOTE (https://dimension-note.jp/manager/detail/75)

○Harvard Business Review「Research: The Average Age of a Successful Startup Founder Is 45」
(https://hbr.org/2018/07/research-the-average-age-of-a-successful-startup-founder-is-45)
○TDB Economic Online「２０２１年のＩＰＯ動向」(https://www.tdb-di.com/special-planning-survey/sp20211229.php)

Stage:3

資金調達

ポイントは何か、誰から調達するか

スタートアップに限らず、経営を左右するのは〝現金・キャッシュ〟である。スタートアップの資金調達は独特の慣習や考え方も含まれているため、ここでは、初めての読者の方にも背景がわかるように、先輩起業家が実際に資金調達をどう乗り越えたか、ケーススタディを交えて見ていこう。

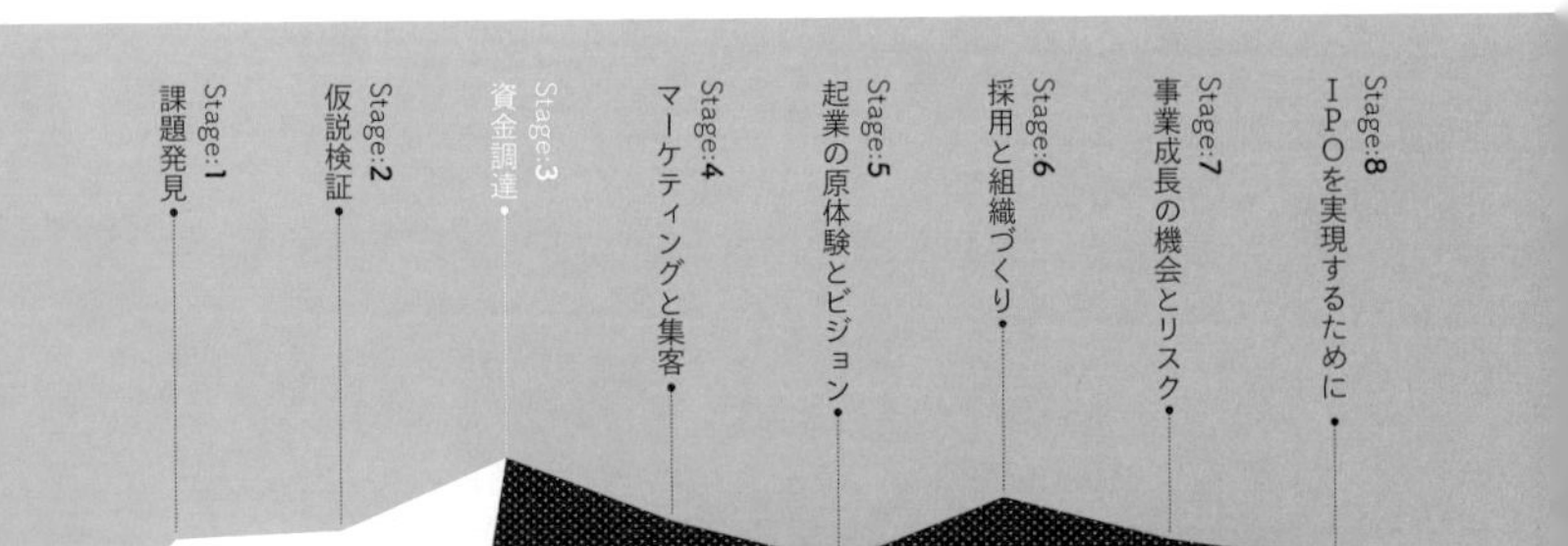

Stage:3

資金調達
〜ポイントは何か、誰から調達するか〜

本ステージで登場する起業家

Case:E

株式会社ヤプリ

庵原保文さん Yasubumi Ihara

1977年生まれ。出版社を経てヤフー株式会社にてメディア系サービスの企画職として従事。その後、シティバンクのマーケティングマネージャーを経て、2013年にファストメディア株式会社（現 株式会社ヤプリ）を3名で創業し、代表取締役に就任。スマホアプリの開発・運用・分析をノーコード（プログラミング不要）で提供するアプリプラットフォーム「Yappli」を運営する。2020年12月東証マザーズ（現 東証グロース）上場。

Case:F

株式会社LegalOn Technologies

角田 望さん Nozomu Tsunoda

1987年生まれ。京都大学法学部卒業後、森・濱田松本法律事務所を経て、2017年3月に法律事務所ZeLo・外国法共同事業、2017年4月に株式会社LegalForce（現 株式会社LegalOn Technologies）を創業。弁護士（第二東京弁護士会所属）。

Stage:3 「資金調達」のキーポイント

- ●事業計画から「いつ、いくら必要なのか」、逆算する
- ●株式持分はやり直しがきかないことを念頭に入れる
- ●信頼を得づらい創業初期は、すでに自分を信頼してくれている人にアプローチする
- ●プロダクト・デモで、「無くてはならないもの」であると投資家にわかってもらう

資金調達にあたっては、ヤプリ、LegalOn Technologiesの事例に触れながら、彼らがいかに資金調達を乗り越えたか、そのエッセンスについて紐解きたい。

ケーススタディからのエッセンスとして、「事業計画から必要な資金を逆算する」「創業初期は自身を信頼してくれる人からキーマンを紹介してもらう」「プロダクトをつくり、検証を重ねながら実績とファンを集める」ことの重要性がわかってくる。両社ともに納得いくプロダクトの型が見えるまで、年単位の時間をかけながらチーム運営をしている。その際のキャッシュ管理の視点についても、経営者になった立場で読んでみてほしい。

そもそも資金調達とは何かを理解する

誰から、いつ、いくら調達するのかを設計する

顧客へ紹介したい製品イメージが湧いてくると、続いてメンバーを雇い、チームをつくり、実際に製品化を目指したくなってくるはずだ。とはいえ、読者の中には、「製品化まで売上は立たないが、どうお金を工面すればいいのだろうか?」と疑問に思う方もいるかもしれない。その答えが、本章の資金調達であり、ベンチャー・スタートアップを推進するうえで欠かせない基礎知識となる。資金調達は文字どおり、他人から資金を調達する行為であり、誰から、いつ、いくら調達するのかを考えることである。

なぜ未来の話を逆算する必要があるかといえば、株式発行による調達(後段の知識編でも詳しく説明する)を行った場合の株式持分は後戻りが原則「できない」からである。誰に、いくらの株価で、いくら調達したかで、その後の未来が大きく変わってくる。

また、創業経営陣の株式持分についても変更は難しく、必ず創業者間契約を締結してほしい。創業パートナーが退職するケースは少なくなく、その場合の株式の取扱いは事前に決めておく必要があるからだ。

話を戻すと、「他人・外部」から調達するというのがポイントで、外部から見て、適切なお金の使い方ができそうかチェックされる部分がある点は意識しておきたい。具体的にチェックされる内容として、

- 今と将来を考えると、いつ、いくら、何に使う必要があるのか（＝事業計画）
- そのうえで、段階的にいつ、いくら、外部から集めるのか（＝資本政策）
- 右記の実現可能性、蓋然性はあるのか（＝事業の確からしさ、意義）

について、資金の出し手に説明する必要がある。これまでのステージと比べてやや難しい内容もあり少し咀嚼に時間がかかるかもしれないが、一つずつ見ていこう。

残り資金から逆算して資金調達する

資金調達を進める前に、日頃の会社のお財布事情を把握しておく必要がある。自分のお財布を理解しないことには、他人のお金を預かるのは難しいからだ。そこで、お勧めしたいのは資金繰り表の作成である。資金繰り表とは、月次（お金に余裕がないときは日次ベースで作成することもある）ベースで毎月どこから、いくらの入金／出金があるのかエクセルで記録することを想像してもらえるとわかりやすいのではないかと思う。「資金繰り表　フォーマット」と検索してもらえれば、士業の先生方、VCの方がまとめたエクセルファイルがあるので、ダウンロードしてみて慣れてもらうのが早い。

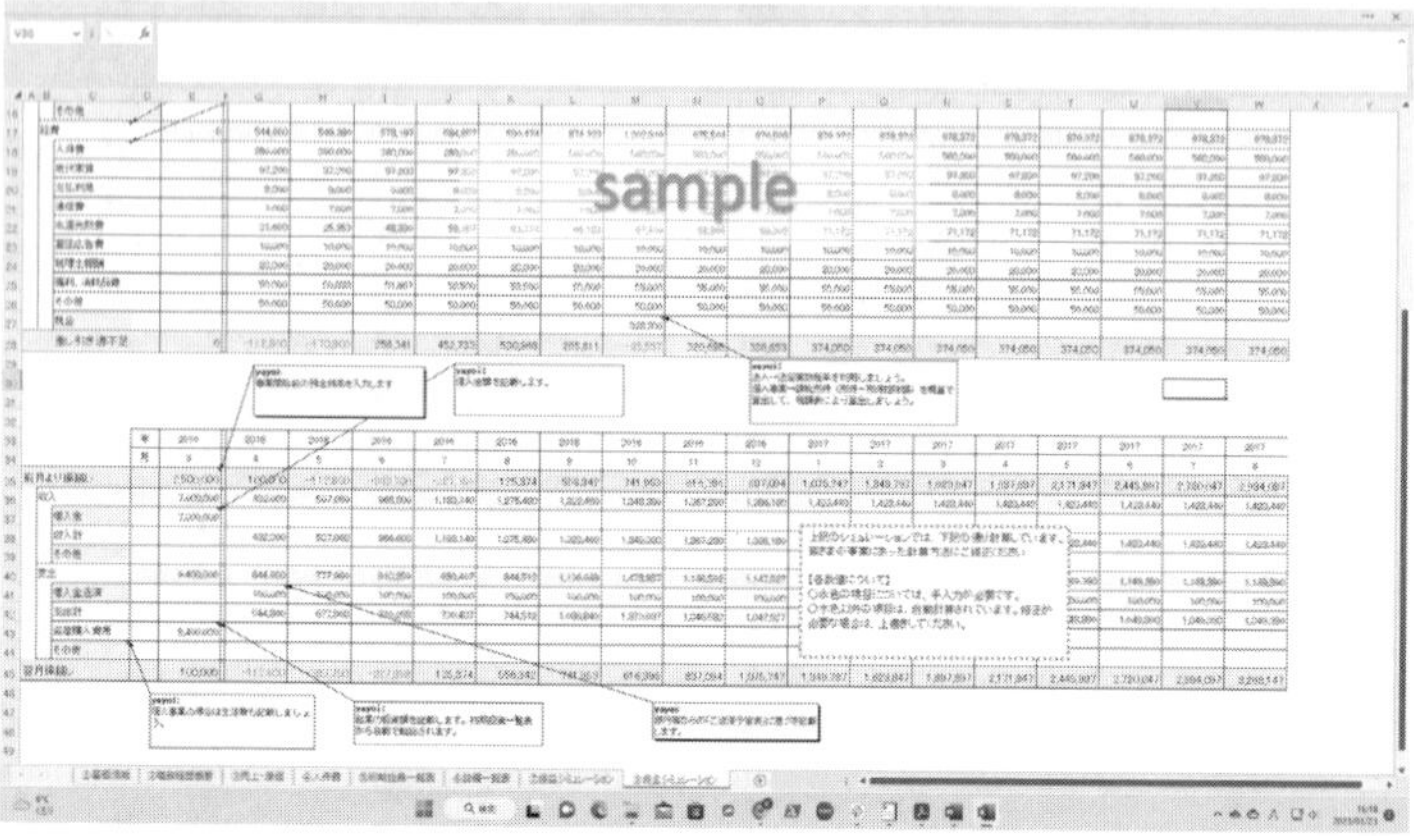

図 3-1 「スモビバ!」（弥生株式会社）のサイトで無料配布されている資金繰り表テンプレート（https://sumoviva.jp/article/1000394）

エクセルに書き出してみると、経営の実態が見えてきて、思った以上に出費がかさんでいたり、自身が認識できていなかったりする費用に気がつくことができる。たとえば、業務委託エンジニアの人件費、正社員の社会保険料、オフィス代、クラウドサーバー費、など創業初期であってもお金がかかるのを体感できるはずだ。ここに入金があり、残りの実質赤字を一般的に月次バーンと呼ぶ(費用の総額をグロスバーン、入金分を差し引いた実質赤字分をネットバーンと区別する)。

VCとのやり取りで、「月々いくらのバーンですか?」という質問を受けた場合は、

・実質赤字分のネットバーン金額を聞き、
・残りの現預金(キャッシュと呼ぶことも多い)から見て、
・あと何か月、会社が持つか(滑走路の意味を込めて、runway:ランウェイと呼ぶ)

を知りたいのが主な意図である。仮に月1千万円のネットバーンに対して、2千万円ほどのキャッシュしかない場合は、ランウェイ2か月として、すぐにコストを抑制するか、資金調達に動く必要がある、と考える際に使う枠組みだ。

スタートアップを創業した際には、あと何か月持つかを常に考えながら資金調達／事業から入金など、考え続ける必要があるのだ。

初期から、調達するか否かを戦略的に判断する

ここで、読者の方には「早期に黒字化したほうが資金繰りに悩まずに事業に集中できるのではないか？」とお考えの方もいるかもしれない。通常一般的な企業では、赤字が数年続くことは許容されないケースがほとんどだ。スタートアップでは必ずしも悪とはされないため、スタートアップとスモールビジネス（いわゆる、一般的な中小企業の意）の共通点・違いを押さえる必要がある。

スモールビジネスの例でいえば、街中のラーメン屋さんなどが分かりやすいだろう。事業の拡大を第一に目指すというよりは目の前の顧客満足度を上げる経営スタイルだ。もちろん、創業期の会社はヒト・モノ・カネなどの経営リソースが豊富ではない点は、スタートアップ・スモールビジネスともに同じであり、創意工夫が必要となる。一方、スタートアップに課せられた使命は、「顧客の新しい課題に気づき、ビジネスとして成り立つかを高速に検証する」ことにある。当然、資金繰りを考えれば黒字化したほうがいいに越したことはない。しかし黒字化するためにこれまでも他社

が手掛けている既存ビジネスに注力してしまうと、そこはスタートアップの意義が薄れてしまう。キャッシュの安定性と新規ビジネスの両方のバランスを取って経営するのがスタートアップ経営であり、スモールビジネス（中小企業）との根本的な違いなのである。

では、創業期のスタートアップは赤字を出しながら、資金調達をし続ける必要があるのか？ このポイントは一概に結論が出しづらく、流派があるように思う。いくつか例を出すと、

・受託＋開発ケース：創業期は大企業向けに特定テーマのコンサルティングや開発を行い、人件費を安定的に賄えるようにしながら、空いた時間で新規製品・プロダクトの開発／検証を行い、新規プロダクトで顧客と売上が見込めたら、VCなどの外部投資家から調達する。

・初期から調達ケース：創業前から市場に出したい製品・プロダクト／サービスが決まっており、ある程度開発が進んだ段階で、プロダクトのデモを投資家候補に見せながら、資金調達を行い、同時に顧客開拓を進めて資金調達をし続ける。

このように、創業期の経営シナリオには幅がある。

この幅を決めるのは、プロダクトを市場に出すタイミングの良し悪し（＝タイミングがいいと投資家が判断すれば、調達はしやすくなる）や、市況の状況、競合の動向（＝競合がすでに資金調達を進めていれば、他投資家も理解しやすく、興味を示しやすくなる）などの外部変数が重なって、判断される。当然、市況がよくないタイミングで、資金調達しにくい時期は5～10年スパンで訪れる。調達し続けられない可能性も頭に入れながら経営する必要がある。では、外部環境含めた事業予測をどう行うべきか、見ていこう。

まずは事業計画／資本政策を固める

今後の事業予測をどう立てるかについては、「事業計画の策定」がまずはとりかかりやすいのではないだろうか。事業計画は、

- ・いつ（年次・月次それぞれで）
- ・どの程度の顧客を相手に
- ・どれくらいの単価を取り、売上を立てるのか
- ・それに対して原価・販管費などのコストはどの程度かかるのか

を踏まえて、営業利益／当期利益はどの程度残るのか、シミュレーションすることを（少なくとも損益計算書・ＰＬベースでは）指す。

ここに加えて、

・営業ＣＦ（キャッシュフロー）はどういった動きになるのか
・融資の借り入れ含むＢＳ（貸借対照表）の動きはどうなるか

これらをまとめて連結させることを３表というが、まずはＰＬベース、ＣＦベースだけでも最低限エクセルなどで立てておくと、事業、お金の動きがわかりやすくなるはずだ。事業計画の立て方

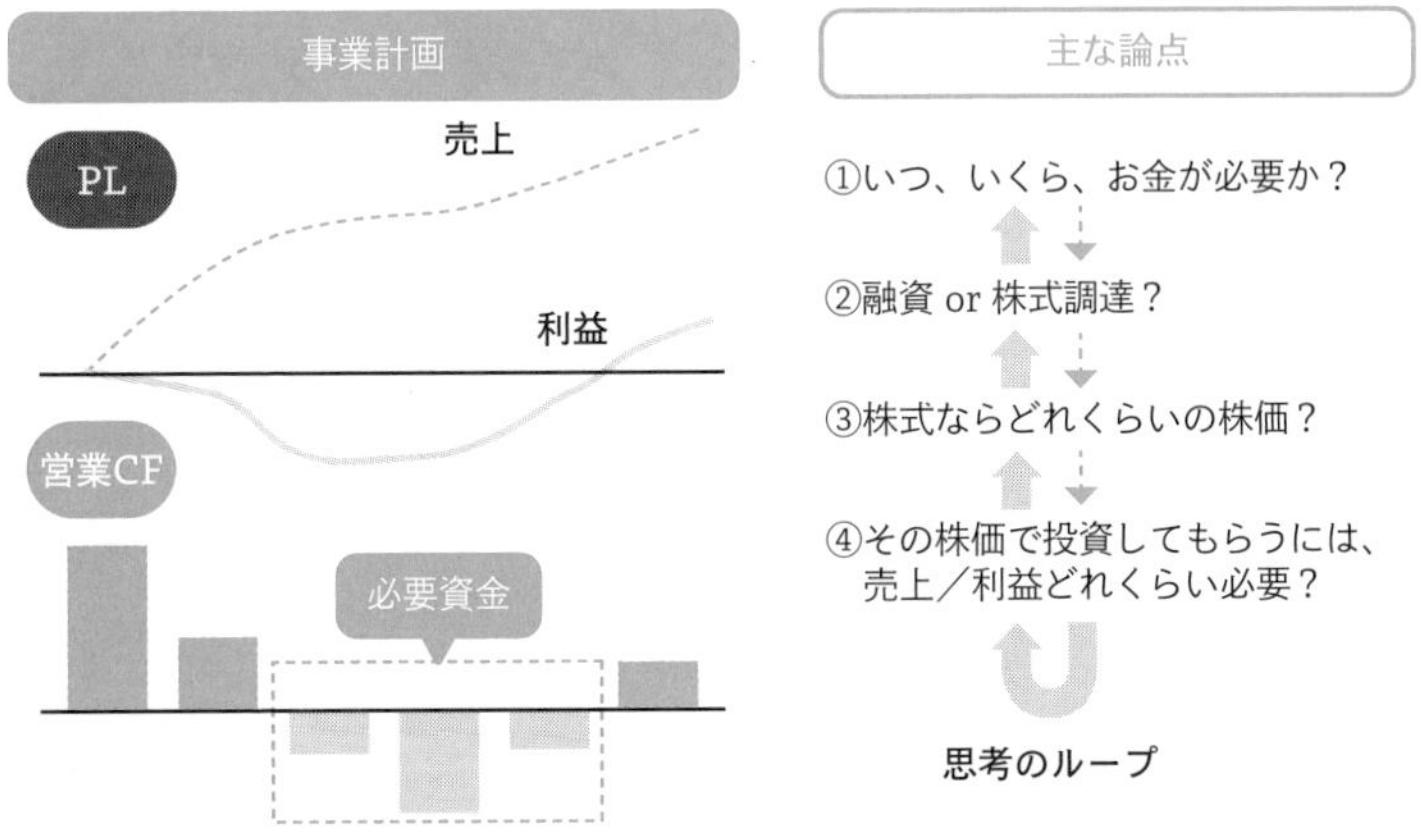

図 3-2　事業計画から見る資金調達の論点

については、専門書が既にあるので是非手に取ってもらい、実際につくりだしてみてほしい。以下などが参考になるだろう。

・國貞克則・著『超図解「財務3表のつながり」で見えてくる会計の勘所』（ダイヤモンド社、2007） 國貞 克則
・慎泰俊・著『外資系金融のExcel作成術：表の見せ方&財務モデルの組み方』（東洋経済新報社、2014）

併せて、我々の出資・支援先であり、第6ステージでも登場いただいている、五条・アンド・カンパニーの慎さんが書かれたnoteの記事についても是非ご一読いただきたい。

「スタートアップ資本政策の6箇条」
（慎さんのnote　https://note.com/taejun/）

CFベースでみると、いつ、いくらの外部調達が必要か、可視化される。この外部調達をいつ、どのように行うか、株式の場合はどういうシナリオで段階的に調達するのかを示したものを「資本

政策表」という。資本政策表のフォーマットも諸先輩方が公開しているので是非、参照・ダウンロードいただき（末尾の【参考文献】参照）、実際に株数・株価・調達額の関係性について、イメージを掴んでほしい。CF計算書は貸借対照表（BS）も必要になるので、最初は難易度が高ければ簡易的に資金繰り表を代替として使うことをお勧めする。

ここから、実際に、先輩起業家がどのように資金調達を乗り越えてきたのか、各プロセスの中での悩み・意思決定・結果について、インタビューを元に、実践的な知見を紐解いてみよう。

Case:E （インタビュー記事初出＝2021年9月）

株式会社ヤプリ　代表取締役CEO　庵原保文さん

既存市場がない中で、どう資金調達を成功させるか

庵原さんがたどった資金調達のプロセス

1. 資金調達でVCを回るも新しいマーケットの可能性を理解してもらえない
2. 自分の仕事ぶりを理解している古巣に投資家を紹介してもらう
3. プロダクト・デモで投資家の理解・共感が一気に進む
4. プレミアムな調達ラウンド実現を目指す

ヤプリのビジネスモデル

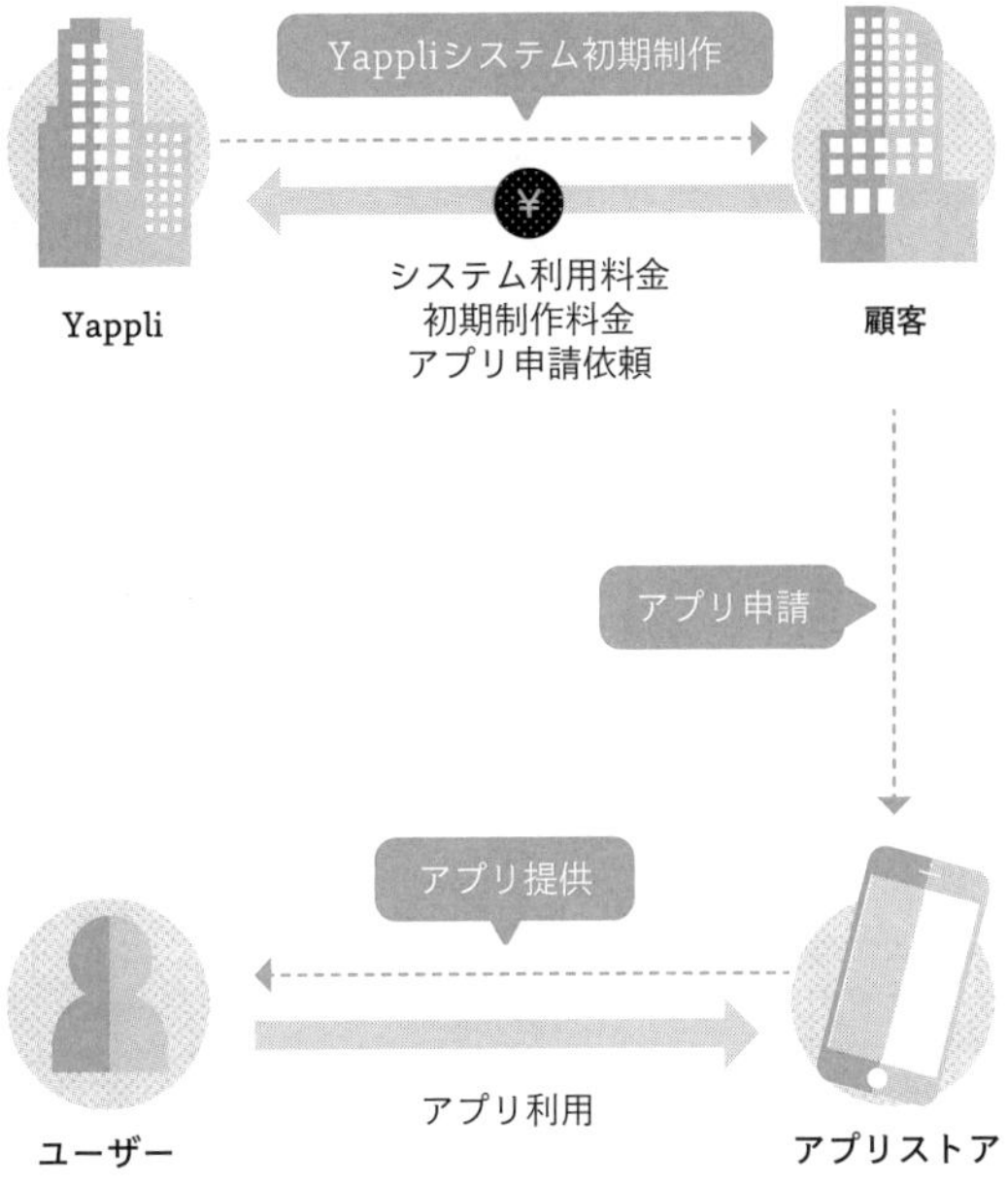

「ノーコード」で、ブラウザー上でドラッグ&ドロップするだけでスマホアプリの開発や運用、分析が可能なプラットフォームサービスYappli（ヤプリ）を展開する株式会社ヤプリ。DXを推進する画期的なツールとして導入実績は600社を超え、2020年12月に東証マザーズ（当時）上場も果たした。創業から上場に至るまでの7年、彼らがいかに新規市場を開拓し、投資家から信頼を集め、事業推進していったのか、代表取締役CEO 庵原保文さんから学んでいこう。

「アプリの時代」到来を確信した

庵原さんは出版社からヤフーへ転職後、同僚の佐野将史さん（エンジニア、現ヤプリ取締役）と、当時黎明期だった〝アプリ〟の可能性にいち早く気づくことになる。

「実はヤプリを起業する3年前、ヤフーを退職するときにヤプリ共同創業者の佐野と一緒にスノーボードの滑り方やジャンプ方法を解説するスノーボードハウツーアプリをつくったことがあったんです。それは2010年にApp Storeがオープンしたばかりのアプリ黎明期の頃だったのですが、Webサービスと比べてアプリのユーザビリティがあまりに圧倒的で。まるで体の一部として使えるような感覚を得て、間違いなく〝アプリの時代〟が来ると思いました。それが1つ。

「2つめは〝アプリをつくるのは難しい〟という原体験。先ほどのスノーボードアプリをつくるだけでも、プログラミング言語はiOSやAndroid用の専門言語を使わなくてはいけません。故にアプリがつくれるエンジニアはそもそも母数が少ない。しかも一生懸命つくったアプリがアプリストアに申請却下されることもある。Webサービスを開発してきた身からすると、なんて〝アプリをつくるのは難しい〟んだと思ったものです。

「この2つの思いが重なりました。来たる〝アプリの時代〟に、誰でも簡単にアプリがつくれる、今の言葉でいうと〝ノーコードで〟アプリ開発できるサービスがあれば必要とされるんじゃないか、と思いついたのが震災の翌月の2011年4月でした」

起業するうえで、事業領域の選定がキモである点は、前述のとおりであるが、アプリ市場はまさに

・既存のサービス（Web、ガラケー）より【圧倒的に】利便性がある
・まだ市場自体はこれから、【黎明期】である

という、スタートアップの創業要件を満たす市場だった。なぜこの2点が、特に【】部分が大事かといえば、人は既存サービスから乗り換えるのが面倒だと思う（＝【圧倒的に】、イメージでいえば10倍近くの利便性がないと乗り換えない）生き物だからだ。かつ、市場の黎明期ではなく、既に市場規模が見込めるならば、大企業が本業候補として参入する。スタートアップの勝ち目が減ってしまうのである。２０１０年といえば、国内でもようやくスマートフォンの普及が始まったぐらいのタイミングであり、通称、〝ガラケー（＝ガラパゴスな携帯）〟ユーザーもまだ多かった。スタートアップが事業を行う上では、「まだ誰も気づいていない事実・仮説」を持てるかが勝負を分けるのだ。

創業前に2年の構想・準備を行う

この導入を読むと、ヤプリの起業は常に順風満帆だったと想像されるかもしれないが、Yappliの開発・リリースには起業前の構想2年、起業後、ユーザーに付加価値を認知してもらう（＝業界ではPMF、Product Market Fitと呼ぶ）のに2年かかったという。ここからは庵原さんたち創業メンバー（３名）がどうやって、サービスの投入を年単位でやりきったのか、見ていこう。

……

「創業前の先が見えない状況での2年間は本当に難しい期間でした。そもそもプロダクトが完成するかわからない。できたところで売れるかもわからない。資金調達できるかもわからない。そういう〝リスクしかない〟時期にやり続けられる原動力は、創業者たちの〝意志〟しかありません。

「私はエンジニアではなく、かつメンバーは全員本業がありながらサイドプロジェクトとしてやってくれている状態でしたので、プロジェクトを息絶えさせないためにメンバーをモチベートし続けることが私の最初の役割でした。

「具体的にやったことは、サービスが何もない段階でかなり気合の入ったサービスページをつくったり、開発合宿をあえて上海でやったり。メンバーが『このサービスは本当にローンチされるんだ』『自分たちのプロダクトをつくって、資金調達をしてスタートアップを起業するんだ』というマインドセットになるように、あらゆる手を尽くしましたね」

まだアプリ自体が黎明期だったため、アプリの制作ツールというのは、参考にできる他社サービスもなく、ゼロから経営陣で構想する必要があった。そのため、開発を行う前に毎週3名でミーティングを開催し、宿題を自身に課しては次週持ち寄ってというプロセスを2年やり続けたのである。

加えて、サービスができたとして、本当にユーザーがつくのか、売れるのか、確証がない（デモ画面をつくらないと、検証もままならない）。こういった状況で、本業の仕事と兼業しながらプロジェクトを回し続けるのは相当な〝意志〟がなければやり遂げられない。この時の情景を庵原さんはこう語る。

「結局起業するまでに私が仕様書をつくるのに半年、黒田(デザイナー、黒田真澄さん)がデザインコーディングをつくるのに半年、さらに佐野が実装開発に1年と、合計2年という膨大な時間を費やしたうえで、ようやくYappliは生まれました。周りにどう言われようと〝諦めない〟。創業者たちの〝意志〟こそが、不可能を現実にするのだと思います」

空振りし続けた2年半

現在でこそ、企業向けにノーコードアプリを提供するヤプリだが、創業当初はｔｏＣ(＝消費者個人向け)のサービスだった。ところが、ユーザーの反応が鈍い。

「我々の場合、完全なるプロダクトアウトからスタートしました。〝ノーコードでアプリがつくれる〟サービスは絶対にニーズがあるという直感をベースにプロダクト開発したので、正直言ってマーケットや売り方は深く考えていませんでした。しかも市場のパイオニアだったので、

先行者の成功事例もありません」

名スタートアップ経営者でさえも、創業初期は手探りの状態が続くことがわかるだろう。特に、市場を先陣切って開拓する場合、参考にできる競合サービスもない。

「最初は個人向けのサービスとして低単価・クレジットカード購入型で売り始めたのです。しかしながら、1年経っても売上がなかなか伸びませんでした。創業時に調達したお金も徐々に減っていき、2年目くらいからビジネスモデルを試行錯誤し始めました。その一つの方向性として始めたのが、サービスの付加価値を高くして法人に販売するB2Bサービスでした。とはいえ、B2Bサービスとしても最初からいきなりうまくいったわけではありませんでした」

法人向けB2B事業を開始したのは、起業して2年目。個人向けサービスの伸び悩みを見て、ビジネスモデルを試行錯誤する必要に迫られた。ヤプリに限らず、プロダクトには自信があっても、市場・顧客が新しければ〝売り方〟も試行錯誤しなければならない。もともとは営業／セールスをしなくても売れるプロダクトづくりを目指していたが、実績を伸ばすためにも経営陣自ら手売りしていった。最初の30社は庵原さん自身で顧客候補に提案した。

ここからヤプリの快進撃が始まる。プロダクトと相性がいい顧客を探すうちに、メディア業界の企業が最初に興味を示したが、手ごたえを感じたのはアパレル企業への導入だった。アパレル企業はファン・顧客を定期的に喚起する必要があるため、アプリでのプッシュ通知、クーポン配布機能と相性がよかった。特にクーポン機能をきっかけに、大手アパレル企業から導入が次々決まっていた。

投資家にわかってもらえなかった調達初期

プロダクトへの手ごたえを感じた経営陣は創業から2年後、資金調達に動く。IT系のCVCを訪問し、プレゼンを行うも、「これはビジネスにならない、わからない」という反応だった。2年かけてつくっただけに焦りも大きかったという。創業初期はプロダクトそのものよりも、経営陣を評価してくれる投資家を探す必要があると視点を変えた瞬間でもあった。

「アプリの市場すらまだほとんど無い段階で〝ノーコードでアプリがつくれる〟ことの魅力を投資家にゼロから理解してもらうのは難しいと思ったのです。単純に私たちが個人として評価されるところ、つまりは古巣のヤフーに行こうと考えました」

自分たちの仕事ぶりを知っている人の信頼で、投資家を探すことにした庵原さんら経営陣はヤフーで立ち上がったばかりのYJキャピタルへ訪問する。訪問にあたってはヤフー時代の上司であった川邊氏（現ヤフー株式会社 代表取締役社長）に紹介を依頼し、YJキャピタルの当時社長であった小澤氏に面会した。

プロダクトを見せて変わる投資家の反応

ピッチ（投資家へ資金調達時に行うプレゼンのこと）資料で説明していた際は、途中で飽きてしまっている様子にも見え、焦った庵原さんだが、プロダクトのデモ（デモンストレーション、ユーザーがどうプロダクトを使うのか、導線を最初から最後まで説明するさま）を見せた瞬間、小澤氏の反応が変わった。「これすごいじゃん」という反応から始まり、その場で3千万円のシード出資が決まった。初めての資金調達が実現した瞬間だった。この際の出来事を庵原さんはこう振り返る。

「私の場合は前職がヤフーであったことが幸運でしたが、他の人でも活かせることがあるとすれば〝どんな仕事も一生懸命することが大切〟ということです。仕事で得た信頼は、いつか必ず自分に返ってきます」

これは資金調達に限らず、自社の採用や顧客獲得についても同じことがいえるだろう。ヤプリの初期の顧客を紹介してくれたのは、庵原さんが勤めていた出版社時代の同僚だった。周りに応援されることが起業においていかに重要か、ここでもわかる。

〝プレミアム〟な資金調達を目指す

最初のシード（会社の創業期を指す）調達を実現したのち、2年半ほどしてシリーズA（プロダクトができ、売上が立ち始めている状態）ラウンドを実施した。庵原さんによれば、それ以前から数千万円の調達オファーはもらっていたが、断っていた。その際の背景を庵原さんはこう話す。

「実は途上で数千万円の出資話はいくつかいただいていたんです。経営者としては資金もギリギリだったので飛びつきたい気持ちもあったのですが、ＹＪキャピタルの小澤さんに『大きくやろう』と視座を上げていただき、グッとこらえましたね（笑）。私自身、ＧＡＦＡやヤフーのような社会に大きなインパクトを与えるスタートアップがつくりたかったので、シリーズＡラウンドでの資金調達方針はヤプリを〝プレミアムなブランド〟にしようと決めました。最近では護送船団方式のようにさまざまな投資家を入れて資金調達をするのが一般的かもしれませんが、私たちはその真逆。とにかく投資家を選定して限定し、それによって会社の価値を高めようと考えました」

こういった意志を固めてシリーズAの資金調達に臨んだヤプリは、老舗ＶＣや著名エンジェルからの出資を取り付け、1億円調達を実施する。ここから上場に至るまで、数十億円単位での調達を実施することになる。

【参考文献】
○ヤプリコーポレートサイト　https://yappli.co.jp/
○DIMENSION NOTE　https://dimension-note.jp/manager/detail/92

Case:F （インタビュー記事初出＝2020年9月、10月）

株式会社 LegalOn Technologies 代表取締役 角田 望さん

実績となるトランクションを元に資金調達を実施

角田さんがたどった、資金調達のプロセス

1. 前職の同僚と共同創業。顧客へのヒアリングで課題の解像度を上げる
2. シード期では、プロダクトの技術的な課題解決に協力してくれるパートナーを探した
3. トラクションをつくった上で、シリーズA／Bでは国内トップVCを中心に囲いにいく
4. 海外展開のシナリオをもって、グローバルトップからの調達を実施

LegalOn Technologies のビジネスモデル

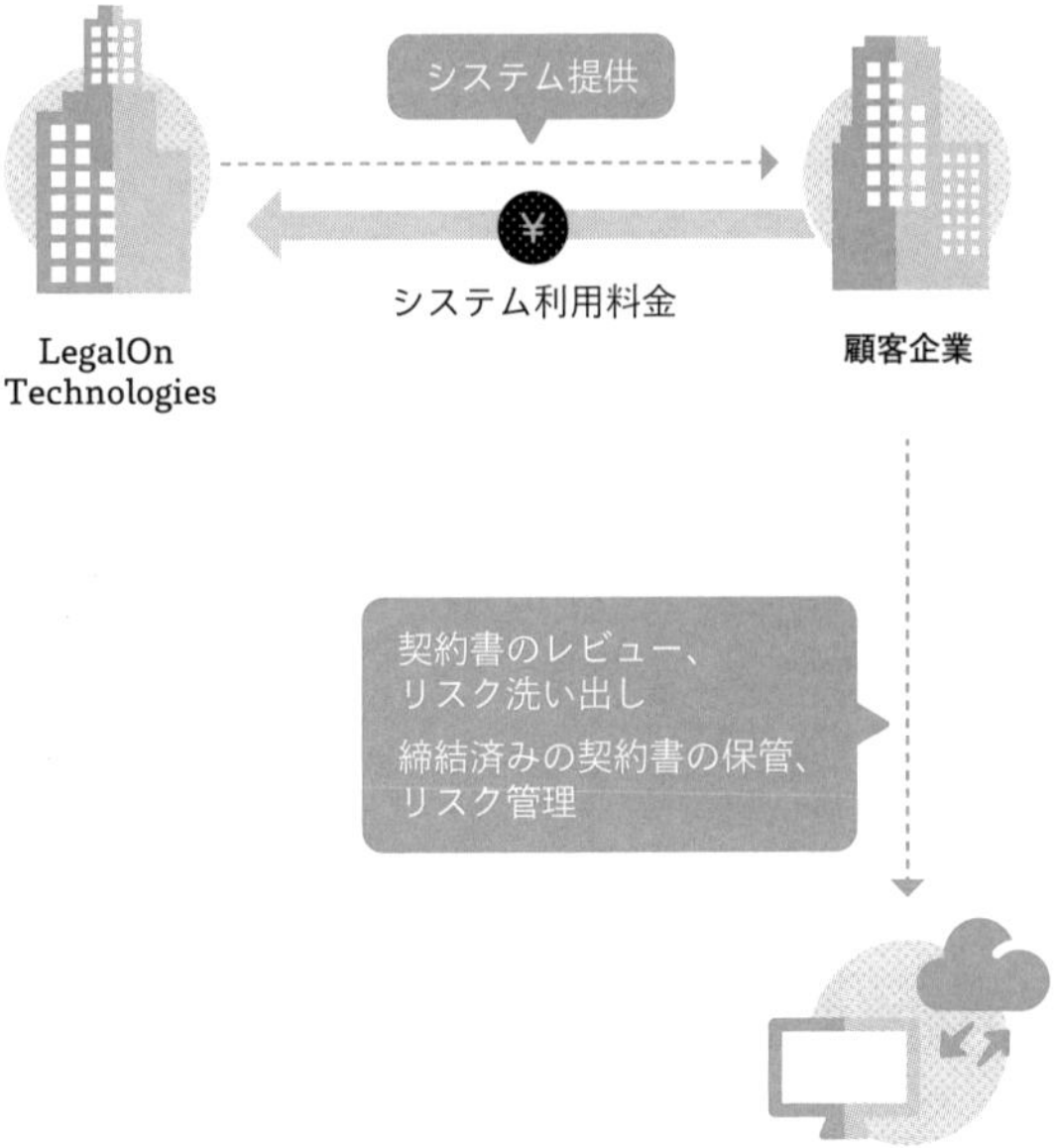

ＡＩ契約審査プラットフォーム「LegalForce」とＡＩ契約管理システムの「LgealForceキャビネ」を運営する株式会社LegalOn Technologies。

「LegalForce」はＡＩなどテクノロジーの活用によって、契約書のレビューやそれに紐づく業務を効率化するサービスである。WordやＰＤＦの契約書をアップロードし、契約の類型と自社の立場を選択するだけでリスクの洗い出しをサポートし、不利な条文や欠落条項を表示。契約書をアップロードして数秒で見落とし箇所を表示するため、契約審査の効率化と品質向上を実現できる。２０１９年4月にサービスをローンチし、２０２２年9月時点で２５００社を超える企業、法律事務所に利用されている国内ナンバーワンのリーガルテック企業だ。

創業から5年が経過し、２０２２年6月にはSequoia China、ソフトバンク・ビジョンファンド、Goldman Sachsを含む投資家から第三者割当増資を実行し、シリーズＤラウンドとして１３７億円の調達を実行した。日本を代表するスタートアップの一社に成長しつつあるLegalOnの計画された成長戦略と資金調達方法を、代表取締役の角田望さんから学んでいこう。

前職での経験を元に、時代の流れを読んで信頼できる同僚とともに創業

京都大学卒業後に、国内を代表する大手法律事務所に勤務していた角田さんは、同僚の小笠

原匡隆さんと共に新しいテクノロジーを利用して、法曹業界にイノベーションを起こすために、2017年3月に「法律事務所ZeLo・外国法共同事業」を立ち上げる。その後本格的なリーガルテックのサービスを立ち上げるために株式会社LegalForce（現LegalOn Technologies）を共同創業した。

「法律事務所という形態でリーガルテック（法律・法務×テクノロジー）のサービスを自前開発することは難しく、新たに株式会社を立ち上げないといけないだろうと1か月後に立ち上げたのが株式会社LegalForceです。なので最初から起業しようという意思があったのではなく、弁護士として独立したのちに、必然的に起業したというイメージが近いかもしれません」

専門性の高い弁護士業や企業法務で数多くの課題を目の当たりにしてきた経験を元に、次に起きる市場の流れを読んで事業領域を選択した。

JETROの報告書によると、リーガルテックという言葉は2000年年代の初めのアメリカで生まれた。オンラインで個人や小規模企業向けにリーガルサービスを提供するLegalZoomやRocket Lawyerなどスタートアップが大きく成長を遂げた。弁護士の作業をテクノロジーで自動化・効率化するという新しい概念が大きく広まっている最中であった。

そこで角田さんは企業の法務担当者にひたすらヒアリングを繰り返し、将来の顧客が抱えている課題について深掘りを行い、事業の方向性を決定していった。

弁護士業や企業内法務の仕事をやる中で「これはテクノロジーで改善できそう」というポイントはいくつか思いついていたそうだ。しかし、そのアイデアが本当にユーザーのニーズに応えているか、わかっていなかった。

「創業当初は企業法務担当者などにひたすらヒアリングし続けました。そこから抽出したアイデアをエンジニアにぶつけ、テクノロジーで解決できる方法を模索していったのです」

一方で、彼らも最初から現状の事業内容を選択できていたわけではない。創業からの10か月は技術的な制約や過去の課題の経験からエディター事業を考案・開発していたが、十分にその課題を解決できるものではなかった。そこで事業をピポットし、現在の契約書レビューサービスへと転換した。

「創業当初の10か月間は契約書に特化したエディターを開発していました。誤字を自動的に直したり、コメントを一元管理したりできるようなものを構想していたのですが、ベータ版が出来上がり、小笠原に見せたときの感想は『使えない』というシビアなフィードバックでした（笑）。「弁護士がイメージするエディターといえばマイクロソフトのWordなのですが、Wordを超える物をたった10か月でつくろうとしても無理ですよね。しかもWordとの互換性も無いという致命的な欠陥がありました。確かに『使えない』サービスだったと思います。

「今思えば私自身がもっと早く気づくべきだったのですが、開発し始めるとそれが難しく、小笠原の一言でハッと目が覚めました。その一言をきっかけにエディター構想からピボットし、現在のAI契約レビューサービスの開発に着手することができました」

ここで特筆すべき点は、自分たちがつくり上げたサービスに対して市場が存在しない（顧客の数が限定的すぎる／顧客が課題に思っていない）場合や、十分な解決策を提示できない場合には、いかに労力を積み上げたとしてもピボットすべきであるという点である。

スタートアップに限らず一般的に、先行投資として時間や労力を多く積み上げてきたサービスを役に立たないものと切り捨て、新たな挑戦は始めることの心理的な抵抗は非常に大きい。一方でスタートアップやテクノロジー企業に関するリサーチを専門にするCB insightsのスタートアップの失敗原因の調査によると、スタートアップの失敗の最大の要因は市場ニーズが存在しなかったことだと報告されており、実に42％の企業が上記の理由により失敗している。

経営リソースもキャッシュも限定的なスタートアップにおいては、冷静かつ迅速に判断をしていく必要があるが、実際に実行できるスタートアップはそう多くはない。角田さんは、同じく法務の専門性がある元同僚の小笠原さんのフラットな指摘により、事業内容を変更することができた。

シード期　足りない経営リソースを補填するための資金調達

一方で、AI契約レビューサービスにおいても課題は存在した。2017年当時に自然言語処理の技術を用いて、実用に耐えうるサービスを開発できるかの確証が持てていなかったという。

今でこそさまざまな場面でAIによる自然言語処理のサービスは確認されるが、当時はその技術は進展段階にあった。そこでLegalOn Technologiesは自然言語処理を専門に研究している京都大学の研究室と共同研究を実施、自然言語処理を専攻する森信介教授が技術顧問として参画した。またその際に京都大学イノベーションキャピタルからの出資を受け、その結びつきを強くした。

「京都大学からシードシリーズで資金を調達し、京都大学の自然言語処理研究室と共同研究をはじめ、研究室の森教授が同研究者兼技術顧問として参画してくださいました。

「そして私が求人者と求職者をマッチングする「Wantedly（ウォンテッドリー）」から採用し、自然言語処理や機械学習の知見がある舟木が、当社一人目の開発メンバーである時武と同じ研究室出身だったという縁も重なり、彼が副業で手伝ってくれるようになってから、一気にサービスが実現に向けて進み始めました。そして、現在に至ります。私の構想からスタートし、さまざまな縁がつながって、今のサービスが生まれました」

シリーズA・B 売上実績を持った上で、大手VCを囲みにいく

LegalOn Technologiesは2018年11月のシリーズAではJAFCO、2020年2月のシリーズBではWiLといった国内トップのVCを中心とした資金調達を実現している。その中でどのような点を意識して資金調達に望んでいったのだろうか。

シリーズA・Bの両調達において特筆すべきポイントは大きく2点存在する。実績となるトラクションを持った上で資金調達に望んだ点と、国内トップのVCを意図的に囲いにいった点だ。

前者は一見当たり前のように思える点であるが、ベンチャー投資においてトラクションが堅実に出ているというのはVCにとって非常にポジティブな判断材料になる。

VCでの投資とはスタートアップの未来の可能性に賭け、リスクの高い投資を行うことである。そのため、実績の出ていない企業に対しても投資を実行するケースは存在する。一方で、当然ながら顧客数が大きく伸び始めている状況ではより強い確信を持って投資を実行できる。

実際ありがたいことに、VC側としても日々多くのスタートアップへの投資検討の機会をいただくことがある。その中で当然見込みのあるスタートアップへのより大きな投資を行いたいため、実績の出ていないリスクの高い企業に関しては「次のラウンドで機会あれば」という形で見送られてしまうことも多々ある。

LegalOn Technologiesでも2018年8月でのβ版リリースに伴い、問い合わせ数やトライアルの利用者数などのトラクションを元に資金調達を実施した。

「会社で雇用するスタッフが増える一方で売上が立っていない中、資金調達を2018年内に行うことは既定路線でした。夏ごろから資金調達に向けて動いてはいたのですが、先ほどお話ししたエディターの開発を見切ったのが6月ごろでした。年内に調達しなければ資金がバーンアウトしてしまうのに、思ったような製品がなかなか出来上がらない状況というのは非常につらかったですね。

「その後短期間で機能開発を進めて同年8月にLegalForceのβ版をリリースし、それに対する問い合わせ件数やトライアルの利用者数などの数字をもとに資金調達に向けた動きを進めていきました。前のプロダクトのままだったら、問い合わせ数もユーザー数も伸びず、資金調達できなかったかもしれません。調達額については、必要資金を調達したに過ぎず、計画どおり……に行った結果であると考えています」

また後者の各ラウンドにおける国内トップのVCを囲えた点も忘れてはいけない。通常VCは自身のポートフォリオの競合他社には投資することができない。資金の額が重要になるケースでは有力なVCを先に囲み、競合が調達できないパターンをつくり上げることが重要になる。

シリーズC 堅実なトラクションにより既存投資家からの追加投資による調達

2021年2月でのシリーズCではほとんどが既存投資家のJAFCO、WiL、SMBC、三菱UFJキャピタル、みずほキャピタルなどからの調達を実施した。この背景には既存株主との良好な関係を築けていることがある。

一般的にほとんどの投資家はフォローオン出資のような形式で、初参加のラウンドよりも後のラウンドにおいても追加投資を行うことがある。会社の中身や成長をそばで見続けてからの投資になるため、資金調達におけるコミュニケーションコストが低い一方で、資金調達時以外の振る舞いなどが非常に重要になる。

資金調達時以外の振る舞いにおいて重要なのが、①どのようなトラクションを継続的に出しているか、②定期的なコミュニケーションにより悪い意味でのサプライズを避けることである。

既存株主は通常、ひと月に1回などのペースで実施される株主定例の場で、当月の業績や今後の想定アクションについて報告を行う。そのため、つぶさに業績については理解することができる。当然資金調達目的でもなく、業績を伸ばすことは意識をする必要があるが、毎月右肩上がりで成長していけることは、株主に対して好印象を残すことができるだろう。

LegalOn Technologiesにおいても、商談ターゲットになりうる企業法務の担当者へのリードを獲得するために、インテグラル株式会社取締役パートナーの佐山展生氏を招いたオンラインカンファレンスなどを行い、トラクション拡大のための施策を繰り出していた。

また同様に重要になるのが、定期的なコミュニケーションである。LegalOn Technologies執行役員経営企画担当の大木晃さんは定期的なコミュニケーションを取る上でのポイントを、『創業手帳』のインタビューの中で以下のように語っている。


「普段から『いかにして株主と良好な関係を構築するか？』という点が、あらゆる面で重要だと思います。まず基本として、定期的なコミュニケーションは欠かせません。

「なにより気を遣うべきなのは、悪い意味でのサプライズがないように心がけることでしょうか。突然マイナスの話が出てきてしまうと、それだけで株主の方々は身構えてしまいますので、常に前もって相談しながら進めていくことが大切です。

（『創業手帳』（https://sogyotecho.jp/）インタビューより引用）

議論を重ね、リスクリターンを勘案した上で、自ら行った意思決定に関しては、たとえ悪い結果になったとしても納得できるし、前向きに捉えることができる。これは社内に留まらず、同じ船に乗っている外部株主に対しても同様に言えることではないだろうか。

シリーズD グローバルを見据え、世界トップの投資家からの調達

２０２２年６月、LegalOn Technologiesは Sequoia China、ソフトバンク・ビジョンファンド、Goldman Sachsを含む投資家から第三者割当増資を実行し、シリーズDラウンドとして１３７億円の調達を実行した。国内スタートアップとしては異例の大きさの調達である。

本調達におけるポイントとして、シナリオを持った上での資金調達交渉が挙げられる。国内の参入障壁の高い市場において、圧倒的な実績の伸びを元にしたリーディングカンパニーのポジションと、英語圏での成長ポテンシャルをアピールした。

先述の大木さんは資金調達におけるトラクションの重要性を『ＴＥＣＨ＋』のインタビューで以

下のように語っている。

「ファイナンスの知識があるから、あるいは、ファイナンスの専門家がいるからといって資金を調達できるわけではありません。自社の事業でいかに実績を積めているのかが評価の大部分を占め、ファイナンス人材が貢献できるのは残りの５％くらいです」

〔『TECH＋』（https://news.mynavi.jp/techplus/）インタビューより引用〕

本調達を経て海外市場への挑戦を始めるLegalOn Technologies。日本を代表するリーガルテックカンパニーとしての成長は留まるところを知らない。

【参考文献】
○LegalOn Technologies 公式サイト（https://legalontech.jp/）
○「The Top 12 Reasons Startups Fail」（『CB Insights』https://www.cbinsights.com/research/report/startup-failure-reasons-top/）
○「１３７億円を調達したLegalForceがその裏側を語る」（『TECH＋』https://news.mynavi.jp/techplus/article/20220629-2383195/）
○「『LegalForce』の躍進を支えるシリーズＤの大型資金調達！達成の手法に迫る」（『創業手帳』https://sogyotecho.jp/legalforce-ooki-interview/）
○DIMENSION NOTE（https://dimension-note.jp/manager/detail/76）

実践のためのさらなる学び

株式調達と融資の使い分け

ここまで資金調達の概要と起業家のケーススタディを見てきた。実務面の話についてもこちらで補足していきたい。投資家との議論をする前に、頭に入れてもらえるとスムーズな交渉となるだろう。

蓋然性が見えにくい段階は株式調達、見えてきたら融資調達も活用してみる

外部調達の方法としては大きく、株式による調達、融資による調達の2つがある。株式による調達は文字どおり、会社の株式を決めた株価でたとえば第三者に割り当て、その引き換えに出資してもらうことを指し（この方式を第三者割当増資と呼ぶ）、スタートアップ調達はこの株式調達を指すことが多い（本章で主に触れるのもこの株式調達についてである）。

もう一方の融資については、いわゆる銀行・信用金庫などの金融機関から、元本に加え一定の利子を加えて、一定期間内に返済することを条件に資金を借りることを指す。株式による資金には返済義務はないが、将来の株式価値に対して高いリターンを期待されており融資の場合は、返済義務を負っている点で、同じお金でも性質が大きく異なる。

将来にわたってどれくらいのリターン／返済を負っているかが、俗にいう「資本コスト」というものであり、資本コストが高いほど、そのお金を調達するにあたって企業は高いコストを払っている、と理解してもらえればいい（資本コストの厳密な定義について、ここでは割愛）。ここで強調したいのは、お金を調達するにしても、将来にわたってのコストがかかっていることを理解し、調達に臨んでほしいということだ。

スタートアップが中小企業と根本的に違う点として、「新規ビジネスの検証を高速に行う組織体」であるとは先述したとおりだが、この新規ビジネスを生み出す可能性、すなわち大きなリターンを生む可能性がある、というのが株式による資金調達を可能にする所以である。株式調達の資本コストを上回る将来リターンを投資家が期待しているので、お金が集まるという原理だ。

この原理を踏まえると、「そこまで成長はしていないが、黒字になりつつある」という業績が、中小企業としては好成績でも、スタートアップとしては投資家の期待に応えていないという判断になりうる理由も理解できる。一定の成長をしていないと、株式調達の資本コストを下回ってしまうのである。では、この資本コストが高い株式調達と、相対的に低い融資による調達をどう組み合わせると企業としてはいいのか、考えていこう。まず株式と融資の調達しやすいタイミングをそれぞれ紹介し、どう組み合わせるべきかを順を追って説明していきたい。

株式調達しやすいのは事業実績が出ているタイミング

株式による調達がしやすいタイミングとはいつだろうか。一例として挙げられるのは、「今後期待できる事業価値に対して株式が割安、等価である」と投資家が認識したタイミングである。

たとえば

・創業初期であるが、顧客が深く抱えている課題を突き止め、明確な打ち手を開発しつつある
・軍資金があれば製品を投入できることが見えている

・既に製品を開発し、顧客も増加し、採用ひいては資金調達が必要になっている

などのタイミングは投資家から見れば「今後も伸びそうないい事業をしている経営陣・企業だ。一定のリスクはあるが、このタイミングで出資してみよう」と考えやすくなる時期なのだ。このタイミングを業績進捗別に、シード、アーリー、ミドル、レイターで分類することがある。定義としては諸説あるが、ここでは

・シード：0から1をつくり出すフェーズ
・アーリー：開発サービスの初期ユーザー獲得フェーズ（売上一定程度立つ、営業CF赤字）
・ミドル：1から10をつくり上げていくフェーズ（売上立ち、営利赤字、営業CF黒字も）
・レイター：組織と事業が一定規模に達し、上場に備えるフェーズ（売上、営利ともに伸長）

と定義する。近年は赤字上場の企業も一定数あるので、必ずしもこの限りではないが、おおよその目安として覚えてほしい。この事業フェーズごとに、投資家の顔ぶれは変わってくる。創業シード期に特化したVCやエンジェル投資家もいれば、アーリーを中心に、シードも手掛けるというような立ち位置の投資家、ミドル〜レイターで事業の蓋然性が見えたフェーズで比較的大きい出資額

（チケットサイズともいう）を出すＣＶＣ投資家もいる。

投資を受けるスタートアップの立場からすると、自身の事業フェーズに合った投資家にアプローチするのが効果的だ。ちなみに「事業フェーズ的に、もう少し事業成長してから議論したい」とＶＣから言われるケースはよくある（ただ、次回の資金調達を見据えて、どのあたりが投資論点になりそうか事前に把握できるという目的であれば、これはこれで起業家・スタートアップにとってもプラスになる）。では、自社の事業フェーズに合った投資家にアプローチした際、何が次のポイントになるのか、後段で解説する。

融資による調達がしやすいのは資金調達を終えたタイミング

融資による調達がしやすいタイミングは、金融関係者との議論で一般的によく挙がるポイントとして、

①自己資本比率が一定程度あること（例：株式による調達後）
②事業を通じて、将来キャッシュフローが見込めること

などがある。順を追って理由を説明すると、前述のとおり融資は返済義務がある性質の資金のため、現在／将来の事業で返済できるかどうかが審査のポイントとなる。

その際、一定の自己資本（＝いわゆる、貸借対照表の純資産部分）の厚みがあれば、いざというときに返済しやすい会社だと金融機関から判断されやすい。つまり、①の株式による資金調達後は純資産に厚みが出るため、一般的に融資を引き出しやすくなるのだ。このため、スタートアップの調達は株式による調達で純資産を増やし、その後、融資の審査を依頼することがある。①はテクニック論の要素もあるが、最終的に重視されるのは②の将来キャッシュフローがしっかり見込める事業なのか、である。いくらの融資資金をどこに投下すると、いつ、どれくらいの売上／利益／キャッシュフローを生み出すのか、事業計画の蓋然性を審査される。

もしスタートアップ創業することになった際は、創業融資を検討してほしい。日本政策金融公庫は1千～3千万円ほどの金額を創業時に融資する制度を持っており、多くの起業家が恩恵に預かっている。創業期からいきなりメガバンクから融資を検討してもらうのは難易度が高いので、こういった創業支援制度を積極活用してほしい。

株式（エクイティ）投資家から見た検討の視点

投資家の立場からすると、ターゲットとしている事業フェーズのスタートアップと年間・数百社単位で面談を重ねていることが多い。その投資家に対し、他社スタートアップ対比で自社の事業の成長性、新規性、差別性などの魅力を的確に伝える必要がある。他社スタートアップ対比、とあえて申し上げたのは、投資家から見ると限られた投資予算をどれくらいの企業に、それぞれどれくらい振り分けると（この投資先の企業群をポートフォリオと呼ぶ）リターンが最大化されるのか、投資家側がファンドの出し手に対して説明責任を担っていることがあるからだ。その場合、同時期に資金調達を検討する複数のスタートアップのうち、どれくらいのバランスで出資するのがいいか調整をかけていく。では、どんな視点で彼らが面談しているのか、逆にいえば何を投資家に伝える必要があるのかを見ていこう。

①顧客の深い課題（誰が何に困っているか）
②圧倒的な解決策（どう解決するのか、既存手法との違い）
③市場の大きさ、成長性（市場は十分なのか）
④競合、顧客から見た違い（差別性はあるのか）

⑤将来の事業計画（どれくらいの事業規模が見込めるか）

などは、どの投資家であっても共通して聞きたい項目だろう。

順に見ていくと、①の顧客の深い課題からすべてが始まるというのは、前ステージでお伝えしたとおりだ。解決してもしなくてもいい課題であれば、誰も解決策にお金を払わない。とにかく困っている深刻度が高いほどいい。そしてこれは顕在化している課題だけでなく、消費者が生活の中で何気なく感じている不便や不満も対象になる。

もちろんこの課題が本当に課題と呼べるのか、判断しづらいことも多い。故に顧客実績、導入事例、売上の伸長があると、ふわっとした議論になりにくい、というメリットがある。顧客導入に至るほどの製品・サービス完成度でなくても、提案資料やランディングページの情報で顧客に対する理解度・解像度がどれくらいなのか一定程度占えるのでその点も選択肢に入れてほしい。

②の圧倒的な解決策は①の課題を抱える顧客から見て、既存の解決手段がひどく貧弱であるほどいい。既存手段の10倍近い効果、パフォーマンスなら面倒くさがりの顧客候補も振り向くからだ。逆にいえば10～50％くらいの改善では、興味を持たれることはあっても、慣れた既存の手法から切

り替えは起きない可能性がある（この解決策の切り替えコストを一般にスイッチングコストと呼び、このコストに勝る効果がなければ切り替えは起きない）。

③市場の考え方についても前章で触れている部分があるが、基本的に市場は、

ⓐ顕在（既に顧客がいて、ニーズに対して供給があり、その売上を積み上げている）ベースのもの

ⓑ潜在（まだ数値には表れていないが、これから顧客候補が出現し、将来の売上が予測できる）ベースのもの。潜在市場の測り方は、本来どれくらいの顧客候補が世の中に存在しているのかのセグメント人数、分布を調査する

の2つがあることを分けて考える必要がある。

たとえば、ⓐ顕在市場であれば、既に顧客がいて、顧客からすれば選択肢として並ぶ競合企業がおり、売上が既にある状態である。その場合、競合の解決策に対して圧倒的な効果、パフォーマンスを顧客に示し、競合企業から顧客を獲得することになる。すでにある市場のパイを奪う戦い方である。この場合には顧客目線から見て、競合よりも魅力的なサービスを展開できるかにかかってくる。

ⓑ潜在市場の場合、まだ顧客（候補）のほとんどは課題に気づいていないケースがある。顧客の課題を喚起し、解決策を啓蒙し、自社製品を使ってもらう。そうすることで、「自分自身はこの課題に悩んでいたのだ」と顧客が振り返り、市場が顕在化する状態である。ⓑの潜在市場では、競合も息をひそめて（ステルスと呼ぶこともある）顧客を開拓し、売上を積み上げる。顧客になる人や社数の数が年々大きくなるなら成長市場と呼べるであろうし、成長市場にはライバル企業もチャンスと捉え、新規参入し、需要と供給が徐々に均衡化、潜在需要が顕在市場になっていくのである。ⓐ顕在市場とⓑ潜在市場は全く別のものでありながら、顧客の啓蒙を通じて陸続きになっていくことを理解してほしい。

④競合は、この市場のなかで勝ち抜けるかどうかを占ううえで大事な情報である。ちなみに市場にも顕在・潜在があるように、競合にも顕在・潜在市場がある。現段階では競合がいない、「いわゆるブルーオーシャン市場」であっても、市場が徐々に顕在化すれば、チャンスと捉える企業が新規参入し、競争激化する（そういった市場をレッドオーシャン市場と呼ぶ）可能性は将来、十分あり得る。市場が大きくなれば、大企業が新規参入することも見越して、自社としてどういった特徴、強みを打ち出していくのかを考え続けることになる。この顧客から見た、自社の特徴、強み、他社にできない・真似しづらい点を差別性と本書では呼んでいる。

ちなみに、自社と他社の単純な差異だけを差別性として見るのはお勧めしない。なぜなら、自社と他社を区別するのは顧客であり、「顧客から見た、意味のある、メリットとしての違い」でなければ差別性とは呼べないからだ。差別性は競合を意識することはもちろん、顧客に向き合い続けて把握できるものだという点は留意したいところだ。

⑤事業計画では3〜5年後、どういった売上、利益の推移を辿るのか、そのためにどれくらいの資金が黒字化まで必要になるのか、その資金はいつ、いくら集めるのか、といった議論が出てくる。本章の冒頭で、資金調達を考えるうえでの基礎は事業計画であるといった理由は、最終的に事業計画のイメージを経営陣・投資家双方ですり合わせし、将来に対する動きやシナリオを同期させることが資金調達の要であるからだ。この同期ができなければ、同じ船、すなわち会社で同じリスクを取りながら、前に進めることができないなからである。

それではここから、株式調達の基本的な考え方について見ていこう。

株式調達の実際

ポイント① 適切なバリュエーションで調達金額を設定しよう

株式調達と一口にいっても、いくつか株式や発行手法には種類がある。ここでは大まかな考え方から説明していこう。未上場株式の基本的な考え方は、

①今の会社の価値に加えて（Ｐｒｅ時価総額）
②調達金額を上乗せし
③調達後の企業の価値を出す（Ｐｏｓｔ）、

という関係性にある。Ｐｒｅ＋調達金額＝Ｐｏｓｔという図式を覚えておいてほしい。

たとえば、創業期に初めてのシード調達を考える際、具体例としてＰｒｅ１億円で、０・１億円の調達を目指すとする。その場合はＰｏｓｔ　１・１億円となる。０・１億円の外部株主は０・１÷１・１億円≒９％の持株比率となる。この際、外部株主に新しい株式を発行して出資を受けるので、

「新株発行」という形態になる。その際、発行済株式の持株比率が低下することを「希薄化」という。

希薄化率（％）＝新規発行する株式の総数÷調達前の発行済株式総数×１００

で表せる。当然、市況や業界によるが、おおよそ1回の調達で希薄化率は数％から十数％が多いのではないかと思われる。あまりに希薄化していくと、次回ラウンドで新規投資家が出資しにくくなる。ＶＣ投資家が多すぎるとＩＰＯ時に株式の一斉売却で株価が下がるなどの問題があるからだ。

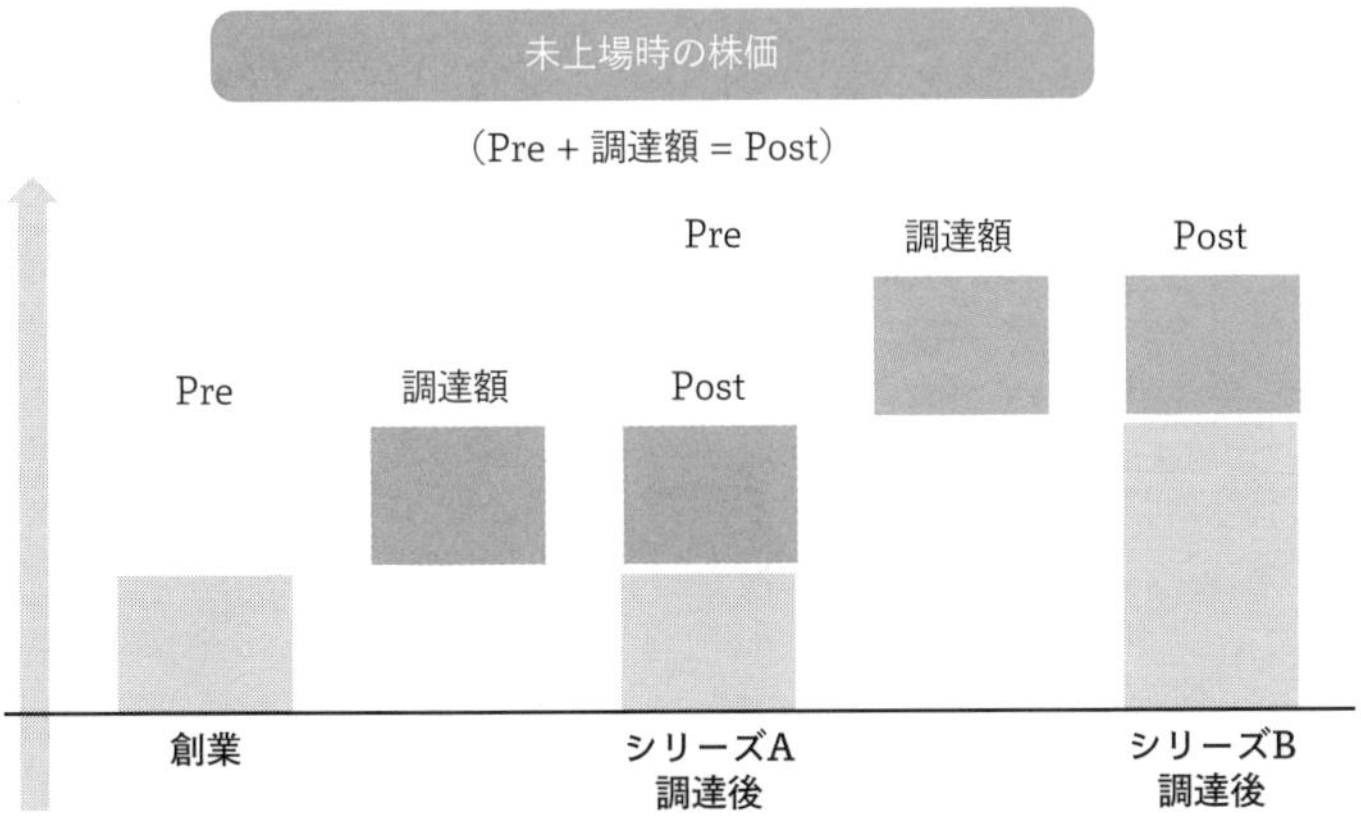

図 3-3　未上場株式の基本的な考え方

ポイント② 株式に付帯する権利を理解してから締結しよう

株式の種類にも、普通株式、優先株式、J-KISS（新株予約権）、新株予約権付社債など、年々あらゆるスキームが市場に浸透していく。ここでは大まかな考え方を紹介していく。

普通株式……最もシンプルな株式で、株価と出資額に応じて株主は株式を得る。
優先株式……普通株式に比べて、権利が優先されている株式

優先株式は、特にM&Aが起きた際に残余財産（銀行からの借り入れなどの債務を返済した後の会社の財産）の優先分配を規定しているケースが多い。たとえば優先株式について、資金調達を3回実施しており、優先株式を2回+普通株式を1回発行しているとする。優先株式においても序列があり、大概は直近の資金調達の優先株式が序列上、最も優先されることが多い。理由は通常の場合、直近の資金調達であるほど株価が高くなり、投資家がリスクを取っているという考えからだ。リスクをより取っている投資家の順で分配順位を規定するものである。

そのため、

・1回目：普通株式
・2回目：優先株式（A種）
・3回目：優先株式（B種）

序列はB種＞A種＞普通株式の順となる。この序列は優先株式発行時に、定款（会社登記にも必要な基本ルール）にも反映する必要がある。

ここまでは普通株式と優先株式について記載したが、先述のJ‐KISS、新株予約権行使の概要についても記載しておく。

・J‐KISS（新株予約権）……普通・優先株式は、その時点で株価を決める必要があるが、創業初期は売上・利益がこれからのフェーズということもあり、いくらにすべきか議論に負荷がかかる。そこで、その時点で株価は決めず、①次回調達ラウンドの価格から○%引き、または②上限価格（転換上限ともいう）のどちらか低いほうで、新株予約権から株式に転換するスキームである。新株予約権とは、後に株式を交付してもらえる権利のことで、出資時点では株式発行していない、というのがポイントである。なお、次回調達前にM&Aに際しては、出資額の2倍を株主はもらえる、という取り決めも記載されているケースが多い。

・新株予約権付社債……先述の新株予約権で株式交付してもらえる権利を得つつ、出資時から株式交付までの間は社債（すなわち借金）として企業にお金を貸し出すようなスキームになる。

ここまで普通株式、優先株式、J-KISSなどを紹介したが、使い分けとしては会社の大まかな株価が創業者自身として値付けできれば普通・優先株式、まだ実績はこれからで調達後の業績で株式調整したい場合はJ-KISSを活用、などという使い分けがある。普通・優先株式は投資家のリスク許容度に依存するので、交渉次第だ。

投資家タイプ

投資家タイプ別の出資額

そもそも、投資家にはどんな属性がいて、判断軸がどう違うのかについても触れていきたい。参考までに、タイプ別の投資額を見ておこう（図3・4）。

主な投資家タイプは左記のようになる。

①エンジェル投資家

創業・シード期の資金調達として、エンジェル投資をやっている方から資金を募る方法がある。現役・元経営者、スタートアップCxO経験者などが多く、次世代の起業家を応援するという位置付けで出資するケースが多い。

エンジェル投資家はその名のとおり、まだ確たる事業の形がない段階から応援してくれるが故に、「天使」という意味合いを込めてそう呼ばれている。エンジェル投資家は自身の経営経験、専門性

図 3-4　投資家タイプ別の投資額（2021 年）

出所；INITIAL・著『2021 年 Japan Startup Finance ～国内スタートアップ資金調達動向決定版～』より

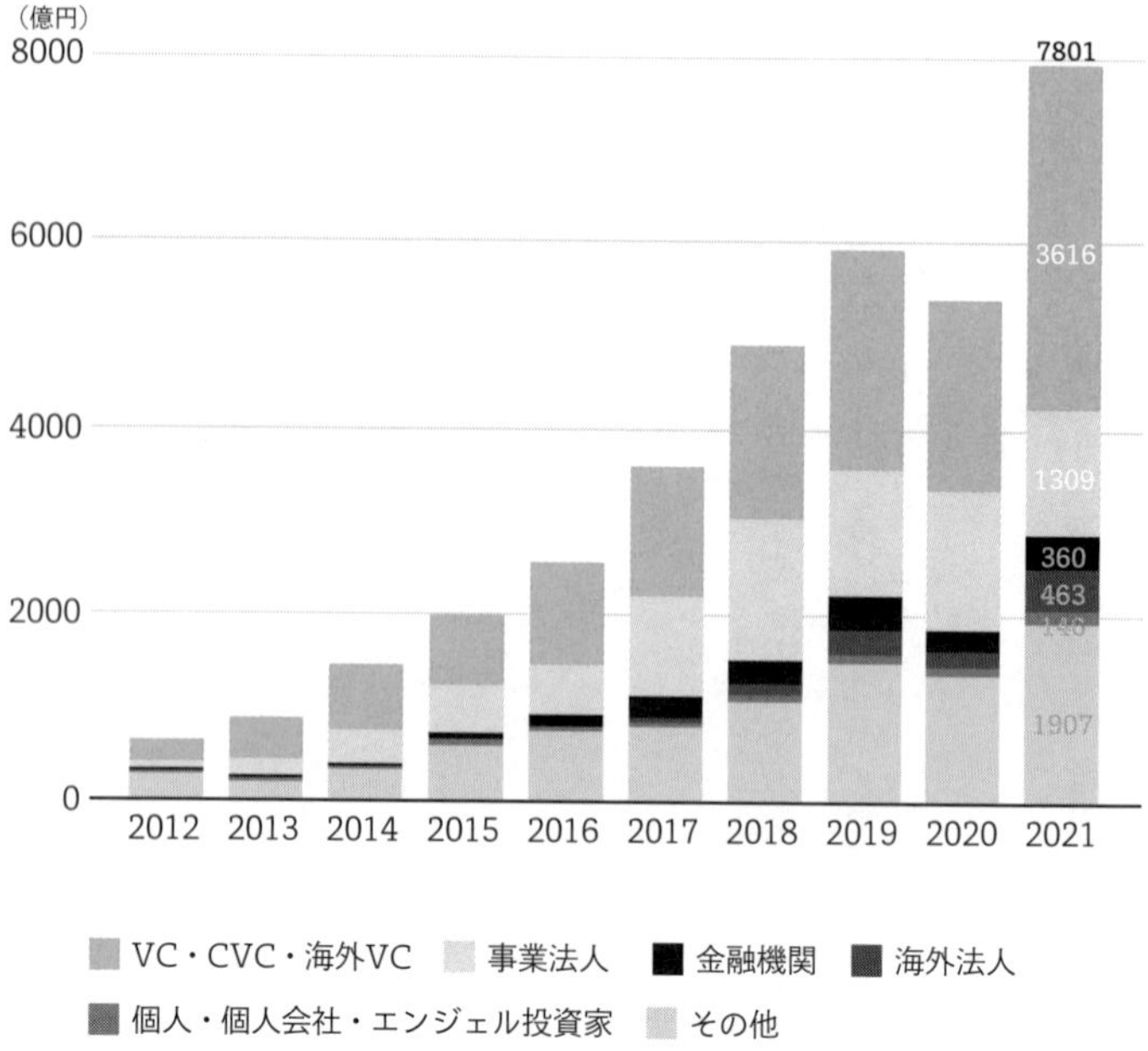

から経営陣にアドバイスを行うことがある。人によっては顧客候補の紹介、次回ラウンドでやり取りするであろうVCの紹介など限られた時間の中で最大限、後押しをしてくれる存在だ。中にはVCとも積極的にやり取りしており、VC各社がどんなステージや領域に出資しているかを把握しながら、投資先の資金調達をサポートすべく投資担当者に紹介することもある。まさにエンジェルそのものである。

一方、未上場時の株主になることは不可逆な動きであるから、果たして株主として迎えいれて差支えない人物かは冷静に考える必要がある。

たとえば、

・自身の信頼できる人からの紹介を中心に考える
・記事検索などで過去に事件に絡んでいないか、反社チェックを行う
・反社会的勢力の場合の買戻し条項を契約書に加える

などを意識しておきたい。

というのも、稀に本来のエンジェル投資家とは乖離した動きをされる要注意ケースがあるからだ。できれば、信頼できる人からの紹介、レファレンス（知人からどんな人物か聞く）を取っておきたい。株主として迎える以上、ＩＰＯ／Ｍ＆Ａといった売却まで数年単位で付き合う存在だからだ。また氏名を記事検索などして反社チェックも行うのがいい。反社会的勢力、近い存在が株主にいると後々上場できないリスクが出てくる。記事検索だけではわからないケースもあるため、反社会的勢力であることが判明した場合は、簿価で買い取るなどの条項も契約書に含めておくことをお勧めしている。

②ＶＣ

未上場の資金調達において、よく登場するのがベンチャーキャピタル（ＶＣ）である。出資するステージや市場領域、テーマなどはＶＣごとに違い、その特徴を押さえておく必要がある。ＶＣはファンドへの投資家（ファンドの出し手をＬＰと呼ぶ）から資金を集め（ファンドレイズ）、その集めたお金を成長期待の高いスタートアップに出資し、数年後の上場／Ｍ＆Ａで回収して、ＬＰ投資家に返す役割を担っている。ＬＰからどういうテーマでお金を集めているかで、出資しやすい／しにくいステージおよび市場領域が変わってくるのだ、ということを押さえておく必要がある。

大半のVCが投資委員会を開催し、賛否を議論し、投資に関する意思決定を行う。一般的に、シードファンドであれば（プロダクト・製品がそこまで出来上がっていないこともあり）、投資前の検証（デューデリジェンスという）にあたっては、結果が出ていない経営数値よりも経営者の目線、当該領域への解像度、熱意や志などのほうが重視される傾向にある。

シリーズA前後のアーリーステージになると、経営数値（顧客数、単価、売上、広告コスト）などが見えてくるため、その成長性を見るような検証が多い。たとえば、

・市場はどの程度の大きさか、今後どれほど成長するのか
・市場のなかで、当該社はどんな立ち位置になるのか
・その立ち位置になれるのはなぜか、他プレイヤーとの差別性は？
・その差別性は短期的？　中長期的？
・なぜその差別性を当該社は持ち合わせたのか

などが質問として挙がるだろう。

顧客から見た差別性などは顧客インタビューを依頼されるので、対応してもらえる顧客を探しておくといいだろう。具体的なポイントとして、

- どんな課題があって、導入検討を始めたのか
- その際にどんな選択肢、プレイヤーがいたのか
- どんな比較軸で選んだのか、決め手は何か
- 当該サービスではなぜ課題が解決できなかったのか

などのポイントは、投資担当者に最低限伝えられるようにしておきたい。それに対する回答に納得感があれば、VC社内の投資委員会においてもきっとポジティブに映るだろう。

ミドル～レイターステージになると、事業に求められる習熟度が上がっていくので、さらに業績の再現性、蓋然性が求められるようになる。たとえば、

- 事業を拡大させるとしたら、顧客層は広げるか、同じ獲得コストにするには
- バリュエーションを議論する上で、ベンチマークとなる類似企業のPER／PSRなども

―算出しながらの検証

あたりになるだろう。

③事業会社／CVC

VCと並ぶもうひとりの登場人物に、事業会社・CVC（コーポレート・ベンチャーキャピタル）がある。デューデリジェンスの観点こそは前述に重なる部分があるが、純粋な投資目線のVCと違うのは、目的が本社である事業会社側の利益・シナジーに見合う企業であれば出資できるという点だろうか。自社単独で開発・展開できないサービス、技術を持っている会社ならば、出資することで連携を模索する。ついては、自社との連携可能性は投資論点に入ってくる確率が高い。いつ、どのような形で連携がスタートするのかを議論できるのが望ましいだろう。

是非、このあたりの調達の考え方については、業界バイブルでもある磯崎氏の『起業のファイナンス』（日本実業出版社）なども併せて参照してほしい。また、日本ベンチャーキャピタル協会では業界の最新の調査・レポートの発信に加え、さまざまなセミナーも開催している。同協会のホームページ（https://jvca.jp/）をのぞいてみると直近のトレンドや新規加入の投資家（投資にアクティブなことが多い）もみられるのでお勧めだ。

ストックオプションを理解・活用する

従業員向けストックオプションの発行

従業員への報償・インセンティブ設計の一つに、ストックオプションが挙げられる。言葉自体は聞いたことがある方が多いかもしれない。ストックオプション（以下ＳＯ）は決められた株価で将来、株式を付与してもらえる権利を指す。付与してもらう際の株価を行使価格といい、その際の時価の株価との差分が、リターンである。

たとえば

- 創業3年目に従業員向けＳＯを発行
- 行使価格１０００円で付与
- 5～7年後、無事に上場し、株価は2万円となる
- ＳＯを行使すると、行使価格１０００円に対して時価2万円
- 差分がリターンとなる

というようなインセンティブが生まれるのだ（図3・5）。

上場までに約10％ほどのSOプールを設計するケースが多く、こちらの枠もリード株主と合意し握るケースが多い。現在の日本の商習慣上、M&A時にはSOは償却となるケースが多く、あくまで上場を目指すような動きになる。

SOはその性質上、早い段階から参画したメンバーがより報いられやすいことが多い（創業期に近いほど行使価格が安く、リターンが出やすい）。

一方、より強固なスタートアップを目指す場合、大企業やメガベンチャーからのエース人材を成長期に迎い入れる際に、SOの「創業期に入社する

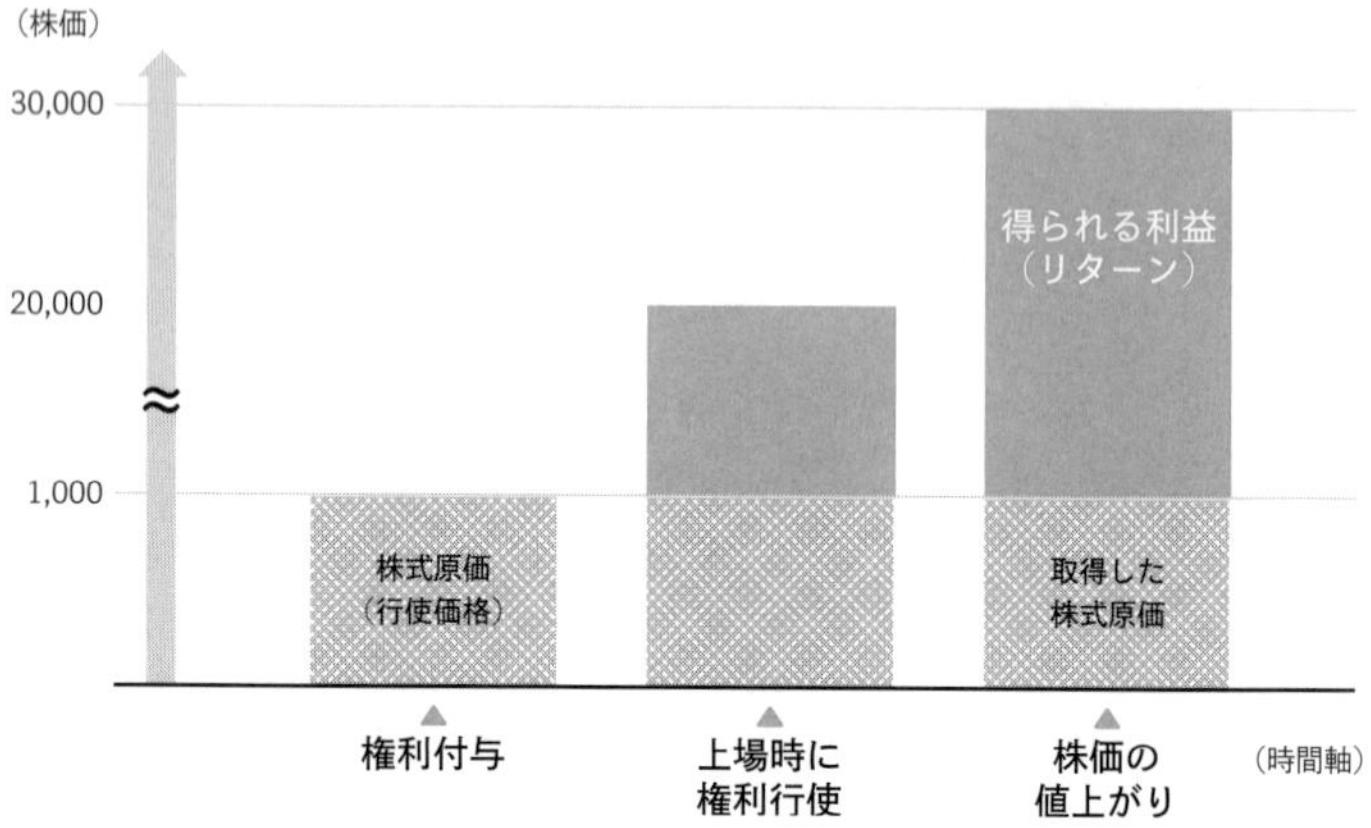

図3-5　ストックオプションのしくみ
（出所：『IPOサポートメディア』（https://biz.moneyforward.com/ipo/）を参考に作成）

ほど得をする」設計では、なかなか採用施策にこぎつけにくい面もある。

理由としては、会社としては魅力的でもすでに一定程度大きな規模になっている場合、ストックオプションの旨味が創業期メンバーに比べて薄いなどである。この入社タイミングによって、ストックオプションを通じたインセンティブの感じ方に差がある点を解消しにいこうとしたのが、信託ストックオプション（以下信託ＳＯ）である。信託ＳＯは運用コストが通常の無償・有償ＳＯに比べ高いが、入社時期に依存せずに魅力的なＳＯ設計ができる仕組みだ。ただし、信託ＳＯはその性質上、複雑なルール運用が求められるため、もし導入検討する場合は株主やアドバイザーに相談し議論することをお勧めしたい。ルール運用の自己解釈を間違えて上場審査時のトラブルになることもあり得るため、このあたりは慎重に留意されたい。

資金調達時の契約書

資金調達の概要、従業員向けＳＯについても概説を行ったが、最後に資金調達時の契約書を読みやすくするための解説をしておこう。契約書は大枠、①投資契約書、②総数引受契約書、③株主間契約書があり、３つを同時に締結するケースが多い。それぞれの役割として、

①投資契約書：本ラウンドに参加する投資家と発行体（資金調達する会社）の約束事
②総数引受契約書：本ラウンドに参加する投資家と発行体の締結する株式数を確認
③株主間契約書：過去の累計ラウンド含む、全投資家と発行体の約束事

という違いがある。ひらたくいえば、①投資契約書は本ラウンドでの出資金の入金が完了するまでの約束事であり、それ以降の権利については③株主間契約書で規定するケースが多い。

前段で創業者間契約について触れたが、これも広義の③株主間契約である。創業者が退任した場合に残りの創業者にいくらで配分するのかに関する取り決めであり、創業時にしっかり話し合って締結してほしい。各契約書のひな形については、ベンチャー・スタートアップに詳しい弁護士に相談すれば共有してくれるので、専門家の意見を聞きながら作成することをお勧めする。

具体的にそれぞれどんな記載があるのか、見ていこう。

・表明保証：資金調達ラウンドにあたり、発行会社の提供した資料・内容に嘘偽りがないことを保証するもの

- 買取請求権：右記の表明保証と並ぶケースが多いが、経営陣が明らかに善管注意義務に違反した場合（たとえば刑事罰を犯して逮捕される等）、株主が株式買取を要求できる権利
- 共同売却権：他投資家、経営陣が売却する場合、自身も一緒に同権利で売却できる権利
- 強制売却権：M＆Aなどが起こった際に、リード投資家・経営陣などの大株主が合意に至った場合に少数株主も同時に売却させるように請求できる権利
- 先買権：既存株主が株式譲渡を行おうとした際に、株式を新規株主に先んじて取得できる権利
- 優先引受権：新株発行時に、新株株主に先んじて、既存株主が取得できる権利
- 事前承諾・通知事項：多額の資金移動や株式移動などの重大な事項について、リード投資家の事前承認を求めるもの、一種のガバナンスとなる
- みなし清算：M＆Aが起きた際に、会社が清算したとみなして、株主間で分配すること
- 残余財産の優先分配：清算時に、会社の資産を本来は株式数で分配するが、優先株主が簿価分を取得後、残った部分について株式数で分配する。簿価の○倍、回収できるかという観点で、残余財産○倍ということもある（簿価分であれば1・0倍）

残余財産の優先分配の流れを説明すると、たとえば、普通株主、A種優先株主（シリーズAの投

資家）、B種優先株主（シリーズBの投資家）がいた際は、直近出資をしたB種優先株主から簿価を回収し、次にA種優先株主が簿価を回収する。残った分について普通株主、A・B種優先株主が普通株主と見立てて、残りを株式数で案分していく。

この中で、特に気をつけてほしい部分として、買取請求権の発動条件がある。創業者が逮捕など、社会的に不誠実な行為があった際はやむを得ないが、投資家側の解釈次第で買取請求権を発動されてしまっては事業どころではなくなってしまう。たとえば、事業の経営状況が悪化した場合に買取請求権を発動するなどといった文言が入っていると、事業リスクを一緒に負うはずの投資家が買取請求権を発動するといったおかしな事態になる。この点は、どのタイミングで発動するのか、経営者自身でよくよく読んでほしい。

ここまで2社の実例と補足として必要な知識をみてきた。実際に経験してみないとわかりづらい部分もあるので、いざ資金調達に臨むときにこのステージの内容を思い出してもらえるとありがたい。

資金が集まってきたら、いよいよ事業を成長させていくフェーズになる。次のステージから、集客、採用、組織づくりについて大事なポイントをみていこう。

【参考文献】
○Hiroshi Sasaki「『資本政策表フォーマット』を公開します」(https://medium.com/@hrssk)
○日本政策金融公庫 新創業融資制度 (https://www.jfc.go.jp/n/finance/search/04_shinsogyo_m.html)
○マネーフォワード『会計の基礎知識』(https://biz.moneyforward.com/accounting/basic/264/)
○マネーフォワード『ＩＰＯの基礎知識』(https://biz.moneyforward.com/ipo/basic/343/)
○國貞克則・著『超図解「財務3表のつながり」で見えてくる会計の勘所』(ダイヤモンド社、２００７)
○慎泰俊・著『外資系金融のExcel作成術：表の見せ方&財務モデルの組み方　慎 泰俊（東洋経済新報社、２０１４）
○磯崎哲也・著『起業のファイナンス増補改訂版』(日本実業出版社、２０１５)
○ＪＶＣＡプレスリリース (https://jvca.jp/news/24546.html)

Stage:**4**

マーケティングと集客

戦略に沿った施策とブランディング

本ステージでは、マーケティングと集客について見ていこう。戦略やマーケの原理原則は一般的なビジネスに通じる部分も多いが、スタートアップは外部の環境の変化にあわせて迅速に対応し、さらにそれを限られたリソースの中で実行していく必要がある。たとえばよくPDCAが重要といわれるが、Pには十分思考投入しつつもその後のDCAを素早くまわし進化していくことが重要になる。Pは小さく、DCAを最高速度で回していくには何がカギになるのか、実例とともに見ていこう。

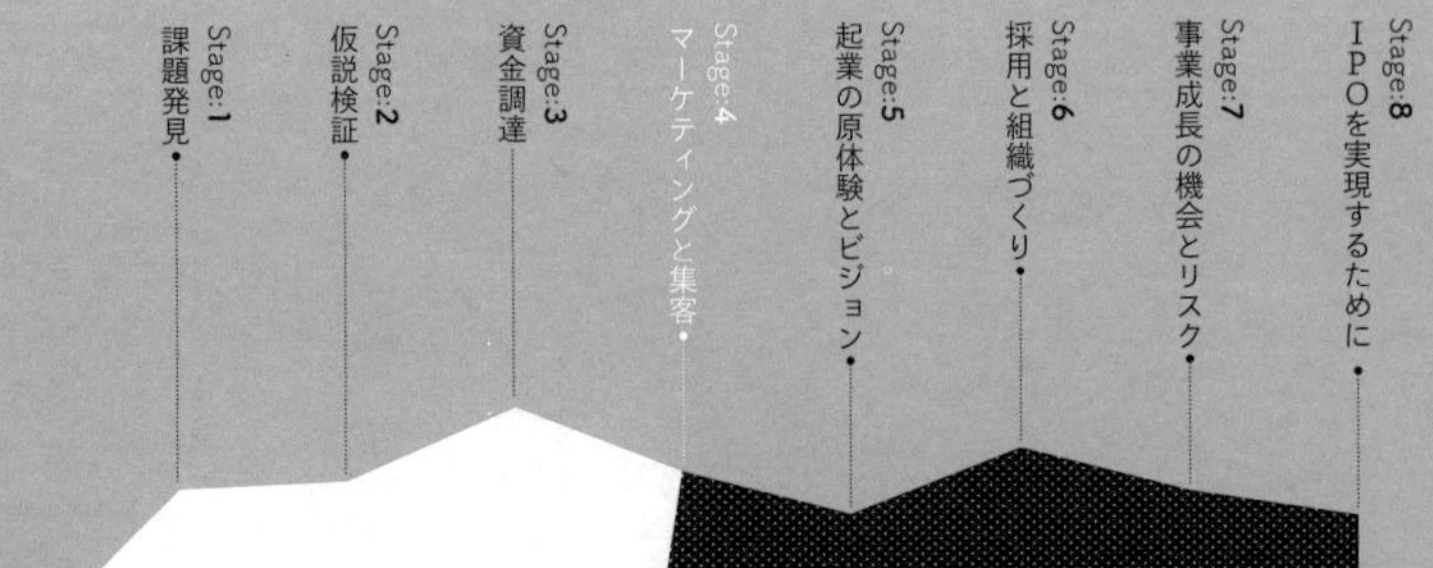

Stage:4

マーケティングと集客
〜戦略に沿った施策とブランディング〜

本ステージで登場する起業家

Case:G

BABY JOB 株式会社

上野公嗣さん　Kouji Ueno

1978年生まれ。武庫川女子大学大学院臨床教育学研究科卒業。ユニ・チャーム株式会社にて営業・マーケティングに従事したのち、「働くお母さん」の可能性に着目し、2012年5月に株式会社SSM（現：BABY JOB）を創業。地域型保育事業を中心に全国で45施設を運営する中、2019年に「手ぶら登園」をリリース。『日本サブスクリプションビジネス大賞2020』グランプリ受賞。保育士、全国小規模保育協議会理事長

Stage:4 「マーケティングと集客」のキーポイント

- ●計画：領域を意図的に絞り、圧倒的〝ならでは〟の要素でナンバーワンを目指そう
- ●実行：顧客に集中し、高速で施策の実行＆改善を重ねよう
- ●評価：経済性を細かく検証しながら、勝負所でアクセルを踏もう
- ●コミュニティ：顧客を巻き込みながら、長期で辛抱強く〝育む〟

自分たちが勝てる領域が見つかったら、完成度は多少低くてもマーケティング施策を複数並行＆実行させ、小さく仮説検証を繰り返してみよう。忍耐強く、事業の経済性の方程式を見極めた上で拡大するのがおススメだ。テスト版を期間限定で公開し、そのフィードバックを元に進化させる。顧客を製品開発に主体的に巻き込み、〝共に〟ブランドを構築していこう。

ケーススタディでは、「CMは顧客獲得だけではなく、自社の採用と組織づくりにも活かす」など、現在進行形で成長を続けるスタートアップ〝ならでは〟の手法にも注目したい。

成長戦略としてのマーケティング

領域を意図的に絞り、〝ならでは〟の要素で圧倒的なナンバーワンを目指す

マーケティングにおいて、そもそもどのドメインで事業をスタートするかで会社の戦略が大きく変わる。その意味で「Stage1：課題発見」や「Stage2：仮説検証」と本ステージのマーケティングは密接に結びついている。リソースの限られているスタートアップが王道市場のド真ん中のポジションを押さえて、市場の競争に勝ち続けることの難易度は高い。経営資源が限られているので、現時点ではまだニッチな領域からシェアを伸ばし、徐々に対象市場を広げていくことがスタートアップの王道の成長戦略の1つとなる。

我々のメディアでの取材の際、ある起業家は以下のように語ってくれた。その起業家はいくつものウェブサービスを立ち上げさまざまな領域でチャレンジしたが、なかなか抜きんでた結果を出せないでいた。そこで生み出した事業選定の2つの軸が、彼の企業を市場で特別なポジショニングへ

と導いた。それは、

「世界ナンバーワン企業になれる」
「日本でやる優位性がある&日本ならではの要素がある」

という2つで、そのために「圧倒的なガリバー企業が、現時点では存在しない市場で戦う」という戦い方を産み出した。これはあくまでその起業家の考え方だが、自分たちが市場をつくって圧倒的ナンバーワンの存在になれる可能性があると信じられる場所はどこなのか、そう自問自答してみることは、多くの起業家にとってプラスになるはずだ。

たとえば、少し前のスタートアップ・IT界隈では、法人向けのSaaS領域が急激な成長をみせていた。日本にもいくつか成長しているSaaS企業が出てきているのは非常に素晴らしいことだが、この領域の日本企業のグローバルでの生存競争は今後厳しいものになっていく可能性もある。なぜなら、サービスを一定以上に成長させるには、国の人口減少がとまらない日本だけではなく、海外での展開を推進してく必要があるからである。しかし、SaaS系の企業のいくつかの領域ではグローバルな企業が大きく先行してしまっており、すでに多くのユーザーをもつ強力なサービスが存在しており、彼らを圧倒するハードルはなかなか高そうだ。

黎明期×日本ブランドを活かして世界のファンを獲得する戦い方の実例

一方で、たとえば消費者向けのサービスのグローバル展開においては、日本の企業にも勝算がある。その理由の1つは、これまでの歴史の中で長年培ってきた日本独自のカルチャーや圧倒的なコンテンツのクオリティの高さにある。同時に、YouTubeを筆頭にグローバルなコンテンツプラットフォームが急成長してきたことも大きい。第1ステージで紹介したVTuberのカバー社は、この条件を満たした企業といえるだろう。

また、もう1つ事例を紹介すると、我々の出資支援先には日本酒を自社で製造し国内外に販売するRiceWineという会社もある。社長の酒井さんは、リクルートの海外事業部在籍時に起業のアイデアを検討されていた。いくつもの事業アイデアを検証しプランを練りあげ、日本ならではの要素を活かして海外でも勝てる領域を探していく中で、〝日本酒〟という領域にたどり着く。日本酒は日本の文化と歴史に根差しており、その製造は海外の企業が一朝一夕に真似られるものではない。実は新規の酒蔵の設立は現在の日本の法制度上難易度が高くなっており、新規参入の難しさという参入障壁もある。

一方、〝日本ブランド〟はアジアをはじめ海外でまだまだ強い力をもっており、増加を続ける経済力をもった購買層に高値で購入されるポテンシャルがある。そんな気づきから、彼は酒蔵で修行を重ね、ついには自社工場を設立、国内だけではなく中国など海外からの購入も進み始めている。同社は〝獺祭〟のような一流ブランドを目指す道半ばだが、ポジショニングとしては非常にユニークではないだろうか。

実践にあたっては、たとえば、皆さんが狙おうとしている領域において「どのブランドが一番売れているのか？」と消費者アンケートを取っても特定のブランド名やサービス名が想起されなかっ

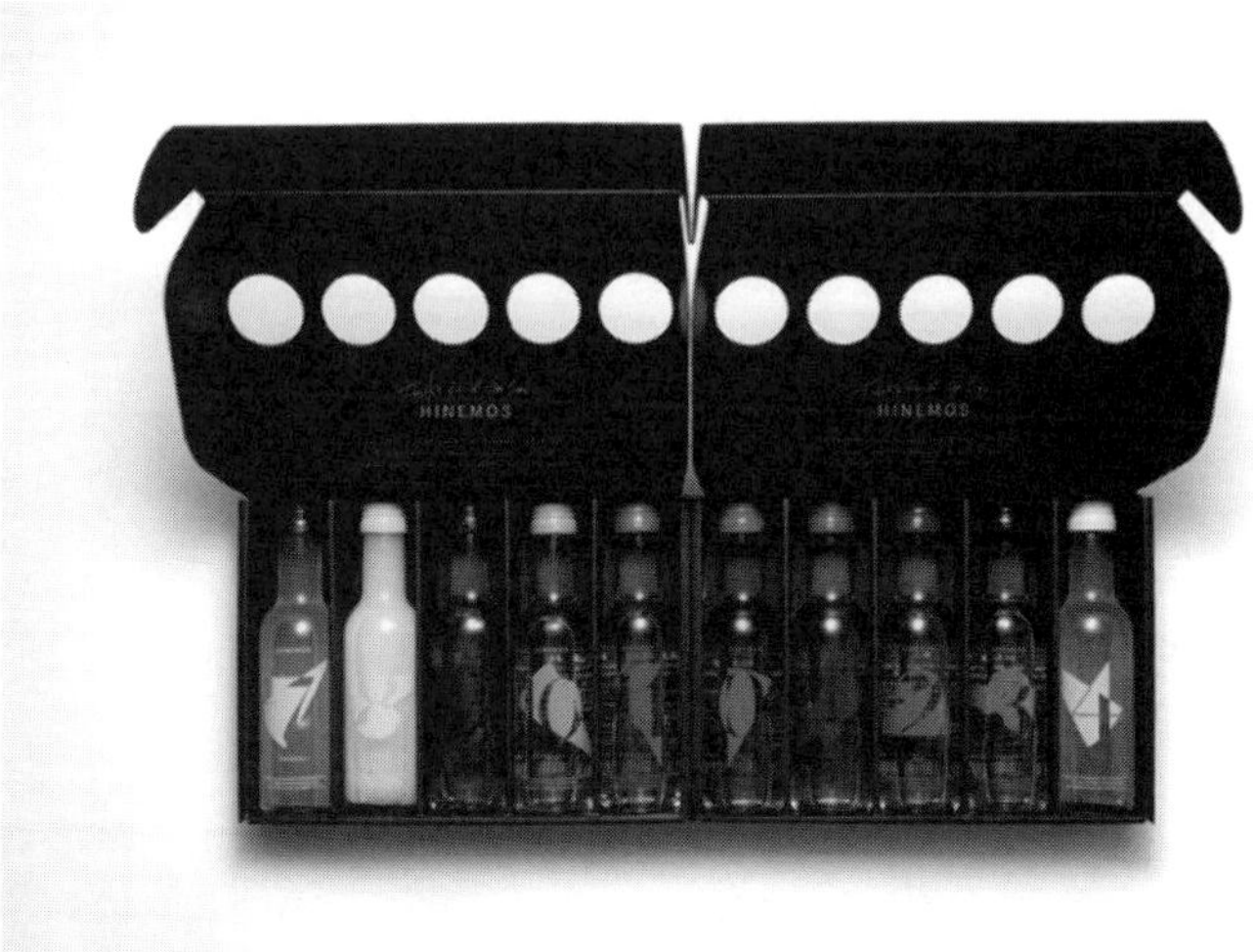

味、デザインにこだわった、RiceWineの日本酒ブランド「HINEMOS」）

たようであれば、これはチャンスの可能性ある。〝第一想起〟が狙える黎明期で事業に着手することができれば、自ずと事業の成功確度はあがる。読者の皆さんが今取り組もうとしている領域は黎明期に該当するだろうか？　もしそうなら（第1ステージのケースで紹介した元榮さんよろしく事業アイデアを思いついたその日に辞表を出す必要はないが）、すぐさま事業拡大に急ぐべきだろう。

新しい市場は、〝わかりやすさ〟で絶対的なポジションをとる

いざ自身が取り組む領域が決まり新しい市場をつくろうとするときに、最初に重要になるのが「わかりやすい」ことだ。事業内容による部分も大きいが、スタートアップのようにこれまでにないタイプの事業を立ち上げる場合、初期は事業の特徴を細かく説明するよりも、そもそもの仕組みをわかりやすく説明しなければいけない状況が続くことも多い。誰にでも「わかりやすい」説明を用意していないと、多くの人に浸透していかないのが実情だ。

たとえばその分野に関する記事を書いてみるなど、定義やマーケット状況の理解を広げる取り組みが欠かせない。黎明期のVR市場において、同領域への資金流入を促すため、著名な経営者を促しファンドを立ち上げた、カバーの谷郷さんのケース（Case B）を思い出してみよう。専門家的な

ブランディングを意識するために、自分が取り組む領域の論文を書いた起業家もいる。市場の黎明期でみんながよくわかっていない状況では、メディアにとりあげられる際にも、数字のファクトも交えながら、今後この市場がどう成長していくかを伝えるように工夫していくことも必要だ。

また、市場の中で「絶対的なポジション」をつくることは強く意識したい。現在のＩＴスタートアップ界隈はかなり成熟してきていることもあり、大手企業やシリアルアントレプレナーが豊富な資金を武器に後発参入してくるようなケースも増えている。そういった場合、参入した瞬間から一定数のユーザー数を抱えるサービスになってシェアをがっちりともっていってしまうという状況も想定される。そういった動きを想定して、スタートアップは何ができるのか？

１つの対抗策は、ここだけは絶対譲らないポイント、「○○といえばこれ」と覚えてもらえるポジションを初期から意識しておくことが大切だ。たとえば、「日本初」であることを強く意識してみる。「日本初の××」だと、メディアなどから関心を持ってもらいやすくなる。そこでわかりやすい説明をすることで、「××といえばあのスタートアップだ」と覚えてもらえやすくなる。誰にでもわかりやすい「絶対的なポジション」を確立することが、リソースが少ないスタートアップにとっては必要不可欠な戦略になる。

マーケティングというとどうしても、どうブランディングするか、どうよく見せるかという方法論にとらわれてしまいがちだが、「どうやるか」よりも「何をやりたいか」を先に考えることをおすすめしたい。

施策の実行

1本の100点より、10本の70点

抽象化する力を磨きながら、日々のアクションレベルで起業家が実践できることがある。それは前のめりな（カタカナ語でいうと、〝リーンな〟）戦略づくりだ。リーンな戦略づくりとは、最小限のコストでファクトを積み上げていくマーケティングのアプローチである。

たとえば、筋のいい戦略1つを満点近くまでつくり込むよりも、70点〜80点でいいから戦略を10本走らせて検証し、実績を積み上げる戦略がスタートアップとの相性がいい。自社のメインターゲットであるセグメントに一番刺さるデジタルマーケティングに関しては、あらゆる媒体にあらゆる訴求方法で検証をやりきってきたというレベルをめざせると理想的だ。

要するにこれは、成功するまで小さく仮説検証を繰り返すアプローチといえる。消費者の反応をこまめに確認しながら適切な施策を探っていくアプローチは、少ないリソースで高リターンが得られうるマーケティング戦略を打ち出すためにはうってつけだ。小さな修正を重ねながら、戦略を洗

練させていく。特に消費者の反応が未知数な分野ほど、このアプローチは効果を発揮しやすい。

想像のつかない消費者行動についていくら議論をしても、実際に確認することに勝ることはない。逆に、消費者の反応がおおよそ予想できる領域であれば、仮説検証を繰り返すことの重要性が下がる。スタートアップのように新たなニーズを創出していくようなビジネスは、何度も消費者の反応を確認しながらマーケティング施策を探り続けていく姿勢が大切だ。

スタートアップが提供する新しいサービスのユーザーは「今までそのサービスを使ったことが無かった人」であるケースが多い。つまり今まで買ったことのない新規ユーザーを開拓していくことになる。そういった新規ユーザーを開拓する上では、いくら既存市場の調査をしても質の高い仮説・戦略をつくることはできない。数多く&リーンに実行し、やりきることによって生み出すことができる。最初から100点を目指さず、70点でまずは合格だという気持ちで始めてみてはどうだろうか？　新しいやり方で満点をとるのはそもそも難しい。やりながら改良していけばいいと柔軟に考えることをお勧めしたい。

リーンな戦略で消費者の反応を小まめに確認し、適切なマーケティング施策を導き出す。ここで「スピード」がカギになってくる。リーン戦略を高速に回していくことで、いち早く適切なマーケティング施策にたどり着けるからだ。個人でリーンに戦略を探索することは可能かもしれないが、組織全体で高速にPDCAサイクルを回すことは難易度がぐっと高まる。組織全体で高速にリーン戦略を実現するために、経営陣が「自分がいち早くアクションする」ことを強く意識する必要がある。自分が最速で行動を起こすことで、組織の行動規範を醸成していくのだ。シンプルな発想のようだが、リーダーの積極的なアクションこそが組織全体の行動変容を促進する。

日々のささいな行動でいえば、とりいそぎの短い内容でもいいから誰よりも早くメールやインスタントメッセージを返す、一瞬でも早く意思決定する。どんな小さなことでもいいので自分が素早いアクションを徹底することで、まわりのメンバーも影響を受けてスピードを意識したアクションをとるようになる。特に急速に成長する市場で戦う宿命にあるスタートアップでは、スピードを組織全体に浸透させることを強く意識したい。

テレビCMは小さなトライと継続性、効果検証がカギ

投資家から調達した後に、スタートアップが多額の資金をテレビCMにつぎ込むケースも見られる。認知度を大きく伸ばす点で、CMに一定の効果があるのは間違いない。しかし、確証なくいきなり多くの金額を投資するのは、賢い戦略とはいえない。国民的タレントを活用したCMで知名度を高めたAI翻訳機の会社でも、実は同タレントのCMで大きく展開する前に、小さなトライを重ねている。同社では、

・自ら店頭に立ち得られた本音の要望を元に、製品を改善
・右肩上がりの成長が一定期間継続していることを確認
・アクセル〝さえ〟踏めば伸びていくと確証を得られたタイミング

諸々の確認が終わった第二のタイミングとして、一気に踏み込んだ、と語ってくれた。調達で多額の資金が集まったときにこそ、その想定効果を十分に検証した上で活用したい。もちろん、かつてメルカリ、ラクスル、マネーフォワード、最近ではLegalOn Technologiesなどのスタートアップがそうだったように、CMをうまく活用して一気に認知を伸ばすことができた事例もある。更に、

顧客の獲得や認知向上だけではなく、社内のメンバーのモチベーションアップや新規採用にもポジティブな効果が働く。もし皆さんがCMによる認知獲得を検討する場合には、右記に記載のポイントを参照の上、うまく活用してみてほしい。

同時に、効果の検証も意識したい。効果を明確に数値化できるデジタル広告に比べて、テレビCMを含むマス広告はプロセスや効果が見えにくく、投資判断をしにくいという印象を持っている方も多いのではないのだろうか。しかし、テレビCMは博打ではなく、オンラインマーケと同じように、費用体効果のわかるものに変えることができる部分もある。どのタイミングで広告を出し、どのサイトで契約を取りやすいのか、いつ回収できるのかをデータに基づいて判断できるように準備を進めた上での実施を是非お勧めしたい。

たとえば、ビズリーチがCMの効果検証を徹底していることは有名だ。実際にどれだけ効果があったかを把握すべく、企業のリード数、商談数、契約成立までの平均時間、求職者の有料登録率がどれだけ増えたか、すべて数字で出されているという。同時に

・ホームページやランディングページの見直し

・企業からの問い合わせを増やす仕掛けの準備
・電話営業の体制の構築

など、トップが先頭にたってマーケティングの全体設計を組み込んだ上でCM施策を打ち込んだ。結果的に、3か月で投資の大半を回収でき、半年で上回る効果であったという。自分たちの会社にとってカギになる指標をもって、ネット広告と同じように成果を測る方法を考えることが重要といえそうだ。CMの成功は結果論であり、何が決定的な要因になるかは断言できないが、トップのコミット含め右記の準備と工夫を意識してみることで、成功の確度を高めることができるのは間違いない。

Case:G （インタビュー記事初出＝2022年7月）

メディア露出によるPRが事業拡大の一助に

BABY JOB株式会社 代表取締役社長 上野公嗣さん

上野さんがたどった起業の背景と成功要因のプロセス

1. 常識を疑うことで選んだオーストラリア・東南アジアでのワーホリ
2. ユニ・チャームで発見した母親の可能性と子育ての課題解決のために起業を決意
3. 保育施設における不合理を発見し、オムツのサブスクサービス「手ぶら登園」を開始
4. 手ぶら登園の成功理由 〜立ち上げ期：保護者と保育施設のニーズの同時解決〜
5. 手ぶら登園の成功理由 〜立ち上げ期：ユニ・チャームとの協業〜
6. 手ぶら登園の成功理由 〜スケール期：PRによる認知の獲得と他社メディア利用〜
7. 手ぶら登園の成功理由 〜スケール期：組織の求心力向上のポイント〜

BABY JOB のビジネスモデル

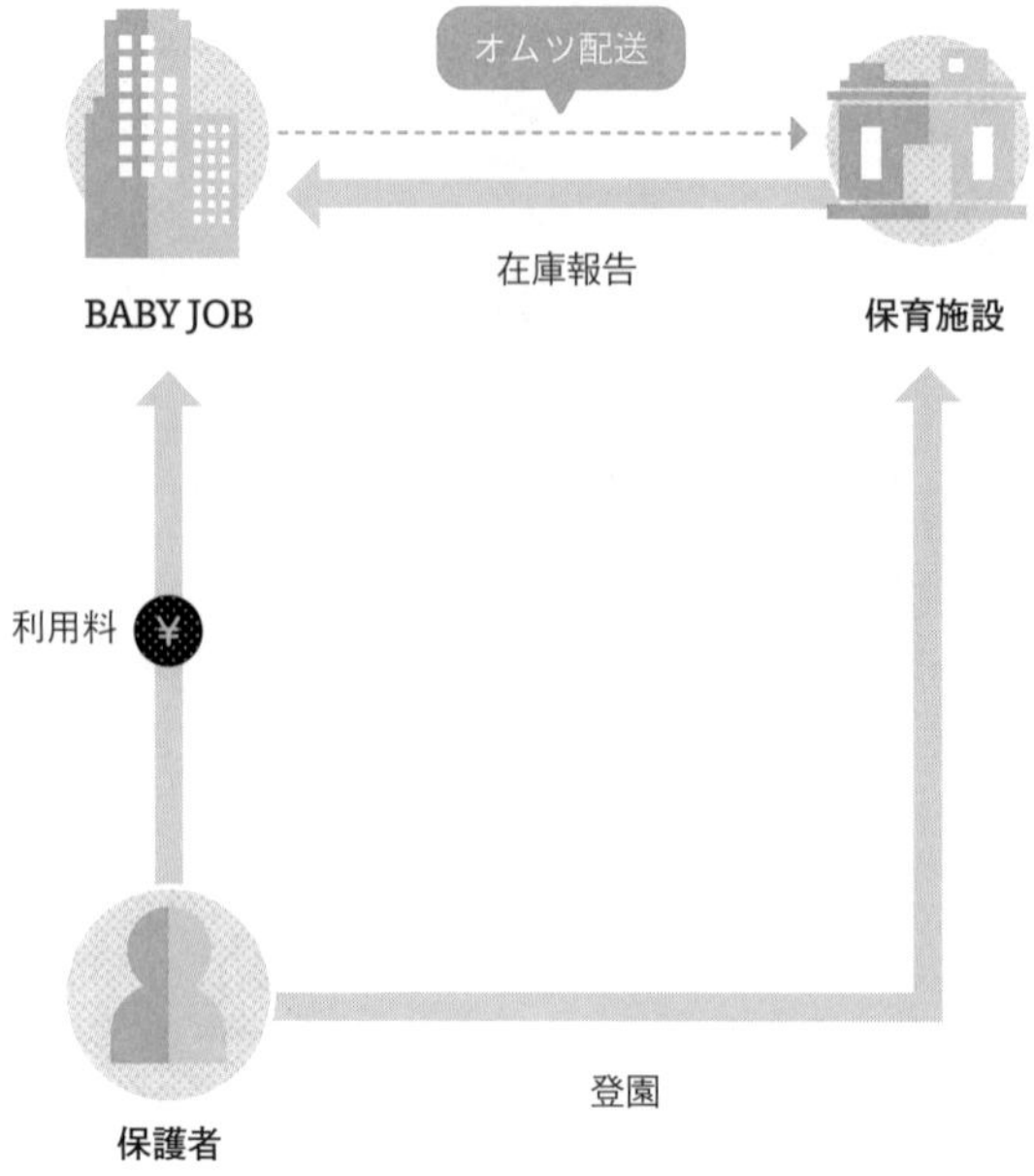

BABY JOBは「すべての人が子育てを楽しいと思える社会」の実現のために、オムツ定額サービス「手ぶら登園」、グループ会社による保育施設運営事業の「ぬくもりのおうち保育」などを展開している。「手ぶら登園」は、保育施設に紙オムツ・おしりふきが直接届く月額定額制のサービスであり、保護者が保育施設におむつを持っていく手間や保育施設でのオムツ管理の手間を省くことができる。また、保護者が月額定額料金を支払うことで、オムツのサイズや枚数に関係なく何枚でも使い放題になる点も魅力だ。

同サービスは既に2800か所以上の保育施設に対して導入済みであり、2020年にはユーザーの「お得」「お悩み解決」「便利」の3つを基準に審査される日本サブスクリプションビジネス大賞2020のグランプリを受賞している。またこれまでに読売新聞、NHK NEWS おはよう日本、MBS毎日放送など数多くのメディアに取り上げられており、メディア露出によるPRが事業拡大の一助となっている。2022年2月にはタレントの辻希美さんが「手ぶら登園応援アンバサダー」に就任するなど、多くのメディア発信の実績が存在している。

そんなBABY JOBの創業の背景、そしてPR事業の戦略背景を、代表取締役社長、上野公嗣さんから学んでいこう。

不合理な当たり前をあるべき理想の姿に変える

多くの読者にとって、どのようなビジネスアイディアで起業するかというのは大きな悩みの種であると思う。この問題に対して上野さんは、その業界にとって当たり前のことを当たり前と受け入れず常識に囚われないで、現状の不合理な当たり前をあるべき理想の姿に変えることで新しいビジネスを生み出せると述べている。

上野さんの常識を疑う姿勢は高校生時代からのもの。高校時には同級生のほぼ１００％が大学へと進学する中で、進学後に研究職など専門職に就くイメージもないまま受験する常識に違和感を抱き、オーストラリアにワーキングホリデーに向かった。

「高校まで進学校に通っており、99・9％，ほぼみんな進学していきました。その時点で嫌というか。このままレールに乗って大学に行っていいのか、疑問に思ってしまい、そのままオーストラリアにワーキングホリデーに行ってしまいました。なので『これが当たり前だ』みたいな流れが嫌いな性格なのだと思います」

上野さんはこの常識を疑うという姿勢を経営において最も重要なものに位置づけている。事実、他の多くのスタートアップにおいても同様の姿勢は見受けられる。テスラ創業者のイーロン・マスク氏も「第一原理思考」と名づけ、重要性を説いている。第一原理思考とは業界における慣習や常識をとっぱらい、ゼロベースで考え抜いて新しい解決策を生み出す思考のことだ。同氏は全く新しい解決策が求められるスタートアップでは、これまでの常識に基づく最適解を実行しても、知見を有する大企業には勝てないとの見解を示している。

起業後に新たな課題を発見し、事業をピボット

上野さんは大学卒業後に消費財メーカーであるユニ・チャームにて、オムツの営業・マーケティングを担当する。オムツの店頭販売の営業の一環として、実際の店舗でオムツを配って買ってもらう「推奨販売のスタイル」で販売していた。その販売員ごとの販売成績を見ると、売上額が群を抜いていたのが〝お母さんたち〟であった。〝お母さん〟の持つパワーに対して可能性を感じたきっかけである。

その後「お母さんが活躍する社会をつくる」ことを目標に、起業し最初に始めたのはお母さん専門の派遣業である。しかし実際に事業を始めてみて直面したのは、そもそも子供を預ける保育施設がないため、働くことができないという事実であった。

「その当時は今よりも待機児童問題はもっと深刻でした。『保育園落ちた日本死ね!!!』の記事が注目を集めた時期であり、お母さんたちは保育施設がなく、子供を預ける場所がないためそもそも働くことができないのです。時代背景的にも保育施設の数をより増やしていく流れでした」

そこで上野さんはお母さん専門の派遣業からピポッドし、保育施設をつくり保育事業を始めた。時代の流れにも恵まれ、順調に拠点数を増やしていくことに成功する。自分が当初思い描いた事業にこだわりすぎず、新たに発見した課題に対して柔軟に変化させていく重要性は仮説検証の章でも述べたとおりである。CB Insightsが実施した調査では、スタートアップの失敗理由として、実に42%が「市場ニーズがなかった」ことを理由に挙げている。現場の意見を聞いて、早めに事業転換をすることは一つの成功要因と言えるだろう。

オムツの持ち込みに注目し、「手ぶら登園」をスタート

保育施設を運営する中で認可外園を1園設立した。認可外園は国からの補助金が降りないなどのデメリットもある一方で、価格設定や提供するサービスなどを認可園よりも自由に設定できるとい

う特徴がある。上野さんはこの認可外園で、認可園では解決できない悩みを解決できる拠点をつくろうとした。

認可外園として保護者に提供できる付加価値の一つとして、通園時の荷物を減らすことに注目した。中でも上野さんが注目したのが保護者のオムツの持ち込みと持ち帰りである。保育施設をつくる目的は「そこに子供を預けて、お母さんの活躍を手助けすること」であったが、実際に目の当たりにしたのは、辛そうな姿で大荷物を持って保育施設に預けに来るお母さんの姿だったという。

「お母さん達にお話を聞くと、朝から晩までいろいろなタスクに追われていました。その一つにオムツに名前を書いて持っていく、排泄済みのオムツを袋に入れて持って帰る、それを持ちながら帰りに買い物することがありました。夜泣きにより満足に眠れない中でこのタスクをこなしています。最初にイメージしていた子供を預けて元気に活躍するお母さんの姿は、現在の保育施設のインフラでは実現できないと思い知りました」

保育施設では当たり前とされていたこの不合理を解決するべく始めたのが、オムツを直接保育施設に届ける月額定額制サービスの「手ぶら登園」である。当初は認可外保育施設の付加価値創出として始めた本事業であったが、現在ではユニ・チャームとの協業により全国2800か所以上の保育施設にも導入されている。

手ぶら登園の成功理由 ～立ち上げ期：保護者と保育施設のニーズの同時解決

上野さんは手ぶら登園の成功理由の一つに、保護者と保育施設のニーズを、同時に解決したことを挙げている。保育施設としても、オムツの管理には多大な手間がかかっていた。保育施設では子どもたちのオムツを個別に管理する必要があり、オムツが不足した場合には各保護者に対して個別に連絡をしていた。手ぶら登園では保育施設が子どもごとにオムツを管理する必要がない。このように保護者だけではなく、保育施設にもメリットを提供することができた。

「このサービスでは保護者のベネフィットは比較的わかりやすいのです。僕らがこのサービスを広げることができたのは、保育施設側からの景色で見たときの不合理を解決できたことが一つの理由であると考えています」

保育施設と保護者の両者にとって得になることが重要である点は、価格の設定時のエピソードにも表れている。当初、手ぶら登園ではオムツの使用枚数とサイズによって細かく価格を変動させていた。しかしながら、価格表が複雑なせいで保育士と保護者のやりとりが非常に煩雑になっており、そのコミュニケーションに、保育施設では多大な手間を要した。結果保育施設から導入したくないという声が見受けられてしまった。現在ではシングルプライズでの提供によりこの問題を解決しているが、実際にサービスの利用を考えたとき、保護者だけではなく保育施設のニーズも同様に重要になることがわかる。

またこれらのニーズを正確かつクイックに把握していくためにも、ユーザーとの距離を近く保つことと、学び続けることも重要である。BABY JOBではグループ会社で保育施設の運営を行っており（2022年12月現在）、ユーザーの生の意見を最も近い距離で把握しておくことができる。また上野さんは自身の保育に関する知識不足を補填するために、自身でも保育士資格や幼稚園教諭の資格を取得。大学院にも通い、2018年に修士号を取得している。

「学ぶことを通して付き合う人も変わってきますし、知っているからこそ深い知識を得ることができる。なので学び続ける力というのは起業してからこそ重要だなと感じています」

最初は、保育施設運営事業の創業から始まった。母親が幼稚園の先生をしていたものの、業界については全くのど素人。当然ながら保育施設の設立方法もわからなければ、教育に対する理念や知識も全く無い状態からのスタートだったという。

手ぶら登園の成功理由　～立ち上げ期：ユニ・チャームとの協業

手ぶら登園では保育施設に届けられるオムツとして上野さんが以前勤務していたユニ・チャームによる「ムーニー」と「マミーポコ」が提供されている。ユニ・チャームと事業提携しており、業界シェアナンバーワンの高品質のオムツが提供可能となっている。スタートアップとして事業立ち上げ時からユニ・チャームのような大企業と事業提携を行うのは大変珍しい。ユニ・チャームのような大企業との協業におけるポイントとして、上野さんはトップと役割分担を明確に取り決め、各企業がその役割の中で最適化や戦略の策定を行うことを挙げている。

「僕らがうまくいっている理由の一つは役割分担が明確であることです。彼らは物流と商品供給、我々はそれ以外の部分。お互いにできない部分を担当しています。なので、どちらがやるかという話にならないのです。もう一つの大事な部分は理念の部分だけ共通させて、それぞれのビジネスのコストや価格の話はそれぞれが考えるということです。理念として『今ある保護者の負担を軽減しよう』という点を共通させています」

大企業に限らず、他企業と協業する場合には大きな理念を共感させることができる企業を見つける必要がある。またその理念の共感は組織のトップと握ることが重要だと上野さんは指摘する。

「大企業の人ほど、現場のメンバーは大きな方針に抗うことが難しいです。最初は現場メンバーからの相談がきっかけで始まった『手ぶら登園』事業ですが、現在はユニ・チャームの高原社長に直接、定期的に報告を並行して行いながら事業を進めています。今振り返ってみても、トップと大きな理念やビジョンを握っていくことは、とても重要だと感じています」

手ぶら登園の成功理由 〜スケール期：PRによる認知の獲得とメディアの利用

手ぶら登園の大きな特徴の一つとして、PRを積極的に利用している。これまでに自社発信としてはオウンドメディア「手ぶら登園　保育コラム」の運営やタレントの辻希美さんの応援アンバサダー就任など積極的な展開がある。また他社メディア発信として新聞、テレビ、ネット記事など幅広く取り上げられ、2年間（2020年3月〜2022年3月）で500回以上掲載されている。このような充実したPR展開の背景に存在していた課題とPR戦略のポイントをそれぞれ探っていく。

手ぶら登園が抱えていた課題として、保育施設開拓における営業アポ率の低さが存在していた。これはBABY JOBに限らず、多くのスタートアップに見られる課題である。実際、ｔｏＢ向けのデータマーケティングプラットフォーム「b→dash」を運営する株式会社フロムスクラッチＣＭＯの三浦氏は自身のnoteにて、意思決定者がサービスを認知しているかどうかによって導入可否に影響を与えることを指摘する。スタートアップのような社会的に知名度が低いサービスは信頼性が低いと判断される傾向にある。そこで三浦氏は意思決定者に直接コミュニケーションが取れるタクシー広告を実施することで、代理店経由での案件紹介が10倍以上、コンペ勝率も1・7倍に向上したという。

BABY JOBでも同様に認知度の低さによるアポ率の低さが存在していた。当時は電話営業をベースに施設開拓を進めていたが、面談のアポ獲得率は1％以下であったという。面談まで進めば多くの施設はサービスに魅力を感じて導入を検討してくれるが、そもそも面談までいけないことが課題であった。

「カテゴリー認知が大きな課題でした。ウェブ広告を使えば、保護者にリーチさせることはできますが、保育施設へリーチさせることが難しかった。それは、運営会社の多くは社会福祉法人や宗教法人、地元の名士たちなので、単純にウェブ広告ではリーチすることが難しい層だったからです。そこでタレントを起用したメディア向けPRイベントを実施し、TVや新聞のニュースに取り上げてもらうことで認知度を上げ、アポ率の向上につなげました」

PRにおいてはメッセージ内容も重要であると上野さんは指摘する。ただサービスのメリットや強みを発信するのではなく、顧客の目線にたって問題背景を理解し、社会と顧客の共感を得ることが重要である。

本サービスの問題背景として、「子育てとはしんどいものである」という文化が保育施設や保護者の中にも存在していたため、このようなサービスが欲しくても主張できない現状があったという。そのため、サービスにより楽になるというメリットを訴求するのではなく、子育てとは大変だと言いやすい環境づくりにつながるメッセージを発信することを選んだ。

「最初に広告代理店さんがご提案された内容としては、『手ぶらダンス』のような『サービスによって楽になる』を追求したものでした。しかし、保護者にとって『楽するために使う』になってしまうと、逆に心理的に使いづらいものになると考えました。直接購買者にリーチするというよりも、朝の登園にかかる準備の大変さを言いやすい環境づくりを意識しました。おかげさまで想定以上のメディア露出を獲得できたのですが、それは辻希美さんの持つポップな魅力に加えて、保護者の方々の大変さを代弁し、社会的に評価・共感していく流れをつくれたからなのかと思っています」

また多くのメディアに掲載してもらうためには、メディアにとってどの話題性を発信することが、一番メリットが大きいかを考える必要があるという。

「オムツのサブスクビジネスという面白さよりも、(保育施設が保護者に使用済の)オムツを持って帰らせているという、ビジネスには直接関係しない社会課題の部分をメディアに取り上げてもらっています。メディアというのには時流が必ずあって、今メディアにとって、どんな話題を発信することにメリットがあるのかという、社会の空気を感じながらメッセージを出していくことがすごく大切だと思っています」

結果として認知度は上がり、営業のアポ率は大きく改善した。特徴的であるのがサービス対象となる全国約4万の保育施設に対して、既に何周かアプローチをしているのに、周を追うごとにアポ率が改善してきていることである。

手ぶら登園の成功理由 〜スケール期：組織の求心力向上

BABY JOBでは連結企業も含めると社員数385名を越え、大きな組織になってきている。第3ステージでも述べたように、一般に組織が大きくなるほどに求心力を保つのが難しくなる。しかし、BABY JOBでは組織が過去最大にいい状態にあるという。

「組織設計の方法は人が増えていく中でいい意味でも悪い意味でも変わってきました。創業当初は一生懸命ハローワークに求人を出して集まってきた中で、一対一で求心力を高めていきました。現在では、同じ方向に向かって一人一人が最大のパフォーマンスを発揮できている状況にあります」

上野さんによると、組織力の源泉には「ビジョンと事業内容が一致していること」と「メディア露出によって社会の評価を実感できていること」が存在している。

ビジョンやミッションの重要性はさまざまな場所で叫ばれているが、事業内容とブレずに一致し続けることは難しい。BABY JOBには、「すべての人が子育てを楽しいと思える社会の実現」というビジョンと事業内容とが一致していることが感じやすい環境がある。自社で保育施設も持ち、保育現場との距離が近い。実際にユーザーの課題をすぐそばで解決できるため、大きなやりがいにつながっているという。

またPRによる副次効果として、各社員が自分たちの業務は社会に評価されていることを実感できるというメリットが存在している。この効果は社内のみに限らず、採用にも効果を発揮している。

「直近での社会の評価、メディア露出という社会が自分たちのやっていることに賛同してくれているということが社内に大きな影響を及ぼしています。実際、採用も媒体掲載時の応募者の量と質が全然変わってきています。大きなビジョンとブレない事業、それと社会の評価が合わさってくれば自然と会社は伸びてくるということを実感しています」

【参考文献】

○DIMENSION NOTE (https://dimension-note.jp/manager/detail/96)

○「【スタートアップ必見】すべて見せます!!! B→dash大型プロモーションの裏側 ～全体設計と成果編～」(https://note.com/bdash/n/n693ee7180c21)

○BABY JOB公式サイト (https://baby-job.co.jp/)

○STARTUP DB (事業説明：https://startup-db.com/companies/zrkOZa3UWzzGMaQ6)

○「The First Principles Method Explained by Elon Musk」(イーロン・マスク氏のインタビュー動画：https://www.youtube.com/watch?v=NV3sBlRgzTI)

実践のためのさらなる学び

プランニング

抽象化し、俯瞰する思考はスタートアップのマーケでも活きる

強力なブランドづくりをしていくためには、単に適切な事業領域を定め、わかりやすく訴求するだけでは不十分だ。スタートアップの経営者には、その領域で勝ち続けていくための本質的な思考力が問われる。この思考力は「現象を抽象的・俯瞰的に捉える力」といえる。この思考力が必要な理由は2つある。

1つ目の理由。マーケティング活動では、気にすべきディテールがたくさんあるため、本質を見失うと間違った細部にコミットしてしまいがちだ。スタートアップでは大企業と異なり業務が細分化されておらず、1人が広い範囲をカバーしていく必要があるし、想定していないような事象が次々に起こる。実際、我々の出資支援先を見ていても、CMO的役割を担うメンバーへの業務負荷が高く、かつ数字の責任も大きいケースが多い。そのようなプレッシャーがかかる環境だからこそ、木

を見て森を見ず、といった状況とならないよう、幹になるものを見失わないようにしたい。常に抽象的に全体感を俯瞰して思考し続けることが、精緻で迅速なマーケティングの実現には欠かせない。

抽象化する力が重要な2つ目の理由は、応用が広がるからだ。たとえば、デジタルマーケティングを「数学」的に理解・分解してみると、

・まずはインプレッション数
・次にサイト流入数、
・続いて購入数

と各ステップを段々とユーザーが進んでいく。各ステップのコンバージョン率を計測し的確に改善していくようなイメージで、マーケターは思考している。このようにロジカルに数学的にアプローチする手法は、経営の他の領域にも応用することができる。

たとえば、採用活動などの分野では、

・まずは採用サイトに来て、

・その中で具体的に興味を持ち、
・面接まで来てくれる方が何人いるか。

デジタルマーケティングと同じようにファネルを設定し分解して考えることで、より具体的な打ち手を考えることができる。このように物事を抽象化して理解していく。そうすることで、一つの体験を他のあらゆる場面でも活かせる知見として蓄積することができる。

1つひとつの失敗から素早く学び、改善に活かせるスタートアップは強い。個人的な感覚や経験も大事だが、客観的&定量数値を指標として持ち、試行錯誤の過程を細かく数字に残して粘り強く改善していく姿勢を持ちたい。

商品ラインアップの拡大は慎重に

スピードという前項の概念とは相反するようだが、商品・サービスのラインアップの拡大には慎重でありたい。ここでは、いい意味で楽をしようとする姿勢が大切だ。安易にラインアップを増やすと、比例して管理&アップデートの難易度はあがっていく。我々がシード期の起業家を支援する際にも創業初期からいくつものプロダクトに戦線を拡大し、リソースを分散しないよう提案している。スタートアップはただでさえ小さい。少ない力をさらに分散させるのではなく、壁を打ち破ることに費やすのが有効的だ。

起業の初期では〝長く〟売れる商品をつくり、その柱を太くすることに集中するのもアリだ。もちろん、商品を一定アップデートしていかないと飽きられてしまう面はある。なので、まずは〝定番〟といわれる商品で売り上げを支えて、新しい商品やサービスを定期的に入れ込んでいくのが王道の戦い方になりそうだ。こちらについては、北の達人の木下さんのケース（Case D）にて具体的に説明しているので、参照してみてほしい。やみくもにリソースを分散させず、1つのサービスや商品で大きく勝ち切ることを目指してみてほしい。

初期は、あえて横を見ないマーケ戦略もアリ

消費者の反応を確認しつつも、一般的な会社であれば競合の動きも気になるだろう。確かに適度に競合の動きを見ることも重要だが、競合企業を意識した戦略を意識しすぎた戦略をとることには懐疑的だ。多くのスタートアップは、市場に既に存在する顕在顧客に対してではなく、まだ商品を

吟味したことがない潜在顧客の興味を引き、買ってもらうことを目指しているからだ。そのセオリーに従うと、競合の動きは顕在顧客の感心を惹くアイデアしか提供してくれない。故に、競合を見ることの意味は相対的に低くなる。これは、多くのスタートアップビジネスに応用できる考え方なのではないだろうか。もちろん、理屈ではわかっても、競合を意識せずにいることはとても難しい。

それでも、新ビジネスを立ち上げ新市場を創出するスタートアップは、潜在ユーザーの掘り起こしに常に向き合っている。競合の動きを意識しすぎることよりも、目の前のユーザーを分析・観察することがいち早く価値提供へとつながりやすい。

経営戦略の大家・伊丹敬之氏はご自身の著書の中で、競合に意識を割きすぎることのデメリットを2点あげている。1つ目は目には目をという力学。競争相手が動くと、いちいちそれに対抗措置を取らねばと必要以上に心配になってしまうこと。わかりやすくいうと、競合相手を出し抜くことができても、それが顧客にとって本当に大切なポイントなのかという点は注意が必要だ。もう1つのデメリットは、ベンチマークの力学。競争相手との比較は重要なのだが、この点にとらわれすぎると、自社の「弱点をつぶす」点に注意が集中し、どこで「凌駕できるか」に目が向きにくくなりがちなので注意が必要だ。結果として小さい差別化に終始してしまい、顧客の圧倒的な支持を得られにくくなる。

競合のことを考えなくていいというわけではなく、まずは顧客の心に寄りそうというスタンスで臨むことが必要だ。自社としてやりたいことの方向が定まったら、そこではじめて競争相手の状況を確認しながら戦略を定めていく、そんな流れで進めてみてはどうだろうか。

実際に、ある出資・支援先の共同創業者&経営者のお二人とともに、同領域ですでに上場し20年の経験をもつ経営者にお時間を頂いて、競合との戦い方についてアドバイスを頂いたことがある。グレーなゾーン含めて激しく攻めてくる競合に対しどう戦うかという質問に対して、

「気にするのはもっと後でいい。最高の商品をつくって届けることに集中すれば、最後には必ず勝てる」

といったアドバイスを頂いた。大きな市場から見たときに、売上数億円〜の事業規模はまだまだ小さい。競合を気にしすぎず、顧客に集中するという戦略も「アリ」ではないだろうか。

評価とアクション

LTV・CPAのバランスとキャッシュに座った経営

LTV（ライフタイムバリュー＝顧客の生涯価値）とCPA（コストパーアクイジション＝顧客の獲得単価）という言葉を聞いたことがあるだろうか。こちらについて詳述した書籍やサイトはたくさんあるため詳細は割愛するが、要は1人の顧客がいくら払ってくれて、その1人の獲得にいくらかかるか、ということを示す指標だ。投資家はこの2つのバランスがとれているかという観点を重視し、事業の経済性を検証することが多い。たとえば、

- 広告投資を行った際にしっかり回収できるか
- 継続的な成長を実現することができるか

をみていくと、自ずと経営の健全性がみえてくる。順調な成長を遂げているように見えても実はCPAが高い水準で推移してしまっており、継続性に疑問符がつくケースがある。

直近は多額の資金調達に成功するケースも増えているが、ユニットエコノミクス（1人の顧客あたりの採算性）があっていない状態でアクセルを踏んでしまうのはとても危険だ。市場の成長は待ってはくれないので、時には採算度外視で攻め込むことも必要、という意見もある。しかし、キャッシュは有限であり、多額の投資には多額の調達が必要になる。そして、多額の調達には株式の希薄化と更なる成長期待がついてくる。非常に難しい点ではあるが、上場後も見越したときにどこまで許容できるのか、バックキャスト（逆算）して考えておくことをおすすめしたい。

なんらかの外部要因で経営が崩れてしまった場合に備え、半年、できれば1年分のキャッシュを確保した上で、忍耐強く事業の経済性の方程式をしっかり見極めることを強くお勧めしたい。起業家にとって事業の推進が最優先で、資金の調達に関心を奪われてしまうと本末転倒だ（投資家とのコミュニケーションには、物理的にも、精神的にも一定の負荷がかかる）。また、皆さんがスタートアップへの参画を検討する立場にいるなら、みかけのPRの派手さにとらわれるのではなく、継続的な成長を実現できるか、本項で紹介したKPI（その一例がLTV、CPA、ユニットエコノミクス）を見極めることを強く推奨したい。対外的に〝すごそう〟にみえて、実はまだ筋力が追いついていないというケースもあるので、留意が必要だ。

自社のブランド価値を測定する物差しをもつ

ユーザーニーズに向き合いながら高速に戦略を回していても、適切な尺度がなければ、効果を測定することができない。効果を測定することができなければブランド価値を測定することができない。PDCAのCの部分はおろそかにされがちだが、この部分が精緻に実現できるかに企業の筋力があらわれる。あるEC系の事業を運営する出資支援先は「自分たちが思う適正価格を、お客様に認めていただける状態」かどうかを判別するためにセカンダリーマーケットでの価格を日々チェックしている例もある。ブランド価値が築けていれば、2次流通の価格も崩れないというロジックだ。

たとえばエルメスのバッグは2次市場で一般販売価格よりも高値で取引されている。これは需要に対して供給が満たされない範囲内で、彼らが商品を製造しているという可能性を示唆している。きっと裏側では、数理モデルでロジカルに生産数が算出されているのではないだろうか。スタートアップでそこまで明確な数理モデルが確立されているケースは多くはないだろう。しかし、たとえばセカンダリーマーケットでの価格をひとつの指標とすることで、需要と供給がバランスされているかを確認できたりもする。

数年前、我々の出資・支援先でも同社の製品が中古市場で定価の3倍の値段で取引される事態が起きた。当時はテレビCMを放映していた時期で、コロナ渦によるEC伸長も重なり、同社の製品は品切れを起こしていた。生産がしばらく間に合わない間に、フリマアプリでは高値で販売されていたのだ。同社のブランド価値が構築され、市場で評価され始めていることを確認できた瞬間だった。

アフターデジタルの時代は、データ活用も強い優位性に

〝アフターデジタル〟という言葉を聞いたことがあるだろうか。アフターデジタルの世界ではビフォアデジタルの世界とはがらりと風景が変わり、社会のインフラやビジネスの基盤のデジタル化が加速される。更に、常時デジタル環境に接続していることで、あらゆる行動データが蓄積される。企業とユーザーとの接点が急激に拡大&多様化し、リアル世界はデジタル世界に包含されたツールの一つとなっている。この変化をスタートアップはどう活かすべきだろうか。

まず、ユーザーの行動データを把握することで、あらゆるユーザーが望むタイミングを認識・予測が可能になる。つまり、最適なコンテンツ・商品を把握でき、その性格や特性に適したコミュニケーション方法で提供できるようになる。継続的にデータを獲得&学習できると、製品案やサービ

スの向上、効率化が可能になる。ステップ別に示すと、図4・1のようになる。

我々の出資先でもあるバイオフィリアは、ペット向けの手作りフードのD2C事業で、同領域のナンバーワンのポジションを取得しつつある。その背景には、顧客の定量・定性のデータ回収とプロダクトへの反映を粘り強く行う組織体制がある。実際、今の売れ筋商品は3か月間テスト版を公開し、顧客のフィードバックを取り込みながら現在の形に進化させたものだ。データのとり方を工夫することで、自分たちだけでサービスや商品をつくるのではなく、顧客とともにつくることも可能な時代になっている。

また、筆者が担当するビジネス・アナリティク

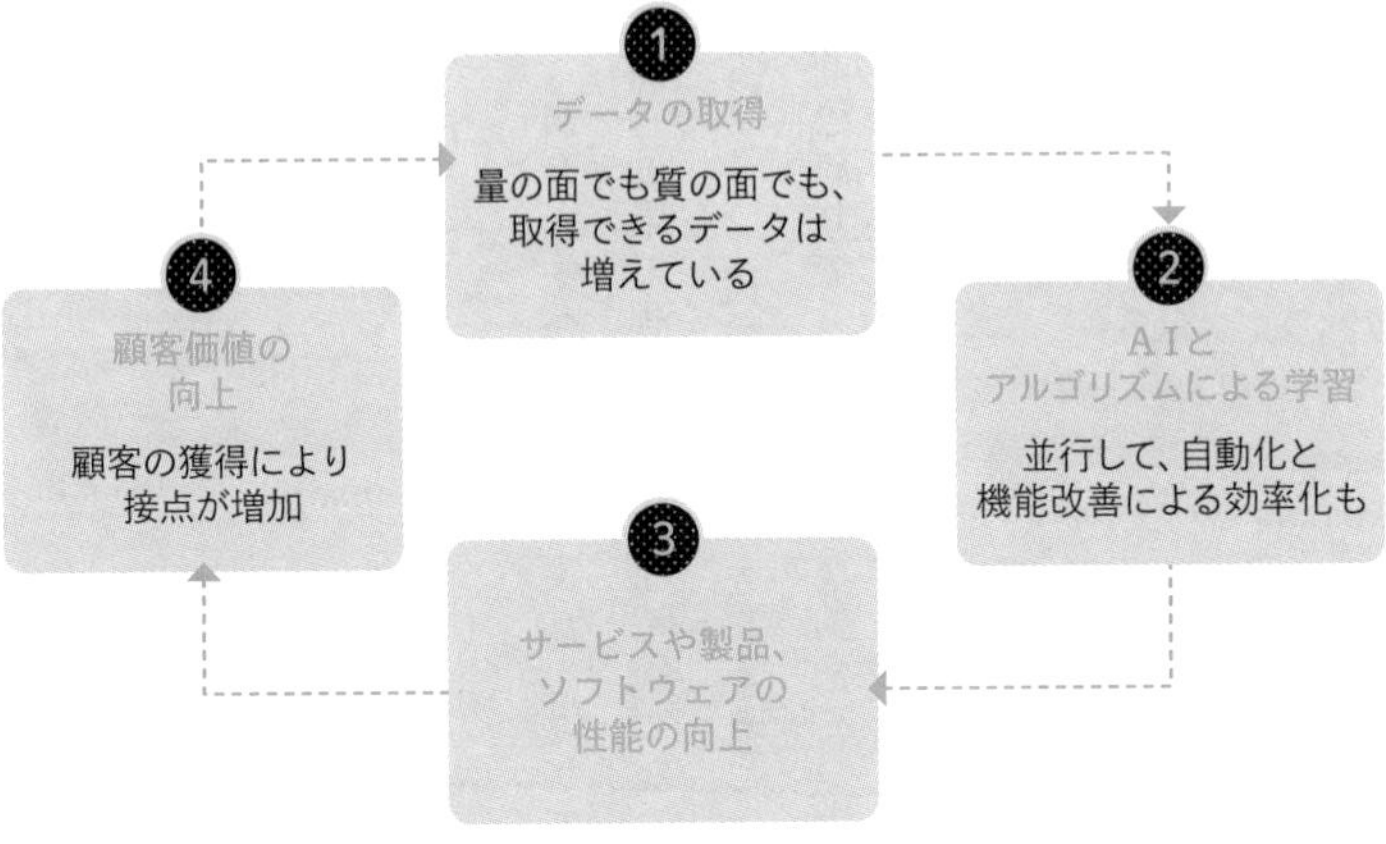

図 4-1　正の循環を回し始めると、競合が追いつけなくなる要因となりうる

ス（ビジネス上の実践的な分析例や手法を学ぶ）のクラスでは、データを

- ・どの対象から
- ・どういう方法で
- ・どのタイミングで

取得すれば自身が携わるサービスを進化させられるのか、ＭＢＡ生への検討と実践を促している。リアルタイムの情報収集で、より粒度の細かい状況把握、効果の測定が可能な時代になっている。大企業の中にはこうした領域への対応があまり得意ではなく、後手にまわってしまうこともある。リアルタイムを意識してアクションを打つことが、前のめりで〝リーン〟な動きにつながり、それを組織全体に浸透させることができれば、大企業を含む他の競合との差別化要因になっていく。

コミュニティとファンづくり

コミュニティは、子育てと同じアプローチでのぞむ

顧客に集中するという文脈で、コミュニティづくりについても触れておきたい。ビジネスの多くの領域で「コミュニティづくり」がキーワードになっている。

たとえば、中国企業のシャオミ（スマートフォン製造の大手、直近の年商は1・6兆円）は、世界有数のユーザーコミュニティをつくり上げることで大きな成長を遂げた。利用者を自社のモノづくりの開発に巻き込み、彼らの意見をうまく取り込むことで、市場で求められる製品・サービスに進化を続けている。また、参加した利用者には製品への愛情がうまれており、彼らがアンバサダーとなってくれてSNSで拡散してくれるケースもあり、広告宣伝費の抑制につながるという副次的な効果もある。

それでは、コミュニティサービスを成功させるポイントとはどんなものだろうか？

我々のメディアに登壇してくれた起業家の1人は、コミュニティづくりは子育てのようなものと表現した。「三つ子の魂百まで」と言われるが、コミュニティも初期のキャラクターづけが極めて重要になる。どんなコミュニティも最初は一人から始まる。そういうとき、どうしても人数が欲しくて自分の友達や知っている人を入れたくなったりするものだ。しかし、それでは内輪のコミュニティになってしまう。

あえて友人や知人を多くは入れないのも、1つのアプローチだ。そして、コミュニティが目指している世界観をサービス内の掲示板などに丁寧に記載し、コミュニティの運営方針と違うような書き込みがあったときには事細かに管理者がコメントを出す。逆に、「これこそ、このコミュニティでやりたいことだ！」というようなポジティブな書き込みには、運営自ら積極的に参加するというのも1つのやり方だ。

このコミュニティ初期のキャラクターづけがまさに「子育て」たる所以で、決して一足飛びにできるものではない。日々の地道な関与で方向づけていくしかない。スタートアップはスピードと書いたことと相反するが、コミュニティづくりは長期的な目線が必要だ。

一方で、ある程度コミュニティが大きくなってくると、今度は関与しすぎることでプラットフォームとしての自由度が損なわれてしまう。これも「子育て」に似ているかもしれない。そのため、いまも関与度合いの強弱をしっかり見極めるようにしていくのが有効だ。

「お客様の『ために』から『共に』へ」

ここまで科学的なアプローチを見てきたが、顧客をファンにして共感を呼び込むことも同じように重要になってきている。

たとえばアクセサリーブランドのマザーハウスには、「途上国から世界に通用するブランドをつくる」という理念がある。これは社員だけでなく〝お客様と共に〟達成していくものと定義している。具体的なアクションとして、〝お客様と共に〟商品企画をする場をつくったり、途上国の工場で〝共に〟ものづくりをする機会をもったりしている。社会にとって本当に必要なビジョン・ミッションであれば、必ず共感して行動してくれる人がいるはずだ。会社から一方的にメッセージを発信するだけでなく、〝共に〟ブランドをつくり上げていくことを大切にする姿勢も忘れないようにしたい。

自分だけの一次情報に向き合い続け、マーケ施策に活かした実例

顧客と共にブランドをつくる際、本質を見極める際に役立つのが、ウェットな一次情報と向き合い続けることではないかと思う。ウェットな一次情報とは、ユーザーインタビューや取引先との会話など、事業関係者から自ら収集した情報を指す。これらの一次情報が、自社ビジネスの真の声であり、常に意思決定時の拠り所となる。外部者からアドバイスを受ける際は、これらの一次情報と彼らのアドバイスが整合するか確認しながら取り込んでいくことだ。

実際に事業を経営している当事者の方が、外部のアドバイザーよりもアクセスできるインサイトの量や質が圧倒的に多い。また、事業について思考している時間の絶対量にも大きな差がある。あくまで別ビジネス、業界、プレイヤーとしての、視点提供者としてアドバイザーを自分の中で位置づけることが、アドバイスを受ける際のポイントだ。自分よりも事例を多く見ているからといって、自分よりも当該事業について詳しいとは限らない。

一次情報の取得は、事業内容にとどまらず、細かいマーケティングの施策にも活かすことができる。産直ECを運営する、ビビッドガーデンの秋元さんが、我々のメディアで語ってくださった事例を紹介しよう。同社は、自分たちが得られた一次情報の中から「ご近所出品」という施策を生み出している。「ご近所出品」は生産者の出品数を促進する取り組みで、オンライン出品に慣れていない高齢の生産者の方を、ネットリテラシーの高い生産者がアシストする仕組みだ。地域ごとにこうしたグループを組成し、今まで出品できていなかった層が、産地直送サイトの「食べチョク」のプラットフォームに参画できるようにする。この施策の誕生のきっかけは、地域ごとに共同配送・出品することに興味がある地域リーダー的存在がいると、ユーザーヒアリングの過程で偶然学んだことだった。幾度となく生産者からウェットな一次情報を収集し続けた結果、見つけることができた気づきだといえそうだ。

一次情報の情報源は、直接的な会話やインタビューに留まらない。昨今だとTwiiterやｎｏｔｅ、ＬＩＮＥのオープンチャットやＳＮＳのコメント蘭など、業界の生の声を収集する手段は多様化している。秋元氏のTwitterのフィードは、生産者の声で溢れているという。「生産者ファースト」を掲げ、真摯に生産者の声に耳を傾け続けた結果、「食べチョク」は「生産者認知度」で一位のサービスにまで成長し、今では８２００軒以上の生産者が登録している。豊富な生産者のラインナップにより、食べチョク経由での購入者も増加。産直ECの中で「お客様認知度」、「お客さま利用率」、「お客様利用意向」、「Webアクセス数」「SNSフォロワー数」で3年連続一位を獲得した。優先すべき一次情報に向き合い続けた結果、食べチョクはこうした結果を出すことができた。自分だけの一次情報を集め、事業の理解度を高めていくことで、ユーザーに寄り添うプロダクトやサービスをつくりやすくなる事例ではないだろうか。

読者の皆さんの取り組む事業でも、一次情報の活用を意識してみよう。

株式会社ビビッドガーデンの代表取締役社長、秋元里奈さん

【参考文献】

○蜂谷翔音、松本まさ・著『今こそ学びたい日本のこと　』（学研プラス、２０２２）

○蛯谷敏・著『突き抜けるまで問い続けろ 巨大スタートアップ「ビジョナル」挫折と奮闘、成長の軌跡』（ダイヤモンド社、２０２１）

○伊丹敬之・著『なぜ戦略の落とし穴にはまるのか』（日経ＢＰ 日本経済新聞出版、２０２２）

○藤井保文、尾原和啓・著『アフターデジタル　オンラインのない時代に生き残る』（日経ＢＰ、２０１９）

○DIMENSION NOTE

マザーハウス (https://dimension-note.jp/manager/detail/65)

ビビッドガーデン (https://dimension-note.jp/manager/detail/89)

Stage:**5**

起業の原体験とビジョン

ミッション／ビジョン／バリューが会社の体幹をつくる

なぜ、あなたは起業するのか？　という問いに一言で答えられるだろうか。創業初期からビジョンが必要かは経営者ごとに考えは異なるところはあるが、言語化できているほうが強い組織といえる。ビジョンを問われた際に明確に伝えられなければ、採用や資金調達もままならない。自身の原体験を整理し実現したい世界を言語化すること、ひいては会社のビジョンづくりのヒントを本ステージでは提供したい。

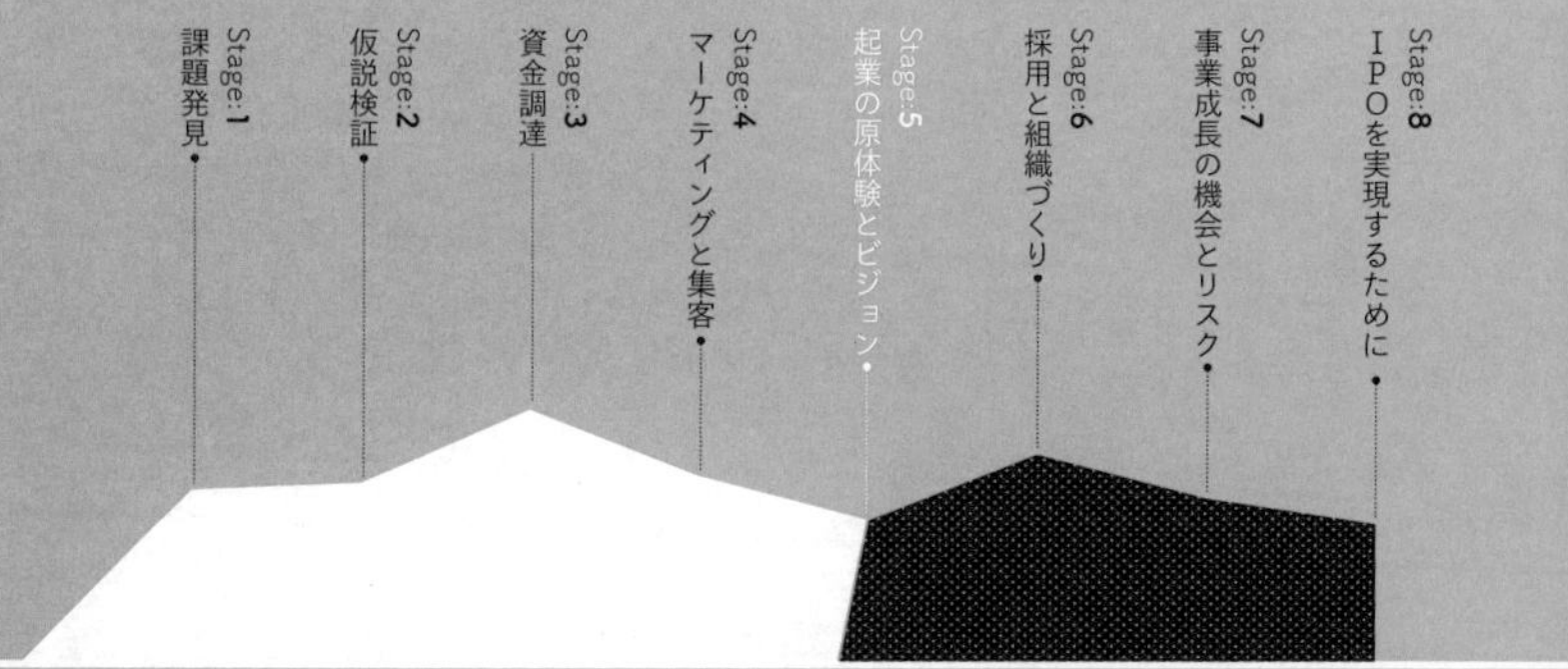

Stage:5

起業の原体験とビジョン
～ミッション／ビジョン／バリューが会社の体幹をつくる～

本ステージで登場する起業家

Case:H

五常・アンド・カンパニー株式会社

慎 泰俊さん Taejun Shin

1981年生まれ 朝鮮大学校法律学科および早稲田大学大学院ファイナンス研究科卒。モルガン・スタンレー・キャピタル、ユニゾン・キャピタルで投資実務に従事。金融機関で働く傍ら、2007年に認定NPO法人Living in Peaceを設立し、平日の夜と週末をNPO活動に費やす。2009年に日本初となるマイクロファイナンス投資ファンドを企画後、2014年に五常・アンド・カンパニー株式会社を創業。途上国の低所得者層向けの金融サービスを提供している。

Stage:5

「起業の原体験とビジョン」のキーポイント

●ビジョンの強さが足腰の強い組織・会社をつくる
●ビジョンを煮詰め確信を持つコツは、〝具体化〟
●トップである経営者自らが伝え続ける言葉が強烈に組織に伝播する
●判断に迷ったときは、ミッション／ビジョンに立ち返って意思決定を行う

本ステージの前段では、なぜ起業・創業にあたって、ビジョンを言語化することが重要なのか、多くの起業家へのインタビューをもとにその役割と位置づけを見ていこう。起業家がどのようにして自身の目指す世界を言語化していったのか、大まかな考え方と実際のケーススタディを交えてお伝えしたい。

後段では、創業チームからその後の新規参画メンバーにどう自身のビジョンを伝え、自分事として捉えてもらうのか、これまで多くの起業家が試行錯誤してきた中で導かれた共通の考えについても触れている。最初からうまくやるのは難しいが、是非参考にしてみてほしい。

なぜビジョンが重要なのか

ビジョンの策定方法について解説する本・記事自体はあるが、そもそもなぜビジョンが必要なのか、実際の創業プロセスの中でどのような役割を担うのか、といった点については案外触れられていないことがある。多くの起業家にインタビューする中で、ビジョンの強度が組織の強さや事業の実現性を決める、という側面があることに気づく。

そもそもスタートアップの事業仮説は証明までの道のりが平坦ではない。さまざまな困難が待ち受ける中で、「なぜこの事業をやるのか」の意志がないと心が折れてしまう。逆に事業を推進する理由を突き詰めると、どんな世界を実現したいのか、どんなビジョンを持っているのか、という話になってくる。これがビジョンの強度がその後の実現性を左右すると述べた理由だ。

とはいえ起業にあたって、いきなりビジョン＝「実現したい世界」を固めているほうが稀であり、最初はどの創業者もふんわりしているケースが多い。最初の思考のとっかかりとしては、起業の原

体験を言語化することがヒントになることが多いようだ。ひとくちに起業といっても、

---

①事業そのものを創業することへのこだわり

もあれば、

②とある課題が解決されていない点に当事者意識を持つ

などといったパターンもあるだろう。自身がどちら側か、自己分析してみるといい。

①事業を創造したいタイプ：何が原動力なのか深掘りしてみよう

事業そのものを創業したいタイプであれば、何が自身の原動力になっているのかについて自己分析してみるのもお勧めだ。先輩経営者には幼少期の極貧生活を乗り越え経済的自由を得たいと願った人もいれば、家族の周りに経営者がいて自分もいつかは起業するのだと思っていた人もいる。特別な体験や経験がなくても、そもそも起業以前にこれまでの自分が本気で取り組めた出来事についてどんな共通点があったかを深掘りするのもいいだろう。投資家として連日数多くの起業家と接している中で、新しい物事を生み出すのが好き、商売が好き、人と価値創造するのが好き、などはい

ずれも起業家として向いている資質ではないか、と個人的には感じる。

②とある課題を解決したいタイプ：当事者意識の源泉を探ってみよう

とある課題の解決のためには何時間思考しても疲れない、気づけばいろんな人に話を聞きにいっているなどといった行動に思いあたる節があれば、間違いなくあなたはその課題・テーマに対して当事者意識を持っている。これまでのステージでも触れたが、普通なら他人が気づかない課題・テーマに着眼しすでに解決したいと思っているなら、あなたなりの着想・洞察があるのであり、誰も気づいていない真実に気づいている可能性がある。その際にはふと立ち止まって、

- なぜその課題に気づいたのか
- なぜその課題を解決したいと思っているのか
- 解決したいと思う原動力は何か

の順でぜひ内省を深めてもらえればと思う。他にも課題は複数ある中で、なぜこの課題には熱心に取り組みたいと思うのかが、あなた自身の原動力のありかを暗に示しているからだ。この原動力

について、どんな時に発揮するのか、何が引き金なのか、どうすれば持続するのかを理解できていることは事業継続について大きな意味を持つ。課題を発見したからといって解決するには相当の労力と時間がかかるものであり、原動力が一過性でないことは重要だからだ。

つまるところ、原体験とビジョンがなぜ大事かといえば、事業創造から事業成長まで走りきるために不可欠な要素だからである。ここで補足しておくと、自身の〝原動力〟を言語化することは事業継続に大きな意味を持つが、必ずしも起業にあたっての〝特異な原体験〟が不可欠なわけではない。これまで多くの起業家にインタビューする中で、原体験が明確にあったわけではないが、経営者として活動する中で自身のエネルギーの源、原動力を理解するようになったと話す方もいる。重要なのは、一過性ではない継続した情熱がどこから来るかを把握していることなのだ。

Case:H（インタビュー記事初出＝2019年11月）

事業推進におけるビジョンの役割

五常・アンド・カンパニー株式会社 代表取締役 慎 泰俊さん

慎さんがたどったビジョンと組織浸透にあたってのプロセス

1. 自身としての原体験を振り返り、歴史や哲学に触れて言語化の一助にする
2. あるべき理想、ゴールを具体化させる
3. 行動規範としてDo/Don'tを定義し、トップが繰り返し伝え続ける
4. 創業者自身がビジョンを体現する第一人者として、実践し続ける

五常・アンド・カンパニーのビジネスモデル

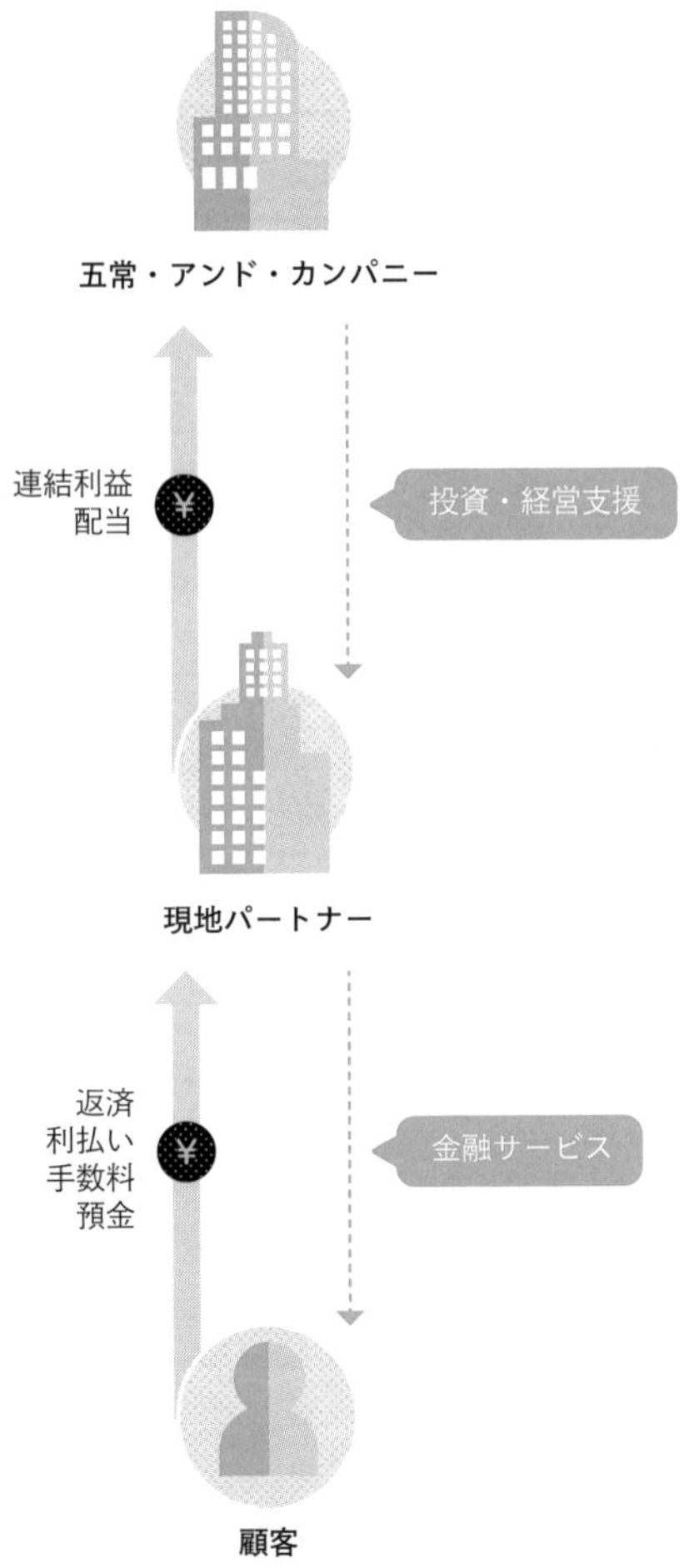

「民間版の世界銀行」を目指す五常・アンド・カンパニー株式会社。２０１４年７月創業から急成長を遂げ、低価格で良質な金融サービスを２０３０年までに50か国１億人以上に届けることを目指す。２０２２年５月末時点でインド・カンボジア・スリランカ・ミャンマー・タジキスタンに８千名を超えるグループ従業員を擁し、融資顧客数は１２０万人、融資残高は８００億円を突破。そんな驚異的な企業をつくり上げた創業者の慎さんはどうビジョンを組織に浸透させたのか、インタビューで振り返ってみよう。

起業家の条件

起業家としての重要な素養を慎さんにお伺いした際、真っ先に出てきたのは「ビジョン・志」であった。その背景をこう語る。

「私は世界最大の起業家支援コミュニティ『エンデバー』の日本のボードメンバーをさせていただいているので、さまざまな国で選考会に参加する機会があるのですが、ある著名なアメリカのベンチャーキャピタリストがテック系スタートアップの起業家を評価する際に『この人は本物の起業家じゃない』と言ったことがありました。

「私が『なぜそう思うのですか？』と聞いたところ、『彼はテクノロジーには強く、将来の見通しがついてはいるが、現実を見据えてそれと妥協したり戦ったりしながら物事を前に進めようとしていく姿勢が見えない』と話していたのです。

「私もそのとおりだと思っていて、仕事を通じて社会のあり方をちょっとでも変える、人類の歴史を一歩でも前に進めるというのが起業家の仕事だと考えています。『志・ビジョン』を描き、その実現のために地道に現実と折り合いをつけていくこと、そのために自分より優れた仲間を連れてこられることが起業家たる条件だと思っています」

この言葉からわかるとおり、「ビジョン・志」を描けるかどうかが起業家としての第一関門といっても過言ではないだろう。

そんな慎さんのビジョンは、「誰もが自らの宿命を乗り越え、よりよい人生を勝ち取る機会をもつ世界をつくる」こと。言い換えるなら「機会の平等」であり、生まれたときの初期条件が何であっても、誰でも何にでもなれる自由があると、世界のすべての人が思える世界をつくりたいのだという。

「今思えば恵まれていた幼少期だったのですが、幼い頃はよく『なんで自分だけ』と思うことが多かったんです。『なんでうちにはスーパーファミコンがないんだ』という小さなことから、『なんで先輩が自分のことだけ殴るのか』『なんで自分にはパスポートがないのか』といったことまで、自分の境遇に疑問を持っていました。

「20代の前半頃までは、自分が生まれたときに配られたカードを恨んでいたのですが、マイクロファイナンスや社会的養育の現場で時間を過ごすうちに、大変幸運なことに、実は自分には機会の平等に必要なものがほとんど揃っていたのだと気がついたんです。『自分が生まれたときに悪さをしていないのだから、自分じゃなくて世の中が変わるべきだ』と。自分のバックグラウンドや立場に負い目を感じているさまざまなマイノリティの方々は、陽の目を見ない場所で生きていこうとすることが多いように思います。でも、それはとても悲しいことだと思っています。持って生まれた初期条件がなんであれ、誰もがやりたいことをやれる世界にしたいと思いました」

自己肯定感が組織をつくる

慎さんは、自分は「自己肯定感」を培う機会に恵まれたという。

「『自己肯定感』は主に2つの要素で構成されるものだと思っていて、1つ目は『誰かからの愛情』です。ただし、血がつながっている人からの愛情かどうかはあまり関係がありません。自分が死んだときに『この人は絶対に号泣する』と確信できる人が1人でもいれば、それだけでいいんです。これは産みの親と離れて暮らしている子どもたちを10年以上見てきた経験からも確信していることです。2つ目が『成功体験』です。何かうまくできた経験、誰かに必要とされた経験があれば、自分が生きている理由を肯定できるようになります」

誰かに大切にされて、何かうまくできた経験があれば「自分自身がこの世の中にいてもいいんだ」と自己肯定感が持てるし、逆境も乗り越えていこうという意欲がわくという。また、この自己肯定感を持つことがいい組織づくりにも寄与するという。

「自己肯定感が高い人は素直に自分の無力さを認められる傾向があるように思います。どういうことかというと、自己肯定感が高い人は自分が無力だと悟っても『自分は生きていていい』と思える。自己肯定感というのは、自分が無能であっても自分の存在価値は薄れないと確信できることだからです。逆に、自己肯定感が低い人は優秀な人たちに囲まれると自分の存在価値が無くなってしまうのではと不安になってしまうのです。それでは優秀な人が集まる組織はつくれません。自分の無力さを素直に認めることが、自分より優秀な人を仲間にする秘訣だと思っています」

自己肯定感があってこそ、自分の不足や無力さを素直に受け入れても不安を覚えることがない。そこがあって初めて、優秀な仲間を得られるというのだ。

ビジョンの描き方と実現方法

そんな慎さんが、組織を動かすための、大きなビジョンを描けるようなった背景には学生時代の読書が関係しているという。

「私が大きなビジョンを描けるようになった背景を考えてみると、学生の頃から古典や哲学、社会思想などの本を数多く読んだ経験を通じて、世界史レベルの『スケール』の大きさに慣れていたからだと思います。仏教やキリスト教などは人類が考えうる最も大きなビジョンを掲げていますよね。ブッダやキリストやムハンマドが成し遂げたことからすれば、私たちの目標なんて小さなものだと思います」

ビジョンはその大きさに加え、実現できるという起業家自身の確信が非常に重要だとも慎さんはいう。起業家自身が実現できると本気で信じているか、周りからも見られている。故に、自身が納得・信じ切れるまで自身のゴール像を想像し、解像度を上げる必要がある。

このとき、大きなゴールと足元の動きをどのように連動させればいいのだろうか。

「私は数値であれ、なんであれ具体的な目標を持つことは大切だと思っています。数字があるからこそ、人は真面目にその実現方法を考えます。私は起業前に１６４８キロ走って本州を縦断しました。もし目標を立てなかったら、家の周りを10キロくらい走ってそれで満足していたと思います。それでも十分な距離です。一見するとできるかどうか分からない目標を立て、その実現に向けて一生懸命に考えるからこそ、それは実現可能になるのです」

行動に数値目標をつけることで初めて、人は真面目に実現方法を考えるというのだ。実際、慎さんが創業初期につくった事業計画書はかなり精度が高いものだったという。

「創業初期につくった事業計画書は、今読み直してもかなり精度が高いなと思います。少なくとも過去5年間は予定通りでした。こういった『ロバストな思考』というのは、時間をかけてつくられると思っています。たとえばニュートンの『プリンキピア』(全3巻。1687年刊。力学の一般法則を定式化したもので、ニュートン力学の体系を確立し近代科学の基礎となった)は、彼が10か月ほど引きこもって書いたものだといわれています。あれだけの天才ですら、それだけ時間をかけないと大きな思想はつくれない。私の場合は考えるスピードが早い方ではないので、『ロバストな思考』を組み立てたいときはゆっくり時間をとって考えます。最初の事業計画をつくったときも、2~3か月引きこもってつくりました」

ゴール像と現時点の距離を正確に把握しながら、どう埋めるのか、そもそものアプローチが正しいのか、他にどんな道筋があるのか、立体的に把握できるまで考え続けることで思考が磨かれるのだという。この時間も、そう簡単に取れるわけではないので、移動中の機内で考え続けることもあるという。

そんな慎さんだが、社内へのミッション、ビジョンをどう伝播させているのか。ちなみに五常・アンド・カンパニーの経営理念は左記のとおりだ。

経営理念：真善美と首尾一貫

1
真：正しく思考し行動する
1-1 課題設定→目的と前提条件定義→思考枠組み構築→情報収集→論理思考の繰り返し→実行
1-2 Guiding Principlesと事実と論理に依拠し、エゴやバイアスや個人的感情を御する
1-3 皆が恐れずに反論できるようにし、意思決定過程を透明にし、本物になる

2
善：顧客、友人、家族に顔向けできない仕事はしない
2-1 顧客によりよく奉仕し、かつ長期利益を最大化する最適解を探し続ける
2-2 皆が異なる役割を担いつつも、一つのゴールに向かって一つの精神で働く
2-3 一生懸命働きながらも、仕事を楽しみ、個人の生活や家族を犠牲にしない

3
美：最高品質・最高効率・シンプルさを追求しつづける
3-1 世界最高水準のプロセスと成果物をつくることに妥協しない
3-2 先延ばしにしない。最も効率的な解決策を考え続ける
3-3 サービスとプロセスはシンプルにする。より少ないインク、文字、時間でより多くを実現する

4
首尾一貫：信じること、話すこと、為すことを一致させる
4-1 人情やその場しのぎのためにGuiding Principlesを曲げない
4-2 全関係者にいつもGuiding Principlesを語り、熱烈な支持者を増やしつづける
4-3 信頼と評判は首尾一貫した行動で築くーメディア掲載や受賞、団体所属は副産物でしかない

行動規範を明確に言語化し、Do/Don't（組織として奨励すること、禁止すること）を伝えることで、数千人規模の組織へ思想を浸透させている。この行動規範の思想について、慎さんはこう語る。

「『真』『善』に関しては、論理や原理原則に基づいて『正しいこと』をすること。友達や同僚、家族に顔向けできないような仕事はしないということです。『美』は最高品質・最高速度・シンプルさを追求しつづけることです。

『首尾一貫』については、信じていること・言っていること・やっていることを同じにすること。いつ死ぬかわからない人生において、自分が正しいと思っていることに向かって仕事ができることほど幸せなことはありません。

「この大切にしていることを、経営者の私自身が一番の体現者となるよう日々仕事していますし、それが組織全体の姿勢に反映されていくと思っています。現在の自分が完璧だとは思っていませんが、毎日自分を振り返り、少しずつ理想に近づけていきたいと思っています」

経営者自身が一番の体現者になる、というスタンスこそが組織全体へビジョンを浸透させる上で大事なポイントだろう。トップが繰り返し伝えることで、組織の憲法として浸透していく。そういう意味で、トップ自身がビジョンを信じ切れていることが大事なのではないだろうか。

【参考文献】
○慎泰俊・著『ソーシャルファイナンス革命――世界を変えるお金の集め方』（技術評論社、２０１２）
○慎泰俊・著『ランニング思考――本州縦断マラソン1648kmを走って学んだこと』（晶文社、２０２０）
○DIMENSION NOTE https://dimension-note.jp/manager/detail/66

経営視点でのビジョンの意味と役割

ビジョンは自身の人生の内省から生まれる

ミッション／ビジョンの策定、組織への浸透に悩む起業家は少なくないだろう。きわめて抽象的な上、すぐにつくる必要性や緊急性もないようにみえる。だが、多くの先輩起業家はビジョンの大切さを口をそろえて訴える。この背景について、先の事例も参考にしながら考察してみたい。

創業者がビジョンを言語化するのは、意志を言語化し心が折れないようにするためと前述したが、ここでは経営・組織の視点でビジョンがどんな意味を果すのかを見てみよう。

・社内：共通のものさしを設けることで、社内のコミュニケーションコストを減らす（＝団結しやすくなる）
・社外：自社に合いそうな人を言語化し、採用ハードルを下げる（＝仲間づくりが進めやすくなる）

一方、前述のとおりビジョンはそうやすやすとつくり上げられるものではない。長い時間をかけて自身の内省を深めながら、少しずつ形にしていくものである。そういう意味では、「創業初期からビジョンを言語化するのは骨が折れるのでは」と思われる方もいるだろう。我々としてもいきなりビジョンを言語化せよ、というのはかなり難易度が高い肌感がある。

ではどうするか、ここで重要になってくるのが起業を志すに至った当初の原体験なのである。この原体験というのは何か特異な、珍しい体験というわけではない。言葉にすると他の人も同じように体験したことのある出来事について、自身の人生における意思決定に大きく影響を与えたのなら、それは立派な原体験といえるだろう。

トップである経営者自らが伝え続ける言葉が組織に伝播する

ここからは実際に、ビジョンを組織に広げるために、よりよい言語化や伝播のあり方について触れていく。

組織、メンバーの状況を理解しながら意見を引き出す

まず、ミッション／ビジョンについて社内外の多くの人に共感してもらうために、左記の3つの観点で組織構成を考慮してみると、ビジョン策定／伝播時のファシリテーションが円滑になるだろう。

①会社の規模
②勤続年数の分布
③事業の変遷有無

なぜこのあたりが考慮すべき点になるのかについてそれぞれ具体的に見ていこう。

まず①会社の規模については、そもそも人数が多い組織ほどビジョン浸透の難易度は上がる。熱量も人によってまちまちである。役職の上下で経営陣から直接伝えられる人／中間管理職を介して伝わる人がおり、その熱量はやはり異なるケースが多い。部署によってもミッション／ビジョンの中で担う役割が異なる部分もあり、最重視する行動基準は異なる場合がある。これらを踏まえると、部署ごとにブレスト、取りまとめといった議論デザインが必要になるだろう。

さらにいえば、②勤続年数の分布も伝播に差が出る部分である。たとえば創業メンバーと資金調達後に参画したメンバーでは、一緒に共有した時間の長さが異なる。ビジョンやミッションが「これは我々をまさに表している」と判断する共有体験が異なるのだから、この勤続年数の違いが伝播に差が出るのはある意味当然ともいえる。この差を埋めるためにも直近参画したメンバーに積極的にビジョン策定の議論に参加してもらおう。「入社した当時はどんな雰囲気、カルチャーの組織に見えたか?」を語ってもらうのはヒントになる。逆にいえば改善したい文化は何か、ここで拾えるといい。どうしても創業時メンバーの見方や声に引っ張られがちだが、新規メンバーをどう惹きつけるかという観点でも直近参画メンバーの声は傾聴しておきたい

ちなみに忘れがちな観点として、③事業の変遷有無がある。複数の事業を抱えている場合、創業

時からの主力事業を踏まえたミッション／ビジョンをそのまま掲げていることで、新規事業の位置づけが語りにくくなっているケースもある。筆者は、既存事業と新規事業が同じビジョン／ミッションで語れるほうが望ましいと考える。

そう考える背景の1つに、既存事業と新規事業の力学がある。新規事業というのは売上がたち始めたばかりであるケースが多く、既存事業のメンバーからすれば自身の売上／利益が先行投資として新規事業に投下されているという見方になる。必然的に新規事業が黒字化するまでは時間がかかるし、黒字化までは既存事業の利益から得られるキャッシュで食いつなぐことになるので、既存事業のメンバーからすれば面白くないともいえる。ただ、新規事業が既存事業を強化することにつながることもあるだろう。また、既存事業と新規事業が対象業界こそが違うものの、事業の思想や顧客の課題をどう解決したいのかといった会社全体のミッション／ビジョンに基づくといった共通点があれば、兄弟事業として応援されやすくなる。これが、既存事業と新規事業がミッション／ビジョンを共有していることが望ましいとお伝えした理由である。

具体的なミッションから策定する

さまざまなミッション／ビジョンの策定事例を拝見していると、いい事例は以下の流れで策定している印象がある。

(i)業務とのつながりが見えやすいミッションについて、社会の中で何を担う会社なのか議論する
(ii)ミッション実現に向けて、自分たちが意識したい価値観、行動基準を議論する（＝バリュー）
(iii)ミッションを実現した先に、どんな世界、ゴールがあるのかブレストする（＝ビジョン）

※（ii）と（iii）どちらが順番として先かは創業者、経営陣、メンバーによって個社ごとに異なる

創業者自身として言語化されつつある要素から考えていけばいいが、もしいずれもこれから考える場合は具体性の高いミッションから議論することを提案したい。ビジョンは抽象度が高い話になりがちなので空中戦になりやすいが、普段の業務から紐づいて考えられる、ミッションから話し合って延長線上に何があるのか、といった観点で絞っていくほうがメンバーの勤続年数、部署によらず

議論しやすいだろう。

（ｉ）のミッションについて意識したいのは、前述のとおり、③事業の変遷有無だ。既存事業と新規事業のメンバー間で「何を担う会社なのか、社会からどんな役割を任される会社になりたいのか」の解釈に当然だが、開きがある可能性がある。ファシリテーターはなるべく、既存事業と新規事業の両方の円が重なる領域をミッションとして抽出してみてほしい。

（ⅱ）のバリューについて意識したいのは、②メンバーの勤続年数分布だ。創業時のメンバーからすれば、「当たり前」と思っている行動基準も、直近参画メンバーからすると（よくも悪くも）距離が遠い内容があるかもしれない。あるいは、創業メンバーの当たり前が、ある種世の中から逆行している可能性もある。世の中に悪い意味で逆行するバリューではいい採用施策は打ちにくい。自社として何は変えず、何は世の中に合わせていくのか、まさにバリューの部分を議論してみることを提案したい。またファシリテーターは直近参画メンバーから見た、会社の雰囲気なども引き出すと新しい意見を得られる機会になるだろう。

筆者としては、（ⅱ）バリューこそが業界特性を表しやすいと感じており、スピード×大雑把もしくは慎重×精密といった価値観、行動基準は所属業界の特性に依存する。故に、新旧メンバーがフラットに、「このミッションを達成するには、何を大事にし、何を大事にしないのか」普段から議論することが鍵になるはずだ。

また組織人数が多い場合、

・ボトムアップ：各部署でブレスト、取りまとめ　⇓全体会で統合
・トップダウン：経営陣、部長クラスで骨子を策定　⇓全体会で統合

といった議論デザインを検討されてもいいかと思う。事業部が広がり、意見に開きがありそうな場合は、ボトムアップで意見を幅広く集約し、共感を得やすくする試合運びが求められる。

最初は「使われる頻度」が大事

（前提として）1人ひとりが腹落ちかつ共感しないと、ミッション／ビジョンとしては機能しない。その上で、浸透にあたっては〝使われる頻度〟が大事と見ている。

というのも、スタートアップ企業はその性質上、新人が入社してから卒業するまでの期間が大企業対比で短く、組織に占める新人の割合も高い（＝新人構成比・高）。あまり使われない、言葉にされないミッション／ビジョンは、半年〜1年後には「なんだそれは、知らない」という状態になってしまう。

古参の方だけが使っていても、新人に受け入れられなければ共通言語化にはなり得ず、これでは「死語」になってしまう。伝統的な企業の社訓において、新入社員からすると「?・」となってしまうものがあるのはこれが一因ともいえる。

脱線すると、新入社員から見て、「ピンとこないミッション／ビジョン」になってきたら、それがミッション／ビジョンの寿命であり、定期的に事業戦略とともに見直してみるのもありと、ある創業経営者は語ってくれた。新人も古参の方も、お互いコミュニケーションの中で毎日使う、頻度が大事という点をぜひ、意識いただきたいと思う。

"頻度"を増やす施策例

頻度を増やすにあたっては、普段の業務開始～終了までのオペレーションに、いかに自然と組み込むかが大事になってくる。ミッション／ビジョンを体現するために、バリューを入れ込んでもいいだろう。左記は各社具体例を一部取り上げたものだ。

- 朝会―今週の新しい取組み、トラブルへの対処事項を発表する→本人／上長がバリューのなかでどれを体現したか伝達する
- チャットツール＝スタンプにバリューワードを入れ込んで、バリューを体現している同僚がいればコメントにスタンプをつける（チャットでバリューを目にする／意識する頻度が上がる）
- 評価―バリュー基準を評価に組み込む（バリューは評価に使えるレベルの粒度が理想。もし、評価への組み込みまで距離がある場合は、バリューが抽象的だったり、あいまいだったりする場合があるのでこのタイミングで修正を図るのもいいかもしれない）
- 月次の締め会―今月、バリューを最も体現した人を全社表彰する（バリューに対する重要度、経営としての意思を示すことができる。副次的ではあるが、定量的に測れない業務であって

も、自社として重要なアクションが取れた社員を表彰できる（＝経営として、しっかり評価していることを、行動で伝えられる）」

是非、読者の皆さんの会社で取り入れしやすいものから試してほしい。

ビジョンと会社経営

足腰の強い組織・会社をつくる

前段で少し触れたが、ビジョンが強く浸透している企業は経営の一貫性が高く、事業・組織がブレにくくなる傾向がある。ビジョンはある種会社の体幹であり、ここが浸透できているかで軸のブレない会社づくりになるのだ。

これだけでは、ビジョン＝会社の体幹の意味合いが伝わりにくいと思うので、いくつか具体例を挙げていきたい。

事業戦略――自社のミッション／ビジョンで説明できる事業戦略か

会社として事業が成長していく中で、さまざまな事業シナリオが出てくるだろう。当然、事業の蓋然性、収益性で事業参入を判断するのが経営ではあるが、仮にその収益基準としては有望だったとして、会社として一概に参入するだろうか。収益性はあるが、自社のビジョンにそぐわない事業領域であれば、参入しないという意思決定を下す読者もいるのではないだろうか。これこそが、自社のビジョンで参入を説明できる事業か、という観点だ。

たとえば、とある情報プラットフォーマー企業が自社の事業に終活事業を加えないのは、彼らのミッション／ビジョンにそぐわないという判断をしていたとも言われており、それは彼らの社是である「新しい機会をつくる」というメッセージと終活がそぐわないからとも推察できる（終活事業の是非ではなく、あくまでビジョンとの整合性という意味において）。このように、ビジョンとは経営判断時のれっきとした指標であるし、ビジョンを通じて事業参入する／しないが決まるのである。収益性があるからといって事業参入しないのは、ビジョンを通じた経営判断の成果に他ならない。

M&A――自社のミッション／ビジョンにあった買収か

自社による事業参入だけでなく、M&Aも同様だろう。事業領域とビジョンの整合性に関して慎重に考えることはもちろん、M&Aの場合は外部からの経営陣を迎い入れるわけなので、その経営陣が自社のミッション／ビジョンに合うかも判断材料になるだろう。

このビジョンとの合致度を測るために、M&A検討において経営陣へのマネジメント・インタビューを行う側面もある。ちなみにリクルートが買収した米Indeedの社是は"We help people get jobs"であり、やはり両社のビジョン、事業領域について整合性が取れている。ビジョンが整合することは、M&Aの買い手／売り手双方に強いメッセージを残す。もし複数社が買い手として現れ、同じ買収金額規模の提示であれば、ビジョンが近しい買い手と組んだほうが売り手企業は事業推進しやすいだろうという期待が働くからだ。ビジョンとは経営の意思であり、ベクトルともいえる。売り手と買い手のベクトルがなるべく同じ方向を向いていれば、合成ベクトルは力強くなるし、そうでなければ打ち消しあうものになる。M&Aにおいては同じ方向性で一緒に遠くを見られる相手か、インタビューでお互いの理解を深めておきたい。

採用――ミッション／ビジョンに沿って、採用基準を決める

ここまでは事業戦略、M&Aについてビジョンとの整合性を見てきたが、やはり重要なのはビジョンに共感してくれるメンバーを採用できるかだろう。ビジョンに共感してくれる可能性が薄い人を採用しても、入社後にマインドセットを変えるのは限界があるからだ。採用と育成では、採用時点での要素が7割の決定因子になるという人もいるほどだ。それぐらい、採用段階でビジョンに共感

してくれそうかは重要な論点であるし、採用基準もビジョンに即したものである必要がある。できれば、ミッション／ビジョンを入社後に体現するような人柄、行動特性で、次の後輩社員のお手本になる人が望ましい。

たとえばAmazonでは、自社社員の行動指針（Leadership Principle）を16個定めており、採用面接ではこの行動指針に沿った行動が過去にできたかどうかを聞く採用手法で知られている。とある類の問題に対して候補者が過去にどのような行動を取ったか聞くことで、入社後に自社の行動基準に即したアクションが取れる人物かどうかを判定するためだ。Amazonの例は稀有な事例だが、ミッション／ビジョンと採用基準を紐づける最終形として理解しておくといいだろう。

また採用面接のフローも、1次は募集ポジションが求めるスキルと候補者のスキルの親和性を見るが、2次以降はミッション／ビジョンを体現できそうな人物か、将来的にリーダーとして活躍できそうかという視点でも見ておくことを提案したい。面接1回1時間では多くの評価項目を同時に見るのは難しいため、複数回の面接において、何の論点／基準を見定めるのか事前に決めておくといいだろう。ここで重要なのは、候補者もまた、複数回の面接官に同じ質問をし、会社・組織のミッション／ビジョン浸透度を見る可能性があるということであり、そこの統一感は顕著に差が出る。候補者からも会社の素地、組織力を同じく見られていることを認識しながら、面接官は候補者と接してほしい。間違っても、会社として重要視しているビジョンが面接官によって違う、などという事態は避けなければならない。

採用基準が組織の質を決める

逆に言えば、スタッフ間で共有、一貫できるミッション／ビジョンでなければ本来のビジョンの強さを引き出せていない。その意味で、ミッション／ビジョンにあった行動ができるかどうか、採用段階でのスクリーニングがやはり重要だ。採用段階では、ミッション／ビジョンとの合致度を見て、入社後の評価でそのシンクロ度を最大限引き上げる、というような流れになる。

採用段階で合致度が低い人が集まってしまうと、なかなか組織の熱量やビジョンに対する一貫性を高いレベルで保つのは難しいだろう。要は面接官側の社員のミッション／ビジョン浸透度が低ければ、ミッション／ビジョン合致度の高い候補者を引きつけるのは難しくなってしまう。一度採用基準を引き下げてしまうと、引き下がった基準をもとに採用された社員が面接官をやることになり、そこから採用の質を引き上げるのは簡単ではない。組織はいわば、採用基準を公比とした等比数列の和であり、採用基準が基準値1・0を下回ると、組織の質は年々下がっていく。故に、先人たちは採用の鉄則として「自分より優秀な人を採れ」というメッセージを残している。これは面接官である自分を1・0としその基準を超える人を採れば、その人が将来面接官として、よりよい人を採ってくれる期待があるからに他ならない。採用とは組織の質を決めるキードライバーであり、過去から現在に至るまでの面接官の採用基準をバトンリレーでつなぐ行為である（というのも、過去の面接官が合格を出した社員が、次世代の採用基準を任されるからだ）。

こう説明すると、長期間にわたり会社として競争力を維持できる採用基準を保つのがどれほどチャレンジングで、奇跡的な取り組みかわかるだろう。

評価――ミッション／ビジョンに沿って、昇格を決める

採用後の昇格基準もビジョンの浸透、経営の一貫性を維持するのに重要な役割を担う。ミッション／ビジョンを体現し、周りのメンバーを触発するような、いい影響を与えられたかという観点でメンバーの昇格を判断すれば、おのずと各メンバーは自社のミッション／ビジョンを体現できるような活躍をしたいと思うようになる。当初は評価とひもづいたインセンティブからスタートしてい

ても、時間がたつにつれてメンバーの判断基準としてミッション／ビジョンが使われるようになる。ミッション／ビジョンを体現している先輩社員を見て、後輩の新入社員も見習うようになるのだ。

この点も、前述のAmazonは徹底している。昇格基準は前述の行動指針をもとに判断され、社員の行動レベルがどの程度、行動指針から見て卓越していたかを判断される。入社後の昇格基準もこの行動指針が原則であるため、普段の業務の判断基準も自ずと行動指針がベースになっていくのだ。こうして世界あらゆる拠点であっても、スタッフの判断・行動基準が統一化され、顧客へ提供するサービスクオリティが保たれる源泉となっているのだ。ここで申し上げたいのは、組織・オペレーションの他社に対する優位性、競争力を生み出しているのはミッション／ビジョンである、という点だ。強い会社は概して、ビジョンが強い、と述べたが、その理由は社員の判断・行動基準に一貫性、統一感がもたらされ、サービスクオリティ、組織の判断の的確さ、行動スピードを生むからに他ならない。

情熱が事業を回すエンジンを動かす

我々が数多く行ってきた取材の中でも、とある上場企業の創業経営者のビジョンに関するお話は特に印象に残っている。

ビジネスの基本は「何に向かって」「どんなチームが」「どのように考え行動するか」だ。「何に向かって」は目の前の顧客と将来のビジョンの両極に向かって、「どんなチームが」は困難なときに団結するチーム、「どのように考え行動するか」はPDCAを高速回転させる。これらは、いうなれば事業を上手く回すためのエンジンなのだと。そして、そのエンジンのガソリンは何か。それは最終的に情熱であり執念なのだと、先の経営者の方は語ってくれた。起業家の素養として究極的に1つ挙げるなら、「本物の情熱＝執念が強いこと」、これに尽きるというのだ。

読者によっては、その情熱はどうやれば強くなるのか疑問に思うだろう。それについては「情熱や執念は身につけようと思って身につけるものではなく、既に持っているものを引っ張り出す」のがいいのではと教えてくれた。「情熱を強くする方法」ではなく、「どうやったら既に持っている情熱を引き出せるか？」という命題設定にして考えていくべきなのだと。これまでの人生の中で、自分自身が情熱を燃やした原体験を思い返せば、引き出せる確率は上がるだろう。

自身が情熱を掲げて起業している創業者が故のメッセージだろう。ぜひ、読者には心に留めてほしいと思う。「上手くいくかはマーケットが決めるが、製品として世に出せるかは起業家、創業者が心の底からやりたいと思うかどうかだ」というのはまさにそのとおりに思う。

読者の皆さんにも、人生をかけてやりたいテーマを選んでほしいと切に願っている。日々起業家の皆さんと接していると、その情熱こそが最終的に顧客開拓、市場開拓、企業としての成長成否を分けると感じるときがたびたびある。自分の人生を悔いなく全力で生きるためにも、ビジョンに根差して事業テーマを考えてみることを提案したい。

Stage:6

採用と組織づくり

非連続な成長のための戦略とメンバー配置

採用を課題とするスタートアップは多い。事業を成長させた起業家はどのように採用を成功させたのか、その実践的な手法をまずはいくつか紹介したい。また、“組織は戦略にしたがう”という言葉のとおり、スタートアップにおいても経営戦略にあわせて最適な組織を設計していくのが王道だ。外部環境の変化にあわせて急速な成長が求められているスタートアップでは、初期〜中期の段階ではあまりがっちりと組織を固定しすぎず、最低限のベースになる仕組みを設計しながら、戦略にあわせて都度アップデートしていくことが重要になる。

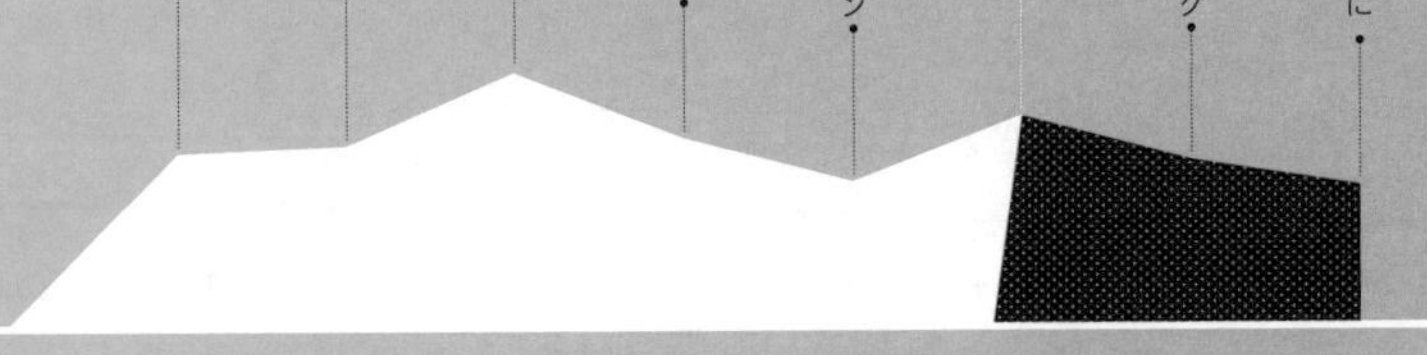

Stage:6

採用と組織づくり
〜非連続な成長のための戦略とメンバー配置〜

本ステージで登場する起業家

Case:K

株式会社マネーフォワード

辻 庸介さん Yosuke Tsuji

1976年大阪府生まれ。 京都大学農学部を卒業後、ソニー株式会社に入社。2004年にマネックス証券に出向し、その後転籍。2009年ペンシルバニア大学ウォートン校にMBA留学。卒業時には、全12クラス中、アメリカ人以外で唯一のCohort Marshall（クラス代表）に選出。帰国後COO補佐、マーケティング部長を経て、2012年に株式会社マネーフォワードを設立。代表取締役社長CEOに就任。新経済連盟 幹事、経済同友会 幹事、シリコンバレー・ジャパン・プラットフォーム エグゼクティブ・コミッティー。

Case:J

株式会社SHIFT

丹下 大さん Masaru Tange

1974年生まれ 2000年京都大学大学院工学研究科機械物理工学修了後、株式会社インクス（現 SOLIZE株式会社）に入社。たった3名のコンサルティング部門を、5年で売上50億、140人のコンサルティング部隊に成長させ、コンサルティング部門を牽引。2005年9月、コンサルティング部門マネージャーを経て、株式会社SHIFTを設立。代表取締役に就任。2014年11月に東証マザーズ上場、2019年10月に東証第一部（現 プライム市場）変更。

Stage:6「採用と組織」のポイント

- ●核になる人材の採用は、長期×本気で口説き続ける
- ●継続的&積極的な発信で補填し、運命を引き寄せる
- ●エンジェルやVCを活用しつつ、自身の足りないスキルを補ってくれるパートナーを探す
- ●未来の組織図を羅針盤とし、先手で採用を進める
- ●初期の制度はライト&ベーシックが基本。クオリティとオリジナリティを徐々に加える

本ステージのケーススタディでは、上場後も会社を継続的に成長させている2名の先輩起業家からのリアルな組織づくりを紹介したい。事業が成長していく過程で〝らしさ〟が形成される傾向があり、こうして形成された企業の文化はあとからつくり直すのがなかなか難しいようだ。まだ組織が小さく柔軟に変更が可能な初期の段階で、意識的に考え始めることがカギになる。また、未知の領域に切り込み不確定要素の多いスタートアップでは、共同創業者がいたほうがうまくいくケースが多いのは実証済でもある。初期の段階からお互いに足りない部分を補完できる経営チームを構築できると理想的だ。ステージの後半で紹介する初期のチームづくり、組織づくりの勘所の中で、皆さんの事業成長に役立つ部分があればと思う。

採用の心得

採用の心得① 核になる人材の採用は、長期×本気で口説き続ける

核になる人材、特に幹部人材を口説きたいという起業家の方は多い。しかし、実際にスタートアップに参画してもらえる確度は低く、なかなか獲得できていないのが現状ではないだろうか。その難易度の高さから、本気で採りたい人を口説き続けられている企業は案外少ないというのが実情かもしれない。

そんな中あるスタートアップでは、経営陣しか見られない「口説きたい候補者のリスト」というスプレッドシートをつくっている。経営陣が、「この人に今週連絡したか」「ランチに誘ったか」といった内容を全てToDo管理しているのだ。「あの人はさすがに口説けないだろう」とあきらめてしまうケースも多いが、そういうレベルの人に対しても経営陣が自らどんどんアプローチする姿勢を持ち続けられるかどうかが結果の違いを生むようだ。短期の結果に一喜一憂せず、長期的に腰を据えて臨み

たい。

たとえば我々の支援先では、完全自動運転を目指すTURINGへ、上場メガベンチャーであるメドレーの役員かつ中核人材であった田中（大介）さんの入社が決まった。詳しい経緯は田中さんのブログに書かれているが、最初にふとしたきっかけで知り合ってから実際に彼が参画するまでに実に5年という時間を費やしていて、折に触れて断続的に口説き続けている様子がうかがえる（https://note.com/daisukeman）。実際にはそこまで本気で口説きにいっている会社は少ないので、本気でやることで差別化が可能だ。

TURING株式会社　https://www.turing-motors.com/
「We Overtake Tesla」をミッションに掲げ、完全自動運転EVの完成車メーカーを目指している。世界で初めて将棋の名人を倒した将棋AI「Ponanza」の開発者である山本一成氏と、自動運転の名門カーネギーメロン大学で自動運転を研究していた青木俊介氏が共同創業。設立は2021年8月。2022年7月にシードラウンドで10億円の資金調達済み。

もちろん自社の事業に実績がないと誘いにくいという面はある。しかし、出資・支援先の起業家の皆さんの様子を見ていると、声かけする絶対数とアクション量を確保することにより1〜2人であればどんな会社でも採用できるのが実情だ。「会社を変えるようなキーマンに入って欲しい」というタイミングであれば、常識にとらわれず本気でコミットして働きかけるべきだ。特に幹部人材は会社の到達点にも影響するので、高望みした方がいいように思う。

採用の心得② 継続的&積極的な発信で補填し、運命を引き寄せる

ブランドがすでに確立されており多くの候補者が次々と応募してくる優良企業とは違い、まずは企業の認知そのものも圧倒的に低い。そこで、継続的に発信し、企業の認知を広げていくこと必要になってくる。

発信の手段は問わない。SNSをうまく活用するもよし、最初は身近な仲間との飲み会でもいいので、自分の興味関心や解決したいこと、喜びなどを日々言語化し、発信していく。そうすることで同じ意識を持つ人と自然とつながっていくことができる。その同志が共に会社を立ち上げるメンバーになるかもしれない。このレベルでつぶやいてよいのかしら？　と、発信することを躊躇することは、とてももったいない。一般的に日本人には考え抜くまで言葉にしない癖があるが、躊躇せ

ずにドンドン発信していく姿勢が創業チームには必要だ。それが、人生を変える出会いを引き寄せる一歩になる。具体例として、マザーハウスの創業のストーリーを紹介したい。

『途上国から世界に通用するブランドをつくる』というビジョンのもと、バングラデシュをはじめとしたアジア6か国でのものづくり、そして国内外38店舗を展開する株式会社マザーハウス。2006年の創業以来、現在は600名を超える従業員を抱える規模まで成長している。ソフトウェア・サービスと比較してものづくりベンチャーは組織規模を急激に大きくする難易度が高いといわれる中、どのようにして仲間を集め、現在のグローバルプレイヤーになったのだろうか。

ご存じの方も多いと思うが、マザーハウスの創業者は現代表の山口絵理子さん。世界最貧国のバングラデシュの現地で、〝黄金の糸〟と呼ばれる「ジュート」の可能性に気づいたことが創業のきっかけだ。周囲の人全員に反対されながらバングラデシュに単身で渡り、ゼロのところからバッグをつくって日本に持って帰ってきたストーリーを聞いたことがある読者も多いと思う。

「そのバッグを『買ってください』と私のところへ持ってきたのがすべての始まりです。私は山口からすごく影響を受けたからこそマザーハウスの創業メンバーとしてジョインしたし、彼女との出会いがなかったら今こんなチャレンジをしていなかったと思います」

我々のメディアの取材で、同社の副社長、山崎大祐さんはそう語ってくれたことがある。同企業に参画する前はゴールドマン・サックス証券で働いていた山崎さんにとって、マザーハウスへの入社は大きなキャリアチャレンジであり、リスクだったことは間違いがない。それでも心を突き動かされて創業メンバーとして山口さんと一緒に当社を立ち上げたのだった。どうすれば、こうした出会いに巡り合い、会社を立ち上げられるだろうか。同社の例を見ていると、発信し続けることの大切さが感じられないだろうか。

「私が山口と出会ったのは学生時代で、当時

株式会社マザーハウス 副社長　山崎大祐さん

から『貧困はどうしてなくならないのか』とか『資本主義のあり方はどうあるべきか』みたいなテーマを議論しあっていました。私の問題意識を言語化していたからこそ同じ意識を持つ山口と出会い、のちにつくったバッグを私のところまで持ってきてくれる関係になったわけです」（山崎さん）

私たちのファンドの出資先でも、幹部クラスの人材が社長個人の知り合いやかつての同僚だったり、社長の発信をみて共感した方だったりすることが非常に多い。事業の成長には、優れた人材の採用がかかせない。仲間探しにはまず、発信から。自分が最も得意な手段を活用して、息を吸うように発信をしていこう。この姿勢は自社のPRと広報にも通じる要素があり、共感を得るマーケティングにも活かすことができる。

採用の心得③ エンジェルやVCを、〝バーチャル社員〟として活用する

初期の仲間集めといえば、共同創業者となる相方や従業員第一号などの従業員メンバーを読者の皆さんは想像するのではないだろうか。確かに初期のこうしたメンバーの選定は事業に大きな影響を及ぼす。しかしここで、別のメンバーも紹介したい。それは個人・法人の投資家だ。初期のエン

ジェル投資家やベンチャーキャピタルはただの資本の提供者ではなく、従業員同様にたくさんの時間を共にする重要な存在になりうる。

たとえば、あるスタートアップは、創業メンバーに加えて、投資家にも恵まれて事業を立ち上げている。最初の資金調達では、社長の前職時代の知り合いを中心にピッチしに回った。その過程で、人を通じ、シリコンバレーの中でも著名な投資家を紹介してもらっている。さまざまな勃興期のテクノロジーに精通していたその投資家は、既に20社以上の会社を上場に導いた実績のあるベテランのキャピタリストだった。

スタートアップ投資家界隈では、どうしてもクラブディール的な側面があることは否めない。言い換えると、誰の紹介かが投資の検討結果に大きく影響を及ぼしうる。著名なベンチャーキャピタルからの出資が決まってからは他の投資家に断られる頻度がぐっと下がり、それが多額の資金調達につながることもある。

手前味噌の話で恐縮だが、我々自身がリード投資家を務めた出資先で、数十億円の調達を実現した事例もある。もちろん発行体であるその企業に魅力と実績があることが一番の要因だが、意欲的なリード投資家は、起業家と共にフォロー投資家への声かけを推進してくれる。誰かがリードとして意思決定するなら、フォローとしてなら投資をするという投資家も多い。上場までに一定額以上の調達が必要な計画であるならば、メンバーの採用と同じく、投資家への声かけにも早くから意識を割いてみることを勧めたい。

特定の投資家に投資してもらうことで、資本市場でのブランディングに寄与するケースもある。投資は不可逆的な側面も強いため、誰から投資をうけるかは戦略的に選んでいくことをおすすめしたい。また、ブランディング以外にも顧客の開拓やチームの構築にも影響を及ぼすケースがある。あるいは、大手の有力企業と資本業務提携の形をとることで、強力なパートナーを得られることもある。そのため資金提供してくれる投資家なら誰からでも資本を受け入れるのではなく、ぜひ戦略的に、自分たちなりに先々までを見越したシナリオをもって資本を集めることを提案したい。

ＶＣやエンジェルからの資本受け入れは、事業へ影響を及ぼすことに限らず、そもそも同じ船の仲間として共に事業を歩んでいく契約であることも忘れてはならない。資金調達時にリード投資家として出資した場合、当社の社外取締役として投資家が関与するケースもある。その場合、更に膨大な時間を使いながら、事業を推進していく間柄となる。困ったときにすぐに相談できるような人格的な相性も念頭に置いてほしい。この点については、第3ステージの「資金調達」も参照されたい。

一方で、そうはいっても採用力が高くない状況で、すべてのポジションにスタープレイヤーを迎えることは現実的ではない。そんなときにはまずどうすればいいのか?

採用の心得④ ポジションを決めすぎずオープンにしてみる&内部で登用する

採用に成功している起業家や採用担当者にヒアリングしてみると、「欲しい人材の要件」をしっかり定義することが重要と上げた方が複数いらっしゃった。スタートアップが陥りがちなミスとして、ポジションやスキルを決めすぎているケースがよく見られる。たとえば、「うちは広報力が足りないので、大企業で広報の経験を持った人が欲しい」といった声があがるが、よくよくヒアリングしていくと予算的に低めの年収条件しか提示できない。転職市場に条件に合致する人材はほぼおらず、採用できないという状況だ。

そんなときの解決策の一例としてポジションやスキルで人材要件を定義してしまうのではなくて、オープンポジションで色々できるような人材を採る方が実は上手くいくケースもある。同じ文脈で

「人事責任者が欲しい」という声もよく聞くが、やはり金額面で折り合いがつかずなかなか採れないケースがある。それなら社内で優秀な人を人事に置いて、その欠員を新規採用で補充してしまうのもアリだ。

特に社員が30人以下くらいの段階ではやるべき仕事が事業成長に応じてどんどん変わっていくはず。にもかかわらずポジションをカッチリと決めて採用しようとするのはやはり無理がある。「優秀な人材であればそれで良い」というくらいの気持ちで、ポジションに当てはめるというより、優秀な人材をその時々の状況や向き不向きに合わせて柔軟にアサインする方が機動力のある組織になるのではないだろうか。

〃採用力のない会社が人材を見極めようとこだわりすぎてしまうと、ほとんど人が来ないと思っているんです。ですから採用にあたっては、何か条件を決めては採りません。採用時に条件で他社に勝とうとしないことがポイントの一つです。〃

と、弊社の出資先向けの勉強会にてある上場企業の経営者の方が語ってくれた。

これは人数を埋めるように採用するということではない。完璧にフィットする人を探しつづけるのではなく、柔軟にその人の活躍の場をみいだしてみよう。特に、会社が個性的であればあるほど、その会社に完璧に合った人はマーケットにはなかなかいない。後々、合うようになることを前提で「このぐらいのギャップが現状はあります」と、しっかり伝えながら、粘り強く採用を進めてみるのはどうだろうか。

さてここからは、短期間で大きな成長を実現した2社の組織づくりの事例を見ていこう。

Case:1

マネーフォワード株式会社　代表取締役社長CEO　辻 庸介さん

採用のための地道なアプローチと人の見極め

辻さんがたどった採用と組織づくりのプロセス

1 組織の機能を切り分けて、必要な人材を特定
2 各領域でトップの人材をリストアップする
3 1万時間を投下してきた、〝得意領域〟で再度起業する
4 壁打ち相手として、事業アイデアに興味を持ってもらう
5 チャレンジとサポートで職場満足度を高める

マネーフォワードのビジネスモデル（2018年当時）

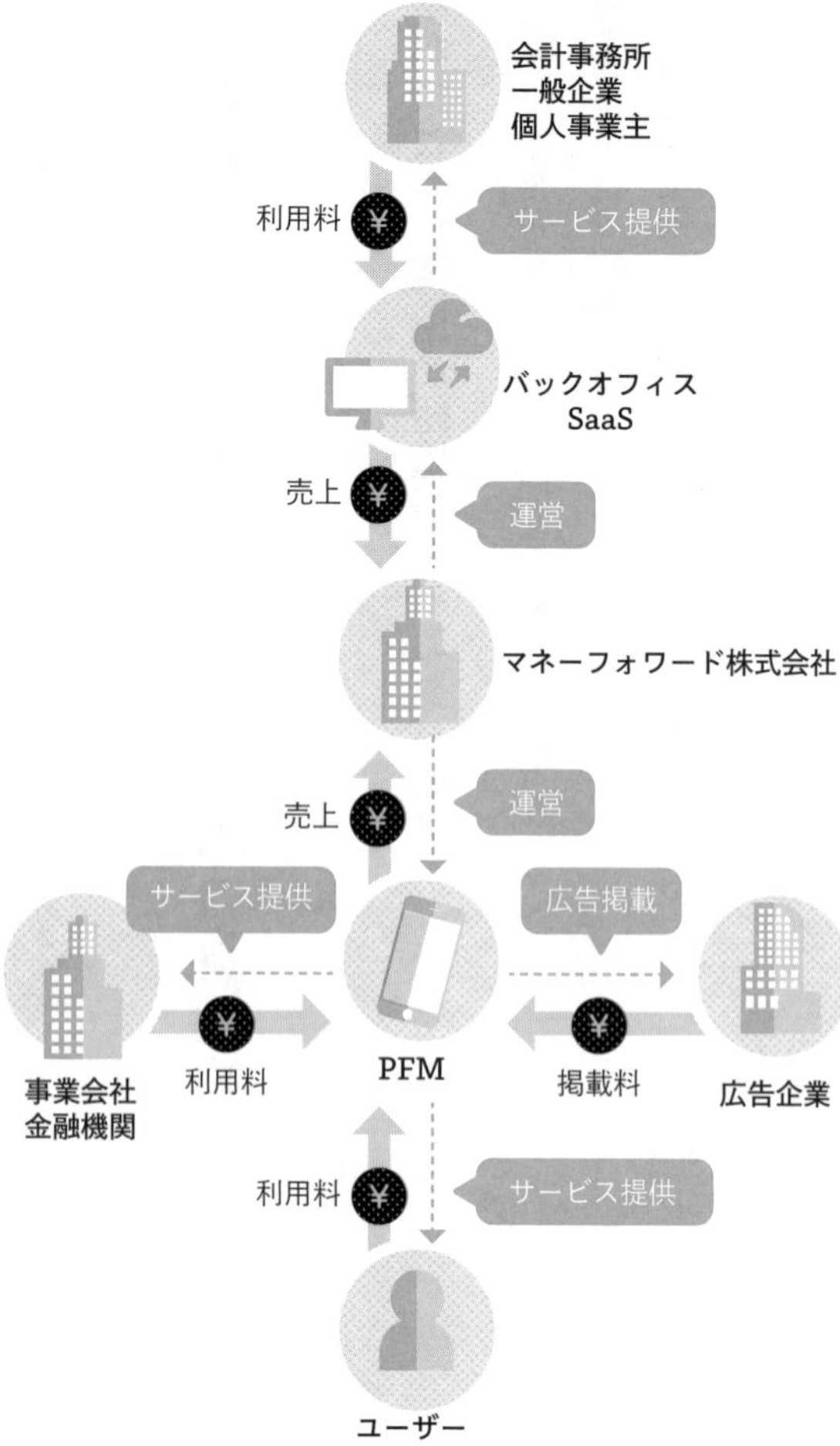

「お金を前へ。人生をもっと前へ。」のミッションに込められた社名マネーフォワード。同社の名前を聞いたことのある読者は多いのではないだろうか。2012年創業のマネーフォワードは、創業初期は個人向けのお金の見える化サービス「マネーフォワードME」資産・家計簿管理サービスでスタートしたが、新サービス開発やM&Aを積み重ねながら、バックオフィスSaaS、SaaSマーケティング、DX支援、決済領域などへと、事業領域を急拡大している。この急拡大もあり、初値283億円で上場した当社は今では2500億円までと評価額も成長している。上場後も力強い成長を遂げる当社の基盤をどのように築き上げたのか。マネーフォワードを率いるCEO、辻庸介さんから仲間集めの極意を学んでいく。

役割を切ってエースを取る

創業メンバー6人。オフィスはマンションの一室。創業ほやほやのスタートアップの典型的な状態だったという。そんな状態で創業した辻さんは、初期のメンバー集めにたくさんの労力を割いたのだそうだ。創業初期はリスクも高い漕ぎ出しの船のような状態だったため、なかなかすぐに仲間は集まらない。そこで、知り合いに声をかけて「こういう世界をつくりたい」と世界観を伝え続けていたという。

「ひたすら口説きまくりましたね。それで少しずつ共感してもらいました。当然、入社してもらいたい人は、各会社のエース。なかなか今いる組織は抜けられません。逆説的ですが、すぐ入社できるような人とは、組みたくないなとも思っていました」

各社のエース級を採用することに注力していたのは、それが大きく成長するスタートアップに欠かせないと理解していたからだ。リーンに組織をつくり上げるために、必要最低限のコストで最大の効果を発揮できるメンバーを辻さんは探し求めていた。具体的に、彼はまずマネーフォワード（当時マネーブック）のサービスを運営していくために必要な機能を紙に書き出した。そして各機能に対し、自分が思いつくトップ人材をリスト化し、彼らをヘッド・ハンティングしていったという。

エースである以上に求める素質

「私たちのビジネスでは、開発やセキュリティなどのエンジニアリング回りが極めて重要です。そうした意味でも、役割を明確に任せられる人の存在が欠かせないのです。この人に任せても し失敗して船が沈んでも仕方がないと思える人にお願いしようと決めていました」

以上の話は初期の仲間集めにおける、あくまで能力ベースでの選定基準についてだった。ただでさえメンバー集めに苦労していたが、辻さんはそこで妥協はしなかった。会社の各機能のエースであることを大前提として、さらに人材の素養の見極めをしていたという。彼らが大事にしていたポイントは大きく2つある。明るくてポジティブであること、そしてチームワークができることである。

明るい、エネルギッシュ、ポジティブ、楽観的。これらの要素は確かに創業初期のベンチャーには特に大切になってくる。実績がなく、うまくいくことの方が少ない時期にネガティブな空気を発する人物がいると、一気にチーム全体の士気が下がってしまうからだ。狭いマンションの一室で事業を営んでいたら、さらにその空気感は伝播しやすいだろう。事業がゼロから立ち上がるときは、特にポジティブなエネルギーが多ければ多いほど望ましい。

同時に、チームワークができることも大切だ。当たり前だ、と感じられる方が多いかもしれないが、これを、採用プロセスの限られた時間の中で見極めることはなかなか難しい。特にエースを採用しようと考えると、どうしてもその人物の肩書きや実績に目が眩んでしまい、チームワークが可能かどうかなどは二の次になってしまうことがある。しかし企業カルチャーやバリューが出来上がっておらず、チーム全体の擦り合わせが多く発生する時期だからこそ、この点は慎重に見極めたい。

マネーフォワードの場合は、会社が成長した今も、創業メンバーの6名のうち大半がキーパーソンとして活躍している。最初に選んだメンバーのチームワークの高さが、ここまで原型を維持できる源泉になっているのだろうか。

自分事化が「やりたい」を掻き立たせる

各社のエースでかつ、ポジティブでチームワーク力の高い人材を採用する。これだけ聞くと、とてつもなく高いハードルを越えなければならないと感じてしまうかもしれない。そんな方のために、辻さんがどうすればそのような人材を創業初期に採用できるか、ヒントを残してくれている。それが、自分ごとプロジェクトである。

辻さんも「この人だ！」という魅力的な人材に出会ったとき、最初の説得で、突然就職先を退職してもらい、マネーフォワードに入社してもらえたわけではない。少しずつ関係性を構築していき、入社してもらっている。

具体的に、まずその人材に何度も事業アイデアについて相談しにいくのだ。その人物が詳しい領域について、壁打ち相手としてアドバイスを何度ももらいにいく。そして彼らの意見を取り入れ「こんなものがあったら便利じゃない？」と、事業アイデアに魅力を感じてもらうように説明する。すると気づけば、その魅力的なアイデアを「自分でつくりたい」と感じてもらっているケースが多かったという。こうして事業の相談役から、横に並ぶ実行役に仲間を増やしていったのだそうだ。

このアプローチをとることで、加入メンバーに初めから事業アイデアに対する好意を持ってジョインしてもらえたという。「協力してほしい」と直接的にお願いしにいく立場から「一緒にやりたい」と惹きつける立場に転換させた辻さんのアプローチから、学べることがありそうだ。

マネーフォワードの採用方針

創業初期に集めたメンバーの選定基準は、今でもマネーフォワードの採用の根幹だ。マネーフォワードの現在の採用方針は大きく3つある。

①個としてのチカラ
②チームワーク
③マネーフォワードのミッションやビジョンに共感するか

個としてのチカラは創業初期の「各領域のエース級を採用する」方針を引き継いでいるものだ。

人数が拡大しても、妥協しない。そして採用後もきちんとメンバーを育てる環境を整備することで、エースをたくさん育て上げている。

チームワークも、人数が増えるほど大事になる。組織が拡大すれば調整項目が増え、組織行動の一貫性を維持することが難しくなる。複雑性が増す中で活動することになるため、創業初期よりもさらにチームワークの高さが大事になってくるだろう。

そしてミッションやビジョンへの共感。これを無くして、メンバーの能力・モチベーションを120％引き出すことは困難だろう。いくら能力値が高くても根本の目指す方向性が一致していない場合、採用できないと辻さんは語る。

「人生をかけてどういうふうになりたいか、ビジネスパーソンとしてどのように生きたいか。それをなるべくお聞きします。ご本人が目指すキャリアと、我々が提供できる環境が一致できるかということは、確認しますね。それが一致しないと、お互いに不幸になると思います。うちの会社は、桃源郷ではないので（笑）。お互いにきちんとコミュニケーションをとって腹落ちしないと、入っていただいて活躍できないと思っています」

先述の採用方針は、創業当初の基準から「最初から人」と大きく変わっていないことがわかる。

本ステージの後半でも記しているが、そのために初期から考え抜かれた採用基準を設定することの重要性が伺える。

給与でも名誉でもなく、ひたすらチャレンジングな環境

希望の人材を採用できたとしても、同じペースで離職者が出てしまっては組織はなかなか拡大しない。そこで入社してもらったメンバーには、活躍し続けてもらうためのミッションの設計が大事になる。辻さんはここで、「少し背伸びした課題」を与えることが大切だという。

「その人の能力より少し背伸びした課題を与えると、本人も面白い仕事だと感じやすく、成長を促進しやすいです。ただし、課題のハードルが高すぎると潰れてしまうことがあるので注意が必要です。スタートアップであれば、リソースは少ないですし、他の選択肢がないということも少なくありません」

ここでポイントとなるのが、人材の能力の見極めだろう。辻さんが述べるとおりハードルが高すぎると、潰れてしまうことがある。また逆に低すぎると、やりがいを感じずに離脱してしまう可能

性が上がってしまうからだ。そこで能力の把握の精度を高めるために、経営陣が直接コミュニケーションの質と量を増やすことが大切だ、と辻さんは語る。

たとえば、課題のハードルが少し高いような人物に対しては、定期的に対話を続けながらサポート体制を設ける。課題の難易度の高さと、能力値のギャップを繰り返し話しながら把握していく。こうすることで能力を見極めることにつながるだけでなく、当人の成長もサポートできる。チャレンジングな環境で成長を実感できるからこそ、満足度が上がり、人材の維持につながっていくのだ。給与でも名誉でもなく、ひたすらにチャレンジングな環境を準備していくことが、組織拡大のカギになるのではないだろうか。マネーフォワードの取り組みの続きは、第6ステージでご紹介したい。

【参考文献】
○「マネーフォワード企業概要」(『INITIAL』https://initial.inc/companies/A-11930)
○「マネーフォワード時価総額情報」(『MINKABU』https://minkabu.jp/stock/3994)
○「マネーフォワードＩＲ」(https://corp.moneyforward.com/ir/library/)
○DIMENSION　NOTE (https://dimension-note.jp/manager/detail/32)

Case:J

株式会社SHIFT 代表取締役社長 丹下 大さん

年間2500人を獲得する採用戦略

丹下さんがたどった組織構築のプロセス

1 先輩経営者に叱られ、1人社長を脱却
2 初期は己を信じてくれるコアメンバーを揃える
3 エージェントのニーズを理解
4 年間2500人を獲得する採用戦略
5 「学ぶ姿勢」があり「ビジョン」に共感する人材の見定め
6 社内ブログで刺さるビジョンの伝達
7 尊重と協力が調和したM&A

あらゆる業界、業種の企業に対して品質保証・ソフトウェアテストという仕事を軸に事業を提供する株式会社SHIFT。この仕事は、ソフトウェアが正しく安全に動作することを専門的な視点で検証する、ソフトウェア開発に必要不可欠な工程だ。現在は、品質保証を軸に企業のDX推進支援やビジネス成功のコンサルティングまで事業領域を拡大している。2005年創業の当社は、2014年に東証マザーズ（当時）に上場し、2019年に東証第一部（現プライム市場）に市場変更を果たしている。2019年度には「証券アナリストによるディスクロージャー優良企業」に選ばれるなど、投資のプロからも注目を集める急成長企業である。エンジニアを9000人近くも抱える当社がどのようにして、組織を拡大してここまで成長を遂げてきたのか、SHIFT代表取締役社長丹下さんのケースから学んでいきたい。

年間2500人を採用できるわけ

SHIFTの組織拡大における特徴は、なんといってもグループ全体で年間2500人もの従業員を採用できる採用力だろう。この年間採用人数は国内では指折りのトップクラスに入る。急成長企業が大規模採用をしていると、「その採用力の源泉は、事業が急成長しているから」といわれていることを度々耳にする。事業の成長なくして組織の成長もないので、これは一理あるかもしれない。

しかし、それだけでは、この規模での採用は持続できない。丹下さん率いるSHIFTは採用したいペルソナがどのような人で、彼らを採用するために何ができるのか、ということを誰よりも知恵を絞り、実行してきている。

たとえば、これまでにSHIFTが打ち出してきた施策に「選考リードタイムの短縮」がある。採用候補者との初期コンタクトから採用までのリードタイムを、大手が45日ほどかけていたところを、当社は3日でやってのけた。こうすることで売上ノルマを達成したい人材エージェントたちが月末にはSHIFTに人材を紹介してくれるようになった。

この施策を打ち出した背景には、人材市場での競合との人材の奪い合いがある。たとえば資金力もブランド力もある大手ITコンサル企業は、採用エージェントに年収の60〜80%もの紹介フィーを払い、人材を紹介してもらっている場合がある。一方で当時のSHIFTでは、その資金力で勝つことが難しかった。金銭のインセンティブ勝負で戦っていては、優秀な人材を獲得することは難しい。そう考えた丹下さんは人材エージェントへのヒアリングを繰り返し、どうすれば紹介してもらえるか試行錯誤を続けた結果、この施策が生まれたのだ。

「これは営業と一緒です。相手の心理を理解した上で、丁寧にリレーションを築き上げ、課題解決策を提示する。『人材の質』が弊社の価値の根源だからこそ、人材採用には一切妥協しません。

「知恵を絞り、実行する。この愚直な努力が私たちの『採用力』の源です」

これらの施策の結果、2022年8月期には年間約2500人（連結）の採用実績を叩き出すまでに至っている。また、求職者側としても採用時間が一気に短縮され、働き始めやすいのは利点である。こうして三方良しを追求する採用への取り組みこそが、当社の高い採用力の源泉なのだ。

社員ゼロの創業後、1年間

今では、品質保証・ソフトウェアテストを本業として、成長しているSHIFTであるが、創業初期は受託で業務改善コンサルティング業をしていた。最初のコンサルティング案件は物流倉庫の効率性アップの案件だった。丹下さんの前職の3次元CADの設計コンサルティングからすると、大きなジャンプだった。さらに今日のSHIFTと大きく違うのは、従業員数だろう。今のSHIFTはグループ会社まで含めると1万人ほどの従業員が在籍する大企業だが、創業から1年間、丹下さんは1人で事業をしていた。いわゆる1人社長だったのだ。実際、1人社長であれば自分の生活費だけ稼げれば成立するし、時間の使い方も自由、経営管理は極めてシンプルだ。

そんな彼の企業規模に変化を起こすきっかけとなったのが、大先輩でもある、ある経営者とタクシーの中でした会話だった。

「ところで丹下君の会社って、社員は何人いるの？」

「いや。僕、ひとりしかいないんです」

この解答により、会話の雰囲気が一気に冷え込んでしまったという。「1人でやっている会社なんか、会社とは言えない」、そう言い切って、相手の経営者からお叱りを受けたのだ。会社とは、他人を巻き込んでこそ。従業員を食べさせ、社会に貢献していなければ経営者ではなく、個人事業主だ。その方の言葉からそう教えられたと感じたそうだ。これをきっかけに、丹下さんの「会社をつくる」意味の理解が変わった。従業員を増やし、事業をスケールしようとする意思がこのとき生まれたのだ。

信じてくれるコアメンバーで初期は固める

そのような経緯があり従業員拡大に舵を切ったわけだが、これまで誰も採用したことがなかったため、突然従業員をたくさん採用できるかというとそう簡単にはいかない。丹下さんは、初期のコアメンバーに元々面識のあった信頼できる人員を選んだ。社員第1号に選んだメンバーは、丹下さんの前職インクス（現 SOLIZE）時代の後輩だ。元々丹下さんに惹かれてインクスに入社した経緯もあり、丹下さんが目指す事業への共感もスムーズだったという。

現在のSHIFTの取締役もインクスの後輩だった。インクスのコンサルティング部隊にいた彼を、友人の結婚式で見かけ、丹下さんが口説いたのがきっかけだ。

初期の従業員メンバー集めは、想像よりも難易度が高い。事業が構想段階であることが多い上、現在の勤め先よりも高い待遇を提供できることはほとんどない。そのような状況下でも、仲間を集める秘訣は、丹下さんいわく「熱量」だという。少し実現可能性が低い事業や戦略でも「できる！」「いける！」という姿勢で、自社の事業内容や業績を宣伝して回ったのだという。

大きなチャレンジに対し、「できる！」「いける！」と宣言することで、ある種周りの協力者をふるいにかけることができる。自分自身を信じてくれる協力者だけが集まるからだ。初期に信頼できる仲間を集めるいう観点で、いいコミュニケーション手法なのではないだろうか。

「ビジョン共感」と「学ぶ姿勢」がSHIFT人材の基盤

年間2500人を採用するSHIFTは、年間数万人を採用審査しているという。これだけの人材を目の前にし、実際どのような人物像を採用の基準としているのだろうか。丹下さんは大きく3つあるという。「人としての相性」「夢・ビジョン」「学ぶ姿勢」だ。特に、ここでは後半2つの「夢・ビジョン」と「学ぶ姿勢」について深掘りしたい。

「夢・ビジョン」とは、SHIFTが目指す未来と当人が目指す未来が一致しているかということだ。丹下さんは優秀な頭脳をもつ人間は、その力を社会に還元する「知の再分配」をするべきだと言い続けてきた。そして、それを実現するために社員が能力を最大限に発揮できる環境と、心血を傾けられるほどの意義ある仕事をつくり提供することが会社の役割だと考えている。マネーフォワードの辻さんも語っていたが、ここが一致しないと会社側も採用される側も不幸になる可能性が高い。

大手企業と比べて待遇面で優位性がない場合、こうした目指す世界観の一致、そしてそれに取り組むやりがいが従業員満足度を高めるポイントとなる。また「夢・ビジョン」を持っていれば、周りを巻き込む求心力にもなる。同じ世界観をいただくメンバーを社員として集めてくることで、事業上のパートナーとして連携できる人物になり得る。

「社外取締役（現　取締役副社長）であるキーエンス元社長の佐々木道夫さんも、私がまっすぐ夢に向かっているのを見て『今まで会ったビジネスマンで丹下さんが一番面白い』とまでおっしゃり、参画してくださいました。私も最近は出資や経営アドバイスを求められる機会が増えましたが、やっぱり『面白い夢のある人』を応援したくなりますね」

次に「学ぶ姿勢」について。とにかく学ぶ意欲が強く、周りの情報やアドバイスを結果につなげようとする姿勢を持っている人間なのかどうかをSHIFTでは見極めている。逆にいうと入社時点の業務に対する知識や経験値がそれほど高くなくても資質や基礎的な能力が高く、学ぶ姿勢が高ければ、知識や経験は後からいくらでもついてくるという。

「逆に私が絶対に応援しないのは『砂漠に水』の人。要はいくらアドバイスをしても実行しない人です。それが社員だったとしても、やる気がある人にだけ時間を割くことが『真の平等主義』と思っています」

この考えを体現しているSHIFTの教育制度が、トップガンだ。エンジニアが自ら学ぶための環境を支援し、得たスキルを独自の検定によって審査。その結果に応じて、担当プロジェクト（業務）の難易度、当人がお客様からいただくフィー、並びにエンジニア当人の給料に直結する一連の仕組みを教育プログラムとして提供している。過去実績としてはIT業界未経験で入社1年目のエンジニアが、トップガンにより入社数か月で上位職に必要なスキルを身につけ、入社半年後の昇給機会で20％以上の昇給を果たしたケースなどがある。この制度の特徴は、意欲があれば従業員の誰もが受講、検定を受験でき、何度も挑戦できることだ。まさに向上心のある従業員に集中的に教育費を割く制度である。

遠い未来の大きなビジョンだけでなく、少し先の未来を鮮明に描く

優秀な人材を高速に採用し続けているだけでは、事業は成長しない。それぞれの従業員が潜在能力をフルに発揮できるように経営陣がサポートすることが大切だ。ここで丹下さんはビジョンを組織全体に浸透させることの重要性を訴える。社員全員がビジョンに共感し、深く理解していれば、自律的に意思決定し業務を進められるようになるからだ。

しかし、ここで単純にビジョンを繰り返し語り続けるだけでは経営者の役割として不十分だともいう。事業家はよく「遠い未来」を描き、世の中がどう変わるかをビジョナリーに語ることが求め

られる。だがそれだけでは現場社員からすると遠い未来すぎて、やる気は上がらない。そこで遠い未来を、近い未来に時間軸で切り分けてブレークダウンして説明することが重要だと丹下さんはいう。

「これも前職のサラリーマン時代で学んだことですね。社長が非常にビジョナリーな人だったのですが、現場からすると『夢もいいけれど、目の前の仕事はどうなるんだ』という気持ちにもなりますよね。私はよく周りの経営者に『ビジョンを鮮明に描ける人だ』といわれます。それは、大きなビジョンから『少し先の未来』までをすべて具体的に、鮮明に、みんながワクワクできるように描いているからだと思います」

未来から逆算して、細かいステップを提示していく。単純なように聞こえて、これは難しい。こうした語り方ができるようになったのは、丹下さんが人生を通して常に少し先をイメージし、自分の計画に落とし込んでいたからではないだろうか。たとえば、小学生の頃から社長を目指していた丹下さんは、得意で好きなロボット領域、中でも介護領域のロボット会社の創業を企んでいた。そして、そのためにロボット開発で有名な早稲田大学に行くことを志していたという。なんという小学生だろう。

大学生の頃には、社長になる夢の解像度がさらに高まり、30歳までに「お金の稼ぎ方」「人のマネジメント」「経理や財務」がマスターできることを目標とした。しかも、起業時の軍資金確保のために同じく30歳までに年収1000万円稼ぐことも設定していたのだ。こうして、ハードルの高いゴールから逆算して、その実現に必要な身近な目標をバックキャストして設定する思考癖がついていたのだ。

この「少し先の未来」の内容も大切だが、伝え方にも丹下さんはこだわっている。人前であまり話さない彼はブログなどで彼のビジョンを説明している。日々の業務や戦略がどのように、ビジョンに結びついているのかを、細かに社員に情報共有しているという。さまざまな方法で情報を発信し、一つひとつのメッセージがメンバーの心に響くように言葉選びにもこだわっている。

また、丹下さんの考えをまとめたものだけでなく、役員会議の内容をテキスト化して要約したものも定期的に配信している。経営陣の議論がリアルに全員従業員に伝わり、経営意識を持てるのではないかという考えのもとの取り組みだ。

「意識伝播の手法は起業家のタイプによって合う・合わないがあるでしょう。メンバーの心が動くメッセージを練り上げる力が大切だと思います。究極的には、『毎日ぼーっとしていても売上が上がる』くらいの状態をつくり出していきたいです」

ビジョンの共有は効果的だが、年間新規で2500人もの採用をしていると、一人ひとりのエンゲージメントを維持することが難しいことも事実だ。

ソフトウェアテスト事業が軌道に乗る前、モチベーション管理がうまくいかず苦い思いをしたことが、丹下さんがこの分野に注力している背景にある。2008年10月、まだ従業員数も少ない頃、社員が3、4人と辞めていってしまった時期がある。

「ところでさ、どうする? この会社……」

「俺はもう辞めようと思う」

「どうせ潰れるのなら、せめてその前に給料を上げてくれ」

このような重い空気の会話が経営室で行われていた。会社として売上1・8億円ほど、利益も2000万円ほど出ていたので、とりわけ業績が問題だったわけではない。それまで何度も社内で立ち上がったいくつもの事業やプロジェクトが不振に終わり、撤退してしまう事態が続いていた頃だ。それが原因で社員の心が離れかけていた。

こうした事態に二度と陥らないように、従業員がいつでも楽しく働けるような環境づくりを丹下さんは意識してきた。その一環として、「いちゃ部屋」という社内SNSを開発し設置した。ここでは雑談や愚痴もOK。ポイント制度があり、社員同士が成果を上げたり、感謝したいメンバーに対して、ポイントという形で思いを伝え合えたりすることができる。タグ付け機能もついており、社員は自分のプロフィールに「子煩悩パパ」「カレー好き」「ダンス部」などとタグをつけることができる。一人ひとりの属性をタグ化することで、部署を超えて交流が生まれるような仕組みにした。

他にも、ある拠点では「白石商店」というユニークな取り組みがあった。これは、白石さんという社員が自主的に運営していたオフィスでの置き菓子サービスで、白石さんが定期的にお菓子を買ってきて、オフィスの一角に貯金箱とともに設置してくれるのだ。従業員たちは食べた分のお菓子のお金を貯金箱に入れる。シンプルな取り組みなのだが、白石さん一押しのお菓子を皆で一緒に食べることで、なんともいえない一体感が社内で広がるのだそうだ。

2つの仕組みは、複雑な人事制度ではない。極めてシンプルな取り組みだ。しかし、こうしてのびのびと働ける環境を準備することが重要だ。「会社を使い倒せ」「自分中心に働け」と説く丹下さんは、従業員にとって会社を人生の実験室にすることを望んでいるようだ。

持ち味を尊重したM&Aで組織を拡大

年間2500人の従業員をオーガニックに採用し続けながら、SHIFTはM&Aも積極的に実施して、組織規模を拡大している。それまで全く別の事業体として運営されていた会社が同じグループとして運営していく際は、カルチャーや人事制度に始まり、ビジョン、経営方針など異なるポイントが多く、社内摩擦が起きるケースが多い。場合によっては買収を通して組織崩壊を起こす企業もある。諸刃の剣になり得るM&Aを丹下氏はどのように扱っているのか。丹下氏はM&Aにおいて「遠心力」と「求心力」が大切であると述べる。

遠心力は簡単にいうと、被買収企業の持ち味をそのまま活かすということだ。具体的に、買収した会社の社名は変えず、基本的には社長も変えず、その会社独自の文化や制度などを無理にSHIFTと同じように変更することもしない。上下関係もつくらないためにも、親会社と子会社のような表現は一切しないように徹底している。グループ全体のガイドラインは丹下さんが定めつつも、具体的な戦略や予算などは各グループ会社に自ら考えてもらう。丹下さんによる介入はほとんど起こらず、むしろ各社の経営陣をコーチのようにサポートする。こうしてそれぞれのグループ会社の元々の強みが最大限活きるように尊重する。

一方で求心力については、営業リソース、人材リソース、プラットフォームなどグループのアセットを共有財産化していく考え方だ。象徴的な例としては、グループ会社間の出向・転籍が頻繁に行われている。こうしてシェアすることで生み出せるシナジーは、徹底的に実現していく方針だ。あくまで対等に「ONE-SHIFT」をつくり上げていく一員として扱っているそうだ。こうすることで、組織規模を大きくしていきながら、グループとして取り組める会社をつくり上げている。

【参考文献】
○SHIFT 公式サイト（https://www.shiftinc.jp/）
○「大の視点」（丹下さんの note　https://note.com/shift_tanges001）
○DIMENSION　NOTE（https://dimension-note.jp/manager/detail/71）

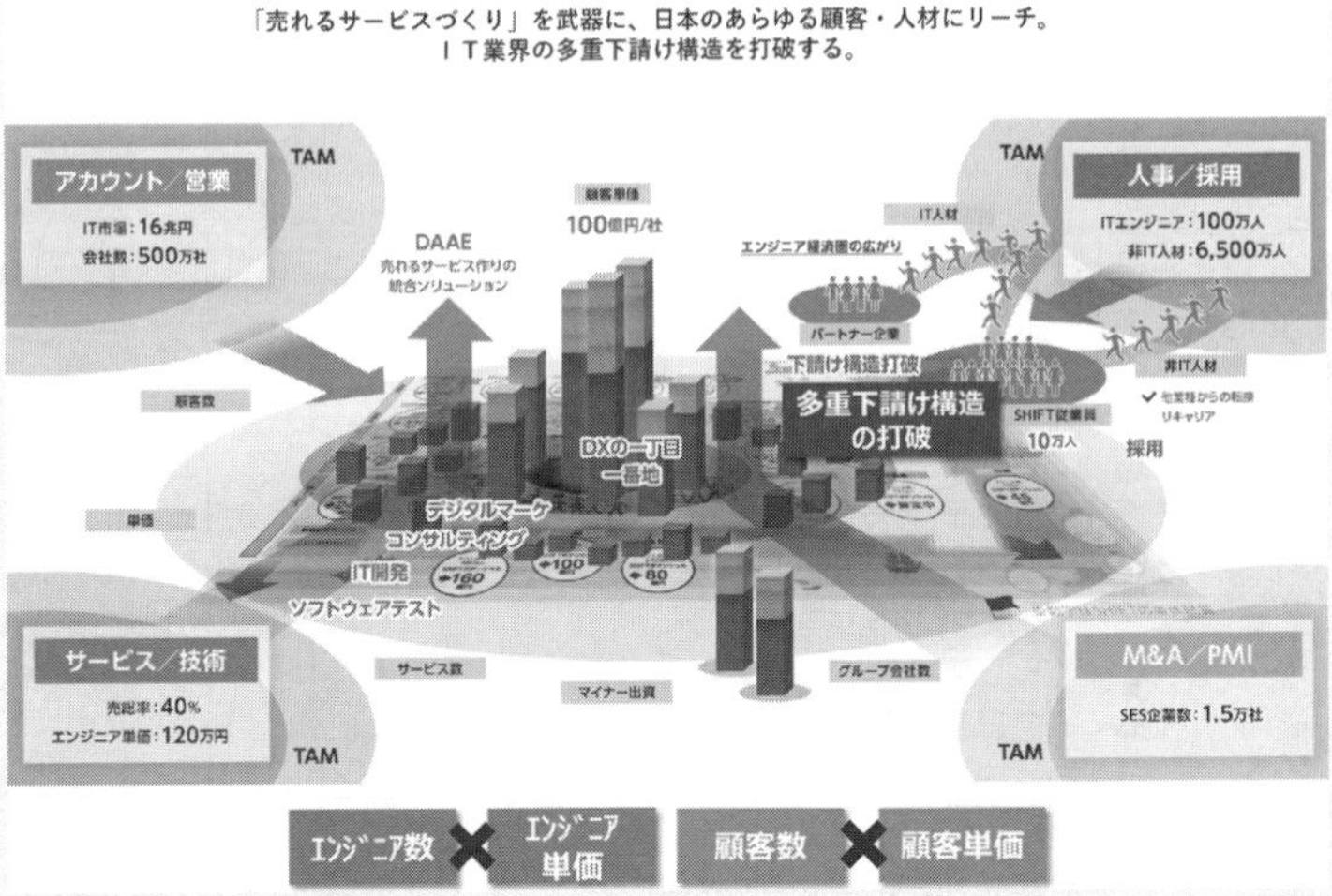

SHIFT のビジネスモデル
（出典：株式会社 SHIFT　2022 年 8 月期　第 4 四半期および通期　決算説明会資料）

実践のためのさらなる学び

採用のノウハウ

事業計画からの先読みと、2段構えの採用のススメ

出資支援先の経営陣の皆さんから、

「いつ頃、何名くらい採用しているのが理想的か」

といったご相談を頂くことがある。これは取り組む領域やビジネスモデルによってさまざまであり決まった回答はないが、事業計画から先読みして採用をしていくことはどのスタートアップにとっても共通して重要になる。スタートアップ＝成長という定義を紹介したが、事業の規模化と人員の拡大はセットであるため、事業の急速な成長を見越し、先読みして採用を進めておけると理想的だ。

仮に1年後に月商1億円という目標があるなら、そこからマーケは○名、営業は○名……という

ように必要な人材を因数分解し、逆算してみることを提案したい。もちろん、実際には事業計画どおりには進まないことも多い。候補者を探し、惹きつけ、入社してもらって戦力化するまでにはどうしても一定の時間がかかる。創業初期はサービス開発と顧客獲得で手一杯になり、組織について考える余裕があまりない場合も多いだろう。

しかし、サービスが急成長する頃には、

〝人手が足りない〟
〝採用が間に合わない〟
〝管理職はどうしよう〟

と悩んでしまうケースが多々見受けられる。人員不足により成長の機会を逃してしまうことは大きな機会損失であり、とてももったいない。競争の激しい成長市場では、ほんの数か月の成長の差分でマーケットのリーダー的な地位が確定してしまった事例もある（例：第1ステージで紹介した、メルカリ×フリルの事例）。戦略（計画）に組織は従うという大前提を押さえ、先読みしながら採用活動を進めておきたい。

では、具体的にどこまで採用すべきか？　この問いに対しては、最低限の〝ベーシック人員〟と〝チャレンジ人員〟を分けて考えてみるのも1つだ。どういうことかというと、

①事業計画の中の保守のプラン＝手堅くおさえるべきところに必要な最低限の人員数・要件
②攻めのアグレッシブなプラン＝チャレンジングではあるがここまで行けたらすごい、という部分

の2つにわけて考える手法である。要は、採用を2段構えにしておくのだ。採用に幅と柔軟性をもたせるということが主な狙いだが、①のプランで基幹となる足腰の部分を整えることで、バックオフィスなどの業務を安定させる狙いもある。

というのも、スタートアップの組織においては、トップラインの売上をつくれるスター人材が重要視されがちで、重要性が高い（が緊急度は低い）守りの部分は後手にまわしがちなケースが多い。しかし、組織が崩れてしまったケースを客観的にひもといていくと、その理由の1つはバックオフィスやロジ面（ロジスティックス）の弱さに起因することも多い。たとえば、

・経営管理のこまごまとした業務で実働してくれる人材
・営業の事務を的確に&丁寧に裁いてくれる人材
・細かいオペやロジの部分を粛々と対応してくれる人材

など、守りを固める意味でも、そういったポジションは、早め早めに手厚く採用することを強くお勧めしたい（ここでは2段階で表現したが、松竹梅のように3段階など、やりやすいように設計してもらってかまわない）。

優れた人を採用するため、1つひとつの出会いを大事にする

発信により自分のリーチできる範囲を広げながら、次に意識すべきことは何だろうか。それは、惹きつける人材の質を高めていくことではないだろうか。よく「自分より優秀な人を採用すべき」といわれるが、それを実現するためには何が必要になるのだろうか。特に、最初の5人、10人にどういった人が集まってくるかによって、組織のカラーや成長速度は大きく変わってくる。我々のメディアに出演してくれた起業家の事例から、創業期に優れた人材を惹きつけた実例を1つ紹介したい。

その会社の創業メンバーには代表に加え、CTOと凄腕の技術者の3人がいた。この3人が集まり同社を創業することになったエピソードが大変興味深い。

創業前、同社の代表はある商社の傘下のベンチャー投資ファンドで働いていた。アメリカに渡り現地のベンチャーへの投資家活動をしていた当時、とあるオープンソース管理ソフトを運営する著名ベンチャーへの投資枠を確保するために奔走していたという。同社に好印象を与え投資枠を獲得するため、日本展開の支援も活発に実施していた。その活動の一貫で日本のカンファレンスに登壇してもらい、日本での露出を高める施策に取り組んでいるときだった。

そのカンファレンスでたまたまリーダーをやっていたのが、後にCTOになる人物だったのだ。創業初期のメンバーとしてメガベンチャーの立ち上げに携わっていた同氏と馬が合い、すぐに好感を抱いたという。優れたエンジニアでありながら、客前に立ち具体的なニーズを吸い上げることが好きなスーパーエンジニア。そう感じた代表は自分よりも遥かに年下でありながら、尊敬し合える同氏へ共同創業を持ちかけたという。

この事例のように、日々の仕事の中で偶然出会った人物が共同創業者となった、というケースは我々の出資支援先の中でもよくある。こういった縁は、やはり人が持ち込んできてくれることが多い。テレワークの浸透でリアルな出会いは減っているが、こういった縁を呼び込むためにも、さまざまな人と会うという活動量は一定程度確保し続けるのがよさそうだ。ただし、フットワークの軽さは大切だが、やみくもにカンファレンスやイベントに出て消耗してしまうのはもったいない。自分の適性にあわせて、一定数の人に会い続ける仕組みを見つけるのが理想的だ。

実は、この会社の話には続きがある。2人の出会いのその後に、スーパーエンジニアが1名加わることになる。社長とCTOが一緒にビジネスプランを練りはじめた頃に「圧倒的にすごいやつがいる」と、当時メガベンチャーでインターンをしていた大学院生のスーパーエンジニアを連れてきたのだという。創業初期にして、かなり有力な開発パワーを手にしたのだった。

優秀な人材は優秀な人材をひきつける。創業初期だけではなく、成長し続けている企業には、こうしたトップタレントが集まり続けていることが共通している。ただし、その実現には経営者がトップタレントを集める組織づくりに力を注ぎ続けることが欠かせない。一貫して自分よりも優秀な人を採用する方針を掲げ続けていくべきだろう。事業経営において、「最後は人」と頻繁にいわれているが、「最初から人」だといっても過言ではない。

創業チームは補完的な関係で構成する

日々発信し続けること、自分より優秀な人を採用することの大切さをみてきた。だが、出会う人全員が創業初期のチームにふさわしいメンバーになるかというと、残念ながらそうではない。どのような創業チームが適切なのか。正直この点はいろいろな考え方があり正解はない。我々が日々多くの経営チームと接していく中で感じる1つの勝ちパターンは、補完関係を持てる創業チームだ。

たとえば、メンバーの指向性。起業家には、熱い気持ちを原動力にアクションに変えて状況を打開していく一点突破力がある人が多い傾向がある。この行動力の高さが、起業の初期には事前を前に進めていく原動力になる。一方で、事業をスケールしていくにあたっては、状況を俯瞰して捉えて、意思決定をする思考力に長けた人材も必要になってくる。このように、お互いの「マインドの指向性」「行動力・思考力」の違いはどうしてもあるので、自分の強みと弱みを認識した上で、お互いを補完するようなチームづくりができると理想的だ。

もちろん、正反対の2人が一緒に組めば、意見がぶつかり合うことも多い。しかし、起業につきものの苦しい局面に直面したときに、互いに補完し合いながら乗り越えていくことができる。補完的な関係で創業するということは必然的に1人で創業せずに、チームで創業することになる。優秀なプレイヤーほど、この点を見落としがちな面もあるように感じる。自分が見つけたアイデアを自分で立ち上げて、起業する。もちろんそれで上手くいくケースもあるが、1人でできることには限界がある。シニアな経営者や投資家がよくいうように、トップが9割を決めるというのはまさにそのとおりだが、自分に足りない部分を謙虚に補完できるかも含めてトップの力量である点は、忘れてはならない。

前出のマザーハウスの山崎さんは、こんな風に語ってくれた。

「社内で信頼できるパートナーを持つことが理想ですが、家族や恩師、彼氏彼女でもいいので、とにかく自分ひとりで抱えるのではなく、適度な『逃げ道』をつくることが大切です。経営者は孤独に抱え込むのではなく、とにかく『独りになるな』。この意識が経営を続けるためにはとても重要だと思います」

我々の取材で起業家・経営者の皆さんにお話しを伺う際、彼らに経営人生を振り返ってもらうと、

いわゆるハードシングスがいくつもあったと回想し、創業以来の仲間がいなければやり切れなかったと振り返る方が多い。そのように支え合える経営チームをいかに早く構築できるかが事業成長の鍵になってくるのは、間違いない。

皆さんにとって、自分の後ろを任せられるようなメンバーは誰だろうか？

配置と体制づくり

事業戦略に基づき、組織の羅針盤となる組織図をつくる

これまで見てきたように、スタートアップの人事組織づくりにおいて、まずはいい人材を採用することの重要度が高いことは間違いない。しかし、採用した人材を自由気ままに動くことを認めてしまうと、掛け算型で非連続的な成長を遂げることは難しくなる。そのため、まずは経営陣が戦略を練り上げ、そこに基づいた枠組みと規律をしっかりと準備し、適切なメンバー配置を実現していくことが欠かせない。

その羅針盤になるのが、メンバーの配置と役割分担を決める組織図だ。人数が少ないのに組織図？と思うもしれないが、しっかりと考えられた組織図が手元にあれば、メンバーの目標や評価を決めていく際の羅針盤・土台になっていく。重要だが緊急度は高くないため、売上や利益といったわかりやすい指標と比べるとどうしても後手に回りがちだが、事業の実現には組織の充実が欠かせない。急速な成長を目指すスタートアップだからこそ、初期の段階からしっかりと組織図を描いていくことをお勧めしたい。

未来の組織図から逆算することの効用

組織図についても、未来の組織図からの逆算でつくっていくのがオススメだ。半年後、1年後に事業（売上、利益、プロダクトの完成度など）がどうなっている必要があるのか。その数値目標を達成するために、どのような組織図を描く必要があるのか。事業の目標を実現するために、どのポジションに、何名必要なのか、必要人数を書き込んでいくのだ。先述したように、組織図には役割と期待値がはいってくる。

- どの階層、どの職種が必要になるのか
- それぞれのポジションに、何名の人がいてほしいのか
- 今いるメンバーは、未来の組織図のどこに位置するのか
- その位置にいてもらうためには、どんなスキルが必要なのか
- 社内で充足しないなら、どんな人が必要になるのか

というように、どんな役割を担ってもらいたいのか、そういった思いを逆算しながら反映させていく。事業の計画は、たとえば3年後、1年後、半年後、3か月後、1か月後というように未来か

らバックキャスト（逆算）して足元の数値達成に取り組む人が多いだろう。事業計画と同様に、組織計画も並行してつくりこみ動かしていくのだ。

逆にいえば、組織が描けないと、事業は実現できない。四半期毎ごとなど事業を定期的にチェックするのが一般的であるように、組織図を羅針盤に定期診断を行うことを提案したい。

最初の人事担当者はいつ、どんな人を採用すべきか

また、初期～中期の頃の限定の話だが、どの段階から人事を採用するかというイシューもある。これには流派がある。読者の皆さんが外部投資家から資金を受け入れたり、先輩の起業家の方に判断を仰いだりすると、何をおいてもすぐ人事を採用すべき、という考え方を聞くことがあるかもしれない。これも確かに1つの考え方だ。しかし、我々は別の考え方をもっている。一定の事業規模に達するまでは、外部の力をうまく活用することで、専任者を置かないという考え方もアリだと思っている。

なぜか？　その説明のために、人事の役割を分解して考えたい。〝人事〟という言葉はビッグワードだが、その要素を分解すると、大きく2つに分けられる。どんな企業でも法定上絶対に満たさないといけない内容（労務管理・給与支払い・上場準備に伴う一連の準備など）と、必要に応じて対応していく内容（文化の浸透、教育、あるいはイベントなど）に分けられる。前者をハード系人事（ベーシック人事ともいえる）、後者をソフト系人事（クリエイティブ人事ともいえる）と定義したい。

ハード系（ベーシックな内容）人事＝絶対にやらなければいけない
例：労務管理、給与支払い・上場に伴う一連の準備
ソフト系（クリエイティブな内容）人事＝必要に応じて対応していく
例：文化の浸透、教育、イベント、社内報、福利厚生など

こうして分けると見えてくることは、ハード系人事はある程度外部の力を借りることができるということだ。特に、初期のスタートアップでは固定費を抑制する必要があることが多いので、可能な限り外部のエキスパートの力を借りて、無駄のない体制を築いておくことはコスト管理の観点でも望ましい。この段階で専任の人材をあせって採用するよりは、そもそもどういった会社にしていきたいのか経営メンバーで議論しつつ、ざっくりとでもいいのでシナリオをもっておきたい。

さて、この考え方に沿うと、初期の頃の人事としては、ある意味〝総合職〟的に、縦横無尽に幅広く拾っていける人が望ましいケースが多い。言い換えると、外部の方の力も借りてベースとなる労務などに対応しながら、少しずつ会社に必要な制度やしくみを経営陣と一緒につくっていける人材が理想的だ。逆にいうと、一定規模以上の会社で人事をやっていた経験者は一見魅力的だが、細分化された業務の一部を担っていたケースもあるので、大きな企業の人事の在り方にとらわれてしまう場合も多い。会社のステージに柔軟な対応ができるか、その点を注意深く見極めることが必要になる。

まとめると、〝人事〟という言葉はビックワードで人によって持っているイメージが異なるので、

・今のステージで、具体的にどの役割が必要か
・その役割のどこを外部で、どこを内部で担うか

を考えてみることを提案したい。もちろん、会社の成長と共に、徐々に各領域のエキスパートに権限移譲することになるため、初期の人事の役割を担ってくれたメンバーには、採用の統括や人事全般の責任者への役割変更があることを補足しておきたい。

創業初期のエンジニアの力の借り方

スタートアップといえば、技術責任者であるＣＴＯの存在も欠かせない。まず考えるべきは、そもそもＣＴＯが本当に必要かという点だ。技術ドリブンのスタートアップにおいて欠かせない存在であることはいうまでもないが、実は無理しておく必要がない事業領域やステージのことも多い。

・本当に内製化が必要か
・外部と内部のハイブリッドで運用できないか

をまず問うてみてほしい。結果的に、実は現時点でＣＴＯほどの人を社内に置く必要はなく、テックリード（技術面の責任者の方）がいるくらいで当面はよさそうとなるケースもある。あるいは、初期の段階では、外にマネージャーをおいて、中でジュニアメンバーを育てていくスタイルもある。外と中のハイブリッドについて我々の支援先の初期のパターンを見ていると、

・社内テックリード＋外部の方に依頼

・社内メンバー数名＋外部のシニアの方によるコントロールと指導

などがある。もちろん、展開する業態によって、たとえばＤ２Ｃ系のスタートアップではエンジニアよりもデザイナーが中にいたほうがいい、というケースもある。領域やステージごとに判断はさまざまだが、原則として会社としての競争優位につながる部分は内製化しておくべきである。

いざ、外の力を借りるとなったら、金額とスピード感を判断軸において評価をしていくといいだろう。金額的に少し上乗せしても、外の力をうまく使えば解決できることもある、ということを経営チームは知っておいて損はない。我々の出資支援先でも外部のエンジニアの力をうまくかりて、サービス開発を進めている事例も多い。「geechs job（ギークスジョブ）」などを筆頭に、フリーランスのエンジニアを派遣してくれるサービスも増えてきている。社内でがっちりと体制をつくる前に、外部のプロフェッショナルの力を借りられないか、一考してみる価値はある。

実際にフリーランスを活用した支援先は、その技術力を借りて新しい機能を追加でき、さらに開発速度そのものがあがったという。外注先にすべてお願いしてしまうと、問題が起きたときの対処のプロセスが見えづらかったり、対処に思いのほか時間がかかって不満がたまったりということも起こりやすい。中の人として活躍してくれるフリーランスの力もうまく借りながら、中と外のハイブリッドで進めていくことも一案として検討してみてほしい。

ベーシックな評価制度をざっくり準備し、アップデートを重ねる

最初は評価制度からスタートする。まずはざっくりとしたものでいいので、等級（グレード）、評価項目、報酬をセットで作成し、事業の成長とともにバージョンアップを重ねていくといいだろう。これらがベースにあることにより、必要な教育・トレーニング、管理職の数などを考えることができる。

メンバーが退職してしまう理由はさまざまだが、評価に納得がいかない、目標が明確ではない、などが理由として挙がってくることはやはり多い。最初は満足していた社員も、会社の成長と共にポジティブな変化が見られない場合には不満を抱いてしまう可能性があるので、定期的なアップデートが欠かせない。特に、日々経営者の皆さんと接している中で、経営者は大きな金額に注意を払うため、一般の方のＰＬ感覚とズレている面があると感じることがある。また、株式を持っている経営陣とは異なり、主な収入源である会社からの給与が上がらない場合、長期で働いてもらう難易度

は高くなるケースが多い。最低限の機能を備えたサービスを打ち出して改善を重ねていくのと同様に、評価制度も最低限のものを準備し、事業と組織の状況にあわせてバージョンアップを重ねていこう。

評価項目と時間軸

まずは非常にシンプルかつ当たり前のことだが、具体的な手法の前にどんな人を評価するか、その解像度を高め、経営メンバーの間で言語化しておくことをおススメしたい。なぜなら、評価項目やプロセスは、組織の中でどんな人を評価するか、が起点になるからだ。この時点であまり細かく決める必要はなく、まずは「評価項目ってこうだよね」「時間軸でいうとこれくらいでみていきたいよね」ぐらいの、大枠を決めていくのが望ましい。

しっかりと再現性のある成果を評価していくなら、一定の時間軸が必要だ。一方で、多くのメンバーは評価があることによって、たゆまず働ける側面がある。たとえば半年ごとに評価するのか、1年ごとに評価していくのか、まずはその時間軸を決めてみる。それに応じて賞与の分配を決めていく、という流れが一般的で、報酬体系の全体像も見えてくる。

もちろん、赤字の段階で社員メンバーに大きな賞与を付与することは難しい。スタートアップに来る次点で腹をくくってきている人も多いと思うが、長期間給与が上がらない状況が続けば、大切なメンバーの離脱につながりかねない。そんな場合には、ストックオプションをうまく設計していくなどの工夫で対応する方法もある。初期から参画してくれたメンバーだけではなく、パフォーマンスに応じて付与できる信託型の方法もあり、これらは資金調達のステージで記載しているので、こちらを参照してほしい。

○「令和時代をどう生きる〜働き方・学び方（ＰＦＮ関連の回）」（『METI Journal ONLINE』 https://journal.meti.go.jp/）
○「１２０兆のビッグデータ駆使　米西海岸から逆上陸」（https://www.nikkei.com/article/DGXMZO28177730V10C18A3XY0000/）
○「『壊滅的な組織崩壊』も経験、〝デザインの力〟で成長続けるグッドパッチ・土屋氏の流儀」（『DIAMOND SIGNAL』 https://signal.diamond.jp/articles/-/393）
○DIMENSION　NOTE「グッドパッチ 社長 土屋尚史」（https://dimension-note.jp/manager/detail/83）
○土屋尚史さんの「note」記事（https://note.com/naofumit/n/n028df2984256
○「入社特典!? グッドパッチのナレッジシェアカルチャーとは」（『Goodpatch's Blog』 https://www.wantedly.com/companies/goodpatch/post_articles/105366）

Stage:7

事業成長の機会とリスク

成長実現のために頭に入れておきたい主要な論点

スタートアップはその使命として、既存企業ができなかった新しい戦い方をいかに仕掛けられるかという知恵が求められる。一例として、既存企業が気づかなかった／構造上できなかった市場機会（チャンス）を取りに行けるかという論点がある。一方、急拡大を実現する過程ではリスクも付き物だ。本ステージでは、事業成長を実現するためにどのようなチャンスとリスクがあるのか、起業家のケーススタディを交えて考察していく。

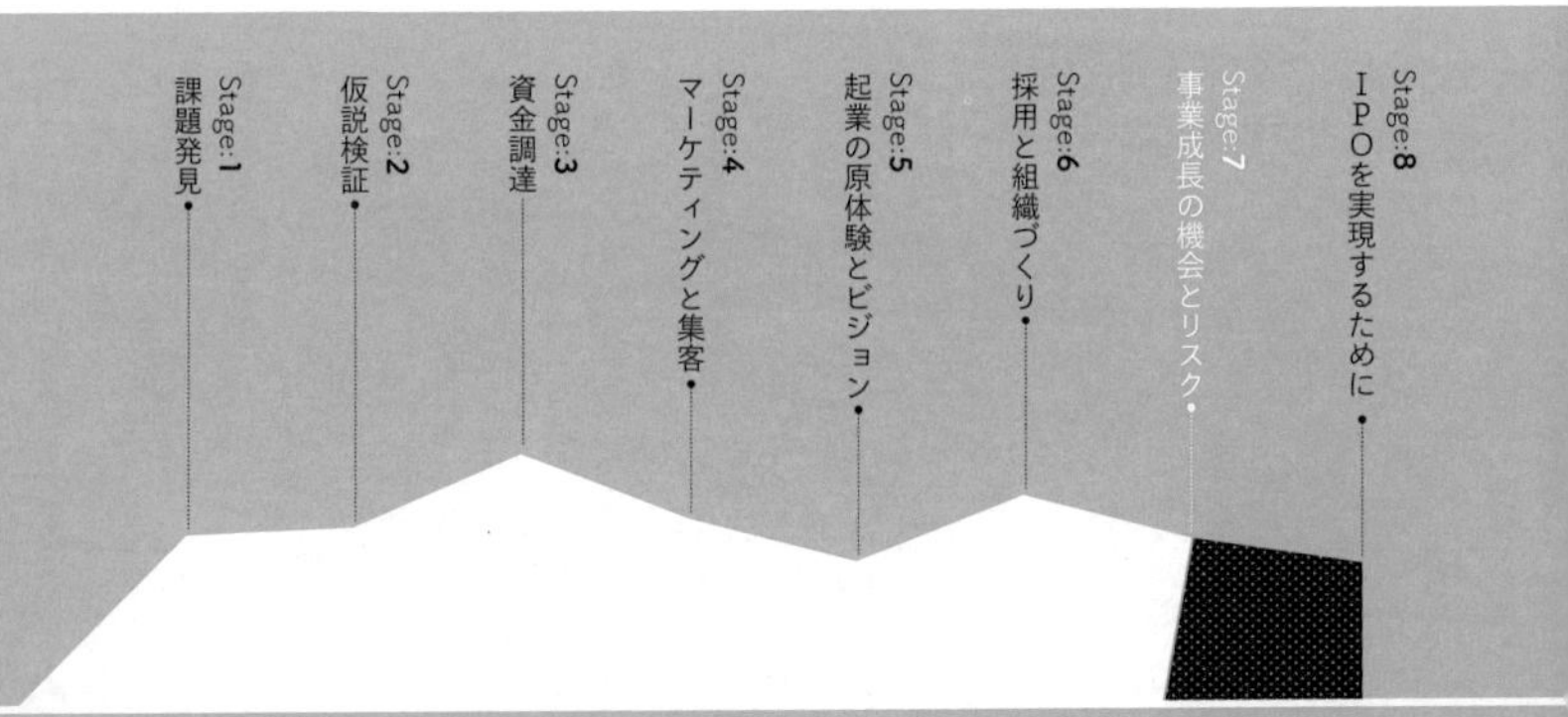

Stage:7 事業成長の機会とリスク

～成長実現のために頭に入れておきたい主要な論点～

本ステージで登場する起業家

Case:K

株式会社マネーフォワード

辻 庸介さん Yosuke Tsuji

1976年大阪府生まれ。京都大学農学部を卒業後、ソニー株式会社に入社。2004年にマネックス証券に出向し、その後転籍。2009年ペンシルバニア大学ウォートン校にMBA留学。卒業時には、全12クラス中、アメリカ人以外で唯一のCohort Marshall（クラス代表）に選出。帰国後COO補佐、マーケティング部長を経て、2012年に株式会社マネーフォワードを設立。代表取締役社長CEOに就任。新経済連盟 幹事、経済同友会 幹事、シリコンバレー・ジャパン・プラットフォーム エグゼクティブ・コミッティー。

Stage:7

「事業成長の機会とリスク」のキーポイント

●市場機会はあなたの強い興味関心から見つけられる。それを誰よりも早く発見する
●頑張らなくても成果が出る仕組みを死ぬほど頑張る
●危機は必ず訪れる。1人で抱え込まず、すべての問題に専門家が必ずいると考える

本ステージでは、マネーフォワードの事例に触れながら、事業成長の機会とリスクにどう向き合うべきか、先輩起業家たちが実践してきたノウハウをご紹介したい。ケーススタディからは、「他社よりも先駆けてニーズをとらえること」「法規制などの危機も早めに専門家と連携して乗り越えること」の重要さがわかる。新規事業を立ち上げていく中で明らかに危機的状況になった場合は、「経営者自らストップを入れること」の重要さについて触れている。通常は表に出てこない「新市場の捉え方、向き合い方」や「失敗をいかにコントロールするか」、起業家のケーススタディから学んでいこう。

新市場の創出

スタートアップの事業構造

スタートアップの事業は大きく2つに分けられる。1つは既存市場の既存プレイヤーを新プロダクトで駆逐し、新しい商流・文化を打ち立てるパターンだ。もう1つは、これまでにないプロダクトで市場そのものをつくっていくパターン。前者は既存市場の効率化であり、後者は新市場の創出という点で構造が異なる。

後者は、現状の顧客候補がお金を払うほどのニーズがあるかどうかも検証が必要なフェーズであり、ニーズの喚起やPR施策が必要になってくる（顧客は欲しかったものでも、サービスを認知できなければそのサービスが欲しいことに気づけないからだ）。

その中での主なポイントを見ていこう。

ニーズを喚起する仕組み

前述のとおり、新市場の創出においてはニーズの喚起が重要だ。顧客は欲しいものであっても、自身のニーズを認識していない可能性があるからだ。そのため、新市場の創出時には顧客に対し「どんな商品が欲しいか」といった類の質問はしてはいけない。新プロダクトについては、現物（プロトタイプ含む）があってはじめて、顧客は自身の課題が何か、課題を解決するプロダクトなのか、いくらお金を払うのか、判断できる。逆に言えば、新プロダクトを顧客に想像させるのは難しいだろう。よくいわれるように、馬車が主流の時代により速い乗り物を求めたとしても、自動車は想像できない。第1ステージ（課題発見）でも述べたとおり、あくまで顧客が非常に困っていることは何か、というベースでインタビュー／ヒアリングを実践すべきだろう。

たとえば、名刺管理ＳａａＳの代名詞でもあるsansan（https://jp.sansan.com/）は、自社売上≒市場規模として成長を遂げてきた。多くのビジネスパーソンが大量の名刺交換をする一方、名刺情報がデジタル化されていなければ、交流情報をストックできない。人材の流動性が上がっていく中で、会社の資産化の必要性を予見していたといえるだろう。某メガバンクが本格導入したのを皮切りに、営業人員を組織的に抱える多くの大手企業がその必要性を認識し、導入していくのである。

ここで1ついえるのは、シンボルになる導入顧客を生み出すことが、他社へのニーズ喚起に大きく寄与するということだ。もしあなたが新市場を創出するプロダクトを開発しており、今後の顧客拡大に悩むのであれば、ぜひシンボルとなる、誰もが知っている大企業に導入を決めてもらうよう営業リソースを注いではどうだろうか。その上で導入プレスリリースを作成し、顧客担当者にコメントをもらうと、よりニーズに気づいていなかった顧客候補の他社にも注意喚起ができるだろう。

加えて、日本の市場構造として「同業他社が導入している」という事実に動かされやすい傾向がある。同業他社でプロダクト性能が発揮されていることを察知したならば、自社としても有用である可能性が高い。その際に導入しないことで同業他社と自社の競争優位性に影響が出かねない、と考える力学がそこに働くからだ。その意味で、欲をいえば業界1位の大企業に導入顧客になってもらうことが、プレスリリース上も有効な施策といえるだろう。

経営者として必要な心持ち

最高責任者としての意志

ここまで新市場の創出について述べてきたが、事業をつくり成長させていくためには、経営者としての判断や心持ちが肝要になる。

・最後は自分が責任を持つ
・抱え込まずに、専門家と仲間に相談する
・横の経営者仲間を大事に

社長とそれ以外の人間で、最も大きな違いは企業・事業の最高責任者は社長であり、いかなる危機が起きた際も自身が責任を持ち続ける、という意志が大事になる点である。一方、一人で課題を抱え込むと精神的に参ってしまうケースもあるので、それぞれの論点について専門家と相談し、負荷を分散するように努力したい。

第1ステージでご登場いただいた谷郷さんは、ご自身がついつい突き詰めて考えすぎてしまう傾向があるため、気楽に&楽観的に考えられる仲間を意図的に増やし、困難に直面したときはそういった仲間のアドバイスをもらうようにしているという。究極のところ社長の仕事は意思決定であり、どんな選択肢があるかについては専門家が一定の幅だしをしてくれるので、そのアドバイスをもとに今後のアクションを淡々と決めていく、その冷静さを保ち続けなくてはいけない。

内容によっては精神的に堪える点もあるだろうから、その場合には同じ境遇にいる経営者で相談できる仲間をつくっておくのもいいだろう。同じ境遇にいないと分からない悩みや葛藤が必ずあるはずで、その際に相談できるのは助かるはずだ。ちなみに、危機が起きた際には信頼できる株主に事前に相談しておくと、過去に類似事例が起きた際の対処法についてもアドバイスがもらえることも多い。ベンチャーキャピタルを外部株主として迎えるメリットの1つともいえるだろう。

Case:M

マネーフォワード株式会社　代表取締役社長CEO　辻 庸介さん

合理的な意思決定よりも同じ道を歩むという志を

辻さんがたどった成長の過程と危機の乗り越え方

1 マンションの一室で創業
2 ネット証券の台頭で追い風が。グレーゾーンでの取り組みが課題に
3 新サービスを開始するもマネタイズできずクローズ
4 官公庁などと共に仕組みを整備し、お金の流れを変え日本経済を活性化

前ステージでもご登場いただいた、マネーフォワード 代表取締役社長CEOの辻さん。本ケースでは、辻さんがどういったプロセスで創業し、さまざまなピンチや危機を乗り越えてきたのか見

ていこう。

制度上グレーな点があれば、官公庁と一緒にルール整備をしていく

新卒でソニーへ入社した辻さんは、その後マネックス証券へ出向、転籍やMBAを経てマネーフォワードの設立に至る。マネックス証券時代には、ネット証券時代が到来し、次世代の金融サービスが産声を上げるタイミングであった。ネット証券の台頭で取引手数料が劇的に下がり、グローバルな金融商品を簡単に購入できるという変化が生まれていた。辻さんは当時の状況をこう見ていた。

「実際に証券を売り買いできていたのは国内でも数百万人のユーザーだけで、損を出している人も多く、一般の方が手を出すにはまだまだハードルが高かった。個人にとって投資するのにすごくいい『武器』ができたと思う一方、『武器』をどのように使ったらいいのかが分からないという方が多いのが実情だったのです。

「私は、このような課題を知り、『武器』の使い方そのものや、個人の家計設計といった、より根本的な課題解決につながるサービスの必要性を感じるようになりました」

ネット証券というチャンスは到来しても、それを消費者が活かすにはまだ距離があり、この距離を埋める橋渡し役が必要だと感じたわけである。「誰もつくらないならば自分でつくるかしかない！」と思い、サービスの開発に取り掛かったのだ。とはいえ、開発は茨の道であった。

現在でこそ、高いセキュリティを担保してマネーフォワードのアプリ上で各銀行・クレジットカードの口座情報が集約、整理できる仕様になったが、これが実現する前には各金融機関のＩＤ・パスワードといったログイン情報をユーザーから預かる必要があった。マネーフォワードでは、スクレイピング技術を使ってユーザーの代行で金融機関サイトにアクセスし、情報をアプリに集約する仕組みだったのだ。

全国銀行協会（全銀協）のスクレイピングに関するガイドラインに沿ったものであったが、自動でデータを取得する仕組みがグレーゾーンと認識される可能性が当時はあった。ユーザー数が増えるとグレーゾーンのまま走り出すリスクは当然増える。マネーフォワードとして現行法でどういった運用が適切か、検証しながら進めていた。

その矢先、金融庁から問い合わせを受ける。「聞きたいことがあるから来てくれないか」という連絡だった。何か規制に引っかかることをしたのではと戦々恐々としながら、金融庁の会議室に入ると、「講演してほしい」とのことだった。Fintechという言葉が日本で広まり始めるタイミングで、マネーフォワードとして業界全体の提言や市民からの理解を得るコミュニケーションを執行役員の瀧俊雄さんが陣頭指揮を取りながら進めていった。

「会社として社会的課題を解決するという目線での情報発信が足りていない」「日本のどこか1つのプレーヤーが活躍するだけではなく、官公庁などのパブリックセクターとも一緒になってルールをつくり、日本経済をよくしていくという意識の欠如」を感じていた辻さんとしては、いいタイミングでのオファーだったる。

「先日、瀧と面談しているときに「この1か月ほとんどマネーフォワードのためというより、日本のFintechのために時間を使っているのですが、これでいいのでしょうか?」と相談されました。

「もちろん、マネーフォワードは会社として売上を伸ばし、利益を上げる必要があります。なので、経営陣の限られたリソースをどのように使うべきかは、経営判断としてとても大切です。ただ、今はまだ業界の過渡期であり、自社だけではなく業界全体を動かしていくような発信力や巻き込み力も大切だと考えています。

「社会を前進させていくことができれば、おもしろいじゃないですか。瞬間的には全く合理的じゃない意思決定をしているかもしれませんが、瀧の活動は理解してサポートしていきたいですね」

"やめる"決断も社長のしごと

マネーフォワードだが、これまでの軌跡には多くの危機があったという。たとえば、

・アプリの接続先である金融機関からの接続拒否
・データセンター一帯の大停電によりユーザーの情報喪失の危機に直面
・競合スタートアップによる提訴
・リニューアルしたサービスを1日で撤回

といった危機を実際に乗り越えている。

サービス開発に関しての具体的な失敗談として、ユーザーがお金の悩み相談ができるチャットサービスが挙げられる。お金の相談は病気の相談と違い、相談者本人が痛みや課題に気づいていなかったりする。つまりはチャットで的確な相談が難しいのだ。

そこで店舗での対面相談形式に切り替えた。そこでは見事に高い顧客満足度を獲得し、サービスのPMF（Product Market Fit）は間近に思えた。ところが、店舗／人件費コストを補う収益化に苦戦したのである。通常の保険代理店や証券会社の支店では金融商品を販売し、手数料をもらうため

成り立つが、マネーフォワードとしては特定の商品を売ることをゴールとしては、ユーザーから信頼されている中立的な立場が崩れてしまうリスクがある。ここで辻さんは悔しながらサービスクローズを決断した。

当初、サービスクローズの決断にあたっては、「情けない社長だ」と言われるのが不安だったという。自分を信じて転職してくれた社員たちを思うと、過剰に強がり、情けない社長になってはいけないと構えてしまっていたそうだ。後に「結果が出ていなくとも、間違ったら正直に謝るほうがいい」と考え方も変わっていった。サービスに関わってくれた社員やユーザーのことを考えれば、判断を先延ばしにしたくなるものだが、それこそ〝やめる〟という決断ができるかどうかは、リーダーにかかってくるのだ。

身をおく環境を選ぶ

創業期のチームづくり、採用ポリシーを辻さんは3つの観点で見ている。1つ目は、シンプルにその人の持つチカラを計る。2つ目は、1人では何事もできないので、チームワークを取りながら仕事を進められる人かどうか。最後は、マネーフォワードのミッションやビジョンに共鳴しているか。特にその人がどんな目標を持っているか聞くようにしているという。候補者本人が目指すキャリアとマネーフォワードが提供する環境が一致できるかどうか、お互いに確認していくようにするという。

最後に本題とはそれるが辻さんのモチベーション維持の方法を教えてもらった。自分が成長せざるを得ない環境に身をおき続ける、というメソッドだった。

「サボり癖があるんで、基本的に自分でやれないんですよ。だから、やらざるを得ない環境に身をおこうと決めています。行き当たりばったりなので、そんな立派なものでもないんです（笑）。強いていうならば、環境は選ばないといけないと思っています。成長している人は、すごくいい環境に自分の身をおけている。周りに恵まれているということなんです」

スタートアップ転職を考えている読者は、この点も是非参考にしてもらいたい。

【参考文献】
○マネーフォワード公式サイト（https://moneyforward.com/）
○「ユーザーの信頼を得て、〝FinTech の顔〟へ――マネーフォワードのパブリックアフェアーズ」（『PublicAffairsJP』 https://publicaffairs.jp/interview_toshiotaki_20/）
○辻庸介・著『失敗を語ろう。「わからないことだらけ」を突き進んだ僕らが学んだこと』（日経ＢＰ、２０２１）
○DIMENSION NOTE（https://dimension-note.jp/manager/detail/32）

危機への対処

ここからは事業成長にあたって、頻繁に起きやすい経営リスクとその対処法について触れる。

事業が伸びないときの対処

起業後、まっさきに起きる可能性がある問題は「事業成長の鈍化」である。逆にいえば、事業と売上がしっかり立ちさえすれば、進み方はいくらでもあり得る。それくらい事業が伸びないのは根本的な課題であり苦しいことである。

とても大切な話なのでもう少し分解してみると、

①そもそも事業像がぼんやりしている、立ち上げたはいいがピンと来ていない
②事業は立ち上げたが、顧客が集まらない

③顧客候補はいるが、契約に至らない
④契約には至ったが、継続しない、満足しない

などの段階がありそうだ。それぞれについて見ていこう。

①事業像がぼんやりしている

「顧客が何を課題と感じていて」、それに対する「打ち手としての事業」というつながりが言語化できていないことに起因する。誰が何に困っていて、どんな打ち手にお金をいくら払うのか、これこそが事業テーマの根幹だ。もし事業像がふんわり、ぼやっとしているのならば、顧客理解の詳しさと解像度を上げる努力が必要だろう。顧客理解を深め、その先にある市場への理解を深めていく要領になる。というのも、どんな顧客層がどの程度いて、それぞれの顧客層の課題に合わせた打ち手の数があり、さまざまな打ち手の中で「なぜか」自社製品を選んでもらえる差別性・優位性がなくてはならないからだ。顧客課題の積分こそが潜在の市場規模であり、顧客が支払った金額の積分が顕在の市場規模である。悩んだときは、まずこの原理原則に立ち返ってみることを提案したい。

・顧客はそんなことに困っていない／気づいていない可能性はないか
・困っていても他に解決策があるのではないか
・顧客から見て、一番投資対効果が高い選択肢になっていないのではないか

といったあたりから見直してみるのが手っ取り早い。しかもこの見直し自体はお金がかからず、事業初期なのでいくらでも調整が利く。顧客を見ながら事業像を検証し、修正することを恐れる必要は一切ない。なかなか答えが見つからないと思っても、顧客理解が進んでいる限り、確実に真実に近づいている。この段階で焦る必要がないことは繰り返し伝えておきたい。

②顧客が集まらない

「事業は立ち上げたが、顧客が集まらない」も①の対策アプローチに近く、まずは顧客理解でニーズがずれていないかを確認する必要がある。そしてずれていないのであれば、顧客の集め方に問題がある。

検証したいのは、

- そもそも、その顧客層は「群」となっているか
- 「群」に再現性高くアクセスできる方法を知っているか

という点。「群」と聞くと羊の群れをイメージされる方も多いかもしれないが、まさしくその群れである。事業を広める際、狙いたい顧客がまとまった数いる（これを層、セグメントと呼ぶ）ことが顧客獲得コスト（ＣＰＡともいう）を低減することにつながるからだ。逆にいえば、不特定多数の顧客を相手に事業を行うのは簡単ではなく、一般的にｔｏＣ（一般消費者向け）事業の難度が高いといわれる。要は、顧客同士の共通項の中に、あなたの事業が解決するであろう課題がなければいけないはずなのだ。ｔｏＣ事業の先駆者はこの共通課題を持つ顧客がどこいるのか、どこに行けば会えるのか、糸口を見つけたがゆえに事業展開できているのである。

顧客にアクセスする方法をチャネルといい、このチャネルの再現性（今も将来も同じような成果が期待できる可能性）が高いかを投資家は見ているし、事業成功のためにはこの要素の硬さが欠かせない。もっといえば、自社がなぜ質の高い顧客を他社より安く獲得できるかが、会社の競争力を

表すといっても過言ではない。創業当初から狙うべき顧客層と、その顧客へのアクセス精度は考え続けるべきテーマなのだ。

③顧客候補はいるが、契約に至らない

顧客候補はいるが契約に至らない、というのは商品設計、訴求の仕方を変える必要があることを意味する。そもそも狙うべき顧客を間違えている可能性があれば、①と②に関するアプローチの見直しを丁寧に実施する必要があるだろう。その上で、訴求の仕方を変えていくのであれば、顧客がお金を払うような課題／解決手段を提示しているかに集中して改善を試みることをお勧めしたい。その顧客から見て、その課題がお金を払ってまで解決する手段でないならば顧客層、解決する課題、解決方法のいずれか、またはすべてを変えなくてはならない。「あともう少し○○だったら買うんだけどな」という声を引き出せる商談はこの調整・チューニングを行うチャンスであり、ＰＭＦ（商品が市場に受け入れられる状態）に近づく絶好の機会だ。最初の顧客がどういう理由でお金を払うのか、検証し続けることに意味がある。

④契約したが継続しない、満足しない

契約には至ったが、継続しない、満足しない場合、無理に③を解決しても広告費で顧客獲得すべきでない。顧客が契約を継続しない状態で顧客獲得を進めたところでバケツに穴が空いた状態で、水を注ぐようなものだからだ。継続・満足しない理由をいくつか分解すると、

ⓐ課題が解決するほどのものでもない
ⓑ課題が解決していない
ⓒ課題は解決したのでもういらない
ⓓ課題の解決に対してお金が高い

などが挙げられそうだ。ⓐ、ⓑは①～③を見ていくことで解決するとして、ⓒ、ⓓについて触れていくと、ⓒは課題を解決「し続ける」商品でなければ売上・契約に対して継続性がないことを意味する。この場合、売上蓄積（ストック性のある事業ともいう）でなければ会社としての評価は付きづらくなるので、課題を解決「し続ける」必要のあるものにチューニングしてみてほしい。課題解決して、契約継続しない＝売り切りビジネスモデルであり、対象顧客を広げ続けることでしか売上規模を安定的に維持できないからだ。

この例としてわかりやすいのは、水のトラブル修理業者だろう。トイレの水漏れは喫緊の課題であり、お金を払ってでもすぐに解決に来てほしい課題であり、それなりにお金を払う準備が顧客にはある。ただし、修理で水漏れが解決したあとは来月も解決してほしい可能性は低い。その場合、同じように困る顧客を安定的に捕まえられるよう、商圏を幅広く置く必要がある。すなわち大半の顧客が年間あたりでは新規顧客であり、顧客獲得コストは既存顧客の多い事業に比べて常に割高である。顧客獲得コストを超える値段設定にしないと黒字にはなり得ない。故に売り切りビジネスモデルは売上継続しないだけでなく、理論上は値段も高くなるのだ。水漏れトラブルは緊急性が高いからこそ、単価が高くとも顧客はお金を払うので成り立つ。皆さんが解決しようとする課題はどの程度緊急性が高いのか、考えてほしい。

実はⓒに関する後半がⓓの話にもつながるのだが、課題を解決することで得られる便益・ベネフィットから考えると、適性な値段幅というのは顧客側からみて存在する。水漏れトラブルであれば、住んでいるマンションの下の階に床から水が漏れた場合のフローリング差し替え補修はかなりの金額規模になる。それに対して数千円~数万円で水漏れトラブルがすぐに解決するならば、適正な値段だ、という観点になるだろう。逆にいえば、課題を解決しない場合、どれくらいの損失が出るのか、その損失はすぐに出るものか、といったものが価格の設定を左右する。自身が取り組む課題が普段どれくらいの損失をどれくらいの時間軸で出しているのか、他課題に対比して考えてもらえればと思う。

資金調達できない

事業が立ち上がり、売上も出てきたが、思うように資金調達できず、事業を拡大できないケースというのも存在する。この場合の対処法としては、

①大量の資金を必要としないマーケティング手法で事業を一定程度伸ばしてから、融資・株式などで調達する
②事業の粗利を大きくするように値段・契約形態を変える

などがある。①については融資・株式の調達手段があり、融資においては創業融資を使うのが得策だろう。株式であれば、創業シード期の出資に対応しているベンチャーキャピタルに問い合わせ、あるいは紹介経由で面談を申し込むのがいい。ちなみに一般的には紹介経由のほうがいい理由は、ベンチャーキャピタルには月数十件～数百件の調達相談が持ち込まれるのが常のため、投資担当者が着目しやすいのはよく知っている知人・友人からの紹介経由の場合が多いからだ。ただし、彼らも事業の成長性を見るので、一定の売上実績や事業が伸びる確証を求めるケースが多い。融資・株

式ともに早期に相談し、どういう状態であれば調達しうるのか、検証しそのうえで事業をその段階まで伸ばす、というのがいいのではないだろうか。

では②についての意味合いも説明したいと思う。そもそも事業を伸ばす際に、1顧客1取引あたりの利益が黒字ならば、基本的に事業は黒字なはずである。ではなぜ①のように外部調達が必要なのか、それは1取引あたりが黒字ではなく、取引が長期間継続しないとトータルで黒字にならないため、黒字になるまでの間は外部資金で持たせる必要があるというのが根本理由だ。もし1取引が黒字ならば、その黒字分を次の取引獲得に投資すればよく（いわゆる再投資）、この再投資をし続けることで事業は成長していく。その場合、

- 顧客獲得コストが低減していく
- 粗利、利益率が増加していく
- 取引スピードが増加していく

のいずれかまたは複数が当てはまると、成長は加速する。そして、

・既存顧客が新規顧客を紹介するモデル（ネットワーク経済性）
・顧客数とともに、粗利が上がるモデル（規模の経済）

などは施策としてすぐに取り組みたい内容になる。このあたりを理解して、事業に落とし込んでいるだけでも、事業としての蓋然性は一段深い説明ができるようになるはずなのだ。

資金（キャッシュ）が足りない

前述のとおり、外部資金が必要な事業モデルで調達できない場合は、資金が足りなくなる。その場合の動きとしては、まずはコストカットに徹するということに尽きるだろう。こういった事態に備えて、創業初期の社員はなるべく正社員を抱えないようにし、副業・業務委託のスタッフで人件費を変動費化したほうが危機に対処しやすい。採用時にも、まだまだ会社としては創業のよちよち歩きだということも伝えながら、複数ある案件の1つとして働いてもらうほうが副業・業務委託をお願いされる側としても安心だろう。当然、創業初期からサポートしてもらっているメンバーは、将来正社員としてオファーする可能性もある貴重な人であるから、このあたりの丁寧なコミュニケーションはコストカット局面においても忘れないようにしたい。

加えて、コストとして一定かかるのはオフィス代である。リモートワークが一般的になってきている昨今では、いきなり大きなオフィスを構える必要はないと指導する株主も多く、創業期はこの点も意識しておきたい。不動産業者によっては、スタートアップ向けに敷金礼金不要、業者保有の物件内であれば6か月ごとのオフィス移転も可能といったプランもある。オフィス代も一定程度、変動費化できる部分は試してもらいたい。

また、もし外部調達をこれまでしておらずどうしても事業資金が必要であれば、会社として受託事業で稼ぐという考え方もある。エンジニアがいる会社であれば、自社の専門分野をかけ合わせて、開発提案を他社に行い、稼いだキャッシュで会社の資金不足を支える、という考え方もある。

顧客が離れる

前述の顧客との契約が継続しない、という箇所に重なる部分もあるが、あえて記載したい。一度顧客になった個人・法人が契約を継続しない、というのはそれ相応の意思表示であり、なぜ解約に至ったのか、原因や背景を可能な限り詳細に把握したい。自社のプロダクトがダメだったのか、競合との接戦のすえ他社に契約を取られたのかで対策は全く異なるからだ。そういう意味で、スローガンとして申し上げているのは「離れたお客さんに会いに行こう」である。そもそも顧客となってくれた時点で、そうでない方々よりも当該サービスについての知識があるため、なぜ解約に至ったか、どうすれば戻ってくれるかをヒアリングすれば、今後も同じ理由で離脱することを防ぐことができる。法人向けであれば、フォローアップも兼ねてヒアリングを打診されてみてはいかがだろうか。

競合が来る

前述のヒアリングの中で、「競合のほうが安く、使いやすい、ニーズに合う」という話が聞けたなら、あなたは相当運がいい。通常はライバル企業を選んだ理由など、サービス提供企業に顧客が教えることはないからだ。しかも、競合に顧客が流れていても、コンペにもならない限り流れていることを自社は認知できないことも多い。そういう意味でも顧客からヒアリングできることは非常に貴重なのである。素直に、顧客がなぜそのプロダクトを選んだのか、どのあたりに満足／不満を感じているのか、今後というアクションがあれば乗り換えを検討する可能性があるのか、ヒアリングすることをお勧めしたい。

ここまでは既存顧客が競合企業と契約するケースを書いたが、更に認識を深めたいのは新規顧客かつ、最初から競合サービスを選んだパターンである。プロダクト機能の差異なのか、認知・マーケティングの問題なのか、他に決定的な問題がないかは、今後の事業方針にもつながる話なので整理しておくといいだろう。

従業員が辞める

スタートアップは新規事業の成立を高速で検証するためにデザインされた組織なので、採用する・される側も、終身雇用的な考え方ではいない前提ではある。それでも創業を支えるメンバーが離脱するのは悲しいことである。2点、ポイントを挙げておこう。

①スタッフが辞めても回る組織づくり・仕組みを実装しよう
②辞めても、また戻ってこれる職場にしよう

①については、なるべく全ての業務について記録・ログが残るように、業務フローを可視化し、チャットツール／タスク管理ツールを使い、編集ファイルはクラウドに集約させよう。後任のスタッ

フが辞めても、すぐに引き継げるように属人化を防ぐことを意識したい。なお、これは幹部陣が急病で休養を余儀なくされた際にも同じ対策となる。チーム全員が会社の業務状況を確認・理解できる仕組みづくりが肝心だ。

②については、いわずもがな、創業期を支えたメンバーは会社の文化・カルチャーに適合した人も多いので、本人のやりたいことを達成したタイミングでまた戻ってきてくれる可能性もある。貴重な戦力であるケースも多く、是非また戻ってきてほしいというメッセージを伝えながら、卒業後もやり取りし続けることも検討してみてはどうだろうか。出戻り歓迎を宣言し、採用に寄与しているベンチャーの事例は少なくないからだ。

盗難が起きる

EC、D2C事業などの商品在庫を扱う事業であれば、盗難リスクはつきものだ。一度、盗難が起きると従業員内でもギスギスした空気が生まれ、職場全体にとっても悪影響を及ぼす。盗難対策を実施し、善良な従業員が気持ちよく働けるよう、仕組みをつくるのは経営陣の役目である。また社外からの訪問者管理と在庫スペースの隔離なども行うようにして、在庫管理を徹底していきたいところである。このあたり在庫管理の度合いが、ゆくゆく上場準備を目指すうえで、監査法人から指摘をもらう点なので、早め早めに準備したい。

訴訟を起こされる

顧客や取引先から訴訟を起こされるケースは稀に起こる。そのためにも社内外のやり取りについて記録・ログを残すようにし、弁護士などの専門家にすぐ情報提供できるように準備しておきたい。また契約書内容についても弁護士レビューを入れるなどして、重大な影響を及ぼす可能性がある論点について、一定の手当がある内容にしておきたいところだ。

危機を乗り越えるためのM&Aによる売却

M&Aと聞くと、会社の身売りをイメージする方もいるだろうが、最近のトレンドとしてM&Aは事業を成長させる1つの選択肢として認識され始めている。たとえば自社単独では事業エコノミクスが実現できずとも、シナジーのある近しい事業領域の会社の傘下に入ることで、彼らのノウハウや顧客網、バックオフィス機能などを享受できる可能性がある（Case: J 株式会社SHIFTの事例を参照)。

もし、自社として魅力的なサービス、技術を持ち合わせていながら、財務数値として必ずしも好転できるとは限らない場合に備えて、早め早めにM&Aの可能性についても経営陣、株主で話し合っておくといいだろう。なぜなら、上場準備と違い、M&Aは買い手の都合で突然打診されるケースがほとんどだからだ。そのため、事前の意識合わせが功を奏する。また、ライバル同士の経営統合も増える可能性は十分にある。その場合はライバルから同僚という立場に変わる中で、柔軟にM&Aの可能性を売り手、買い手双方が尊重を以って議論できるか、という観点が重要になるだろう。

ここまで経営リスクと対処法について触れたが、事業成長を実現する上でのチャンス、選択肢について触れていく。前述したリスクも勘案した上で、自身の事業に活かせる機会や選択肢がないかを考えながら読んでみてほしい。

認知獲得による事業成長

マス広告・PRを探せ

「新市場の創出」（P.340）では、いわゆる、導入企業のプレスリリースを通じたニーズ喚起を説明した。ここからはマス・コミュニケーションなどを活用して、顧客候補にどう認知してもらうかを考えたい。新市場の創出では、そもそもその市場、ニーズ、プロダクトの存在に顧客は気づいていない。そこで、TVや新聞、業界雑誌などのメディアを通じて幅広く発信していく必要があるだろう。

時代をさかのぼると、「宅配」という新市場を創出したヤマト運輸は民営化前の日本郵政が民業圧迫しているとの訴えを、意見広告で抗議した。これにより、「『宅急便』というプロダクトが市民権を得ていること」「これまでの郵便とは違うアプローチであること」「ヤマト運輸が新しいプレイヤーとして市場から脚光を浴びつつあること」を同時にアピールすることが可能になった。

ちなみに新聞は購読数が落ち込んで久しいが、意見広告ではいまだに新聞が有力なチャネルである理由の一つに、永田町・霞が関の関係者が読んでいる可能性が高く、法規制にかかわるメッセージではいまだに有効だからという見方もある。

当然、若年層を狙うプロダクトであれば彼らが普段みるニュースコンテンツで取材に取り上げられる、などのＰＲ施策が有効だろう。新市場の創出はＰＲなどの認知獲得とセットという側面もある。ＰＲの一般的な施策例は前ステージで解説しているので併せて読んでもらいたい。

法規制を乗り越えるには

先ほど、法規制周りの話に触れたが、そもそも新市場のプロダクトはものによっては、現行の法規制に抵触する可能性が否めず、創業そのものを足踏みしてしまう可能性がある。それでも新市場の可能性を信じており、〝検証したい〟というテーマがあるのであれば、次のような検証を進めてみることを、一案として提案したい。

サンドボックス制度・グレーゾーン解消制度を活用する

新市場のプロダクトがゆえに、現行法との兼ね合い、適法性をすぐに判断できない場合は、まずはその領域に詳しい弁護士などを見つけ、見解をもらうのが手始めとしてはいいだろう。

一方、国内の現行法に関してガイドラインを設けている監督官庁（中央省庁のうち、個々の業界を監督している担当官庁）の判断による、省令ベースで実質の適法性が決まる場合が多い。当然、裁判所判断で適法性を争うケースもあるが、そもそも最初に国としての見解を出すのは監督官庁であるケースが多い。監督官庁の見解に対して、いずれかの企業・市民が異議を申し立てて、初めて裁判所が精査を始めるという関係にある。すなわち、監督官庁の見解を確認するのが早い、ということになる。

この状況を踏まえ、イノベーション推進の観点で経済産業省は、

- サンドボックス制度＝限定された条件、環境、地域で実証実験的に新規プロダクトを検証し、現行法との兼ね合いを判断するプログラム
- グレーゾーン解消制度＝適法性が明確に判断できないものについて、経産省を窓口として監督官庁に見解をヒアリングできる制度

などを準備している。実際、我々の出資・支援先でもこうした制度を活用しビジネスの適法性を明確にしたことで、大起業の開拓・資金調達にプラスになったという事例は存在する。

ロビイングのポイント＝国民・社会のためになっているか

当然、監督官庁の担当部署や部会メンバーの政治家に事前相談を行い、どういった事業の形であれば問題ないかサウンディングを行うこともあり得る。広く一般的にはロビイング活動ともいわれ

るが、ここでは最終受益者である国民・社会〝全体〟にとってプラスになる提言なのか？　を深く問われる。とある企業1社のみの利益になるような政策変更を官庁は公平性の観点でできない、ということは覚えておきたい。

ルールづくりのテーブルに参加する

霞が関や永田町に限らず、業界団体含め、ルールづくりをみんなで事前に議論・相談する場というのは存在する。たとえば審議会、協議会といったものに政官民の出席者が参加し、とあるテーマについて何が論点か、現場では何が問題になっているのか、方向性としてはどうすべきなのかなど意見を募り、国や社会としての方向性を固めていくような会議の場がある。新市場の創出によっては、こういったルールづくりのテーブルに参加し、積極的に情報共有、意見表明していく中で広く社会にプラスになるような方向性にもっていく、そのなかで自社がどんな役割が担えそうかを共有するといった動き方もあるだろう。

大企業との連携

スタートアップは顧客候補として大企業を獲得する重要性を先にお伝えしたが、大企業との連携を具体的に進めるにはどうしたらよいか、悩む読者も多いのではないだろうか。このあたりについても実際の現場感を伝えていきたい。

大企業連携＝自社が出せるユニークな付加価値を伝える

大企業は、スタートアップと積極的に組みたいものの、自社事業とのシナジー、深い関係性を持てそうかを気にすることが多い。その意味で、先輩スタートアップ経営者の多くは組みたい大企業のＩＲ資料などをもとに、

- 会社としてどんな方向性に行きたいのか
- そのためにどんなネットワーク、技術、ユーザーを欲しているのか
- パートナー候補のスタートアップのうち、自社が1位に選ばれるにはどう伝えたらいいか

などの観点で戦略的に練っているケースがほとんどだ。そのうえで、意思決定である現場リーダーと関係性を深め、社内の組織構造・力学をヒアリングしながら、一緒に取り組みができる事業ストーリーを磨き上げていくのである。実際、我々の投資先の経営陣も大手企業の事業戦略をディスカッションしたうえで、どんな付加価値が自社として出せるのかをアピールする、といった流れで提携を加速させている。

潜在競合でもある大手事業会社と提携を結ぶ

スタートアップ各社の中には、すでに大手企業が市場を寡占している領域を狙うケースもあるだろう。旧来製品が顧客のニーズに追いつけず、寡占状態が近々崩れる中で、新製品を通じてシェアを獲得できる、という事業仮説であろう。一方、製品は新しくとも、顧客は旧来の大手企業が握っており、なかなかいいネットワークにアクセスできないケースは多分に存在する。

そこで、潜在競合でありながら旧来市場の大手と業務提携を組み、ネットワークや人材面で力を貸してもらう、という座組みのつくり方も存在する。ただし、提携の在り方によっては大企業がスタートアップをグループ化するための入り口としているケースもあるため、もし出資を受け入れるような提携であれば、出資比率や契約内容には注意が必要だ。事業や経営の独立性については人一倍、確認してほしい。確認を終えた上で、大手のリソースを借りて事業推進できる、ということであればスタートアップとしては大きな前進になる。たとえば大手の営業担当と一緒に顧客開拓を行うといった動きが可能になれば、スタートアップ初期の営業リソースの少なさを補い、業績数値をつくり出すことが可能だ。

我々の出資先には、大手企業のサービスを共同開発し、大手企業のサービスから自社サービスへのユーザー送客を可能にしているケースもある。これは資本業務提携を通じて、同じグループ企業になったがゆえの密な連携ともいえる。

自社と大手が共存関係なら資本業務提携を考える

「資金調達」の章（第3ステージ）ならびに前項を読んで、たとえば資本業務提携はどうかと思う読者もいるだろう。前提として資本／出資の受け入れは、事業の計画、推移に合わせてそのタイミングごとに適切な調達金額が存在し、場当たり的に行うものではない。ではどんなタイミングで資本業務提携を受け入れるのか。それは、たとえば以下2つの条件が揃ったときではないだろうか。

① 自社から見て、事業拡大に伴い必要なピースを持っている事業会社であること
② 事業会社から見て、自社の事業拡大が事業会社側の事業シナジーにつながること

「資金調達」の章（第3ステージ）で、CVCなどの投資基準でもある、②のポイントは触れたが、①についてここで少し補足しておきたい。自社の事業計画を見据えた際に、明らかに自社単独では難しい設備投資や人材獲得などが存在するとする。そうしたパーツを本業にしている会社と資本関係を持つことで、優先的に提供される座組を目指すのが資本業務提携の目的であり、当初の目的がブレてくると資本業務提携のゴールがあいまいになる。できれば、資本業務提携の締結書を書く際に、提携目的、互いのコミット内容、コミット達成時期なども盛り込めると理想的だ。紙に提携ゴールを落とすことで、両社のコミットも深まるものだからだ。

大きな意思決定をしてもらうために＝意思決定構造を理解する

ここまではどう事業に共感してもらい、事業推進のスポンサー・応援団になってもらうかを説明した。一方、読者の中には連携候補企業にいかに意思決定してもらうか、汎用性のある考え方を知

りたい方もいるかもしれない。その際、読者に理解を深めるため「連携候補先の意思決定構造を理解する」ことをお勧めしたい。つまるところ、どんな大企業も一定の意思決定ルートがあり、どのルートから行けば自分の持ち込んだテーマが検討されやすいのかを比較することになる。

たとえば、

- 創業オーナーの意向が強いケース（＝創業オーナーもしくは間接的に聞ける役職者がカギ）
- 非オーナー、事業部が強いケース（＝事業部のトップ、若手エースがカギ）
- 非オーナー、親会社・管理部門が強いケース（＝親会社の担当役員、管理部の役職者がカギ）

に接点を持つことが重要になる。キーマンあるいはキーマンにつなぐことができる人物との接点を持たないと、なかなか交渉テーブルにつくのは難しい。接点を持つべきライトパーソンを探すにあたり、可能なら2点以上の接点で情報のやり取り・協議を進めることが望ましい。たとえば、大企業側の役員と若手担当者の2点と担当を分けてやり取りすれば、大組織でどんな議論が行われているのか、連携にあたってどのあたりに懸念を感じているのか、いつ、誰に、どうフォローすればいいのかが分かることで大企業側が意思決定もしやすいだろう。

海外展開

将来的に海外展開を見据える読者も中にはいるだろう。中長期的には日本社会が人口減少を迎える中で、市場規模がより成長する海外市場を取り込みたい、という動きは経営者ならば自然な発想だ。一方、日本国内で起業する時点で、ある種日本市場にローカライズしていることは認識しておきたい。海外展開時には自社プロダクトそのもの、売り方、マーケティング戦略、採用・組織まで地域ごとに最適化、ローカライズが必要である可能性は頭に入れておこう。この点、どんな地域への事業展開でも欠かせない要素として、

・顧客の獲得
・事業所立ち上げメンバーの獲得

などが挙げられる。

当然、業種やtoB／Cの違いによって、どんな層をどこまで獲得するのかは大きく異なってくる。このあたりのポイントについて考えてみよう。

海外顧客を見つける、支持される

海外顧客を見つける、支持されるかどうかは、toC／toBによって検証の方法が根本的に異なるだろう。

toCサービスの場合

たとえばtoCサービスであれば、究極、Webページの多言語化、アプリ配布プラットフォームのApp Store／Google Play上で配信地域を拡大し、ダウンロード数が伸びる地域を検証するのが低コストかつ網羅的に検証できる。一定、ダウンロード数が伸びた地域に広告配信予算を投下し、どれくらいのユーザーが有料顧客になるのか、その転換率を追ってもいいだろう。

気にしておきたい点として、地域のユーザーごとにサービスニーズや嗜好はもちろん、課金の仕方まで異なる。課金価格の設定が、その国・地域の平均値から離れていないかは特に把握しておきたい。最も早い検証の仕方として、App Store／Google Playのランキング上位アプリを手元のスマートフォンにダウンロードし、どれくらいの頻度、タイミングで課金が促されるか、その際の課金額はどの程度か、一次情報を取りにいくアクションは是非取ってほしい。一次情報をとるからこそ、仮説が生まれ、仮説を検証するために現地のユーザーにヒアリングができるのだ。仮説なしに質問をしても、聞かれた相手は何について答えればいいか、新規サービスであるほど分からないことが多いのだ。

なお、新規サービスを立ち上げる場合は、そもそもサービスニーズを持つような課題はその国・地域に存在するのかについて、ユーザーヒアリングで検証を深めたほうがいい。マクロ情報である統計データを押さえた際に、その国・地域にはまだないサービスだったことでニーズがあると乗り込んだが、実際には現地では課題と感じていない、あるいはもっと原始的で安い代替手段で解決しており、特段課金するほどの課題だと思っていない、などの落とし穴はよくある話だ。必ず、複数のユーザーにヒアリングできるようにしよう。

とはいえ、初めからユーザーヒアリングを実施するのは簡単ではない。現地に知り合いや友人がいなければ、なかなか難しいだろう。お勧めしたいのは、Twitter や Instagram といったコミュニティSNSで似たような課題感を感じている人がいないかを検索してみることだ。数人以上が同じトラブルや課題に触れていれば、一定の層でニーズが顕在化している仮説が立つ。ここでそうしたユーザーにダイレクトメッセージなどでヒアリングの機会を打診するのも手だろう。オンラインミーティングでインタビューができれば、かなりの解像度でその国・地域が進出地域としてありかなしかを判断できる。

toBサービスの場合

一方、toBサービスとなると事情が変わってくる。そもそも法人同士の契約であり、営業・契約・納入といった動きは現地の法人格を持たなければ活動できない地域もある。

とはいえ、事業の見込みがまだ検証できていない中で法人格を設立し、営業を始めるのはハードルが高い。そのためまずは、現地の類似企業とパートナー契約を結び、代理店契約を締結することが多い。たとえばネット広告の代理店事業は、顧客である日本企業が海外進出する際に現地の人が検索するキーワードを現地語でサポートすることからスタートするケースが多い。当然、Google広告のキーワードプランナーなどのツールは現地人でなくてもある程度使えるが、最後どのキーワードを選定するかはやはり現地スタッフのサポートが必要になる。となれば、現地のネット広告企業とパートナー連携し、事業展開を進めるのが早い。たとえば進出したい企業のガイドを行いながら、現地のtoB獲得は提携している現地企業を紹介し橋渡しを行うといった具合だ。

連携する会社同士の特徴や強み、連携しやすさを見いだせたならば、ＪＶ（ジョイントベンチャー：2社で資本を出し合い、新会社を設立）を検討することもあり得るだろう。さらに踏み込むならば、連携先企業をＭ＆Ａする形でグループに取り込むこともシナリオとしてはある。市場と連携先企業の実態、感触を掴んで検証してから踏み込んでほしい。

Stage:8

IPOを実現するために

上場のプロセスと事業拡張

スタートアップ領域に興味があるならば、IPOという言葉を聞いたことがある読者も多いだろう。「IPOを目指して頑張る」という行為は、ある種険しい山頂を目指す登山ようなものとたとえられる。本ステージでは、一般的な IPOまでのプロセスをおさらいしながら、上場にあたって準備しておくべきことや投資家に対して考えておくべきことについて解説する。

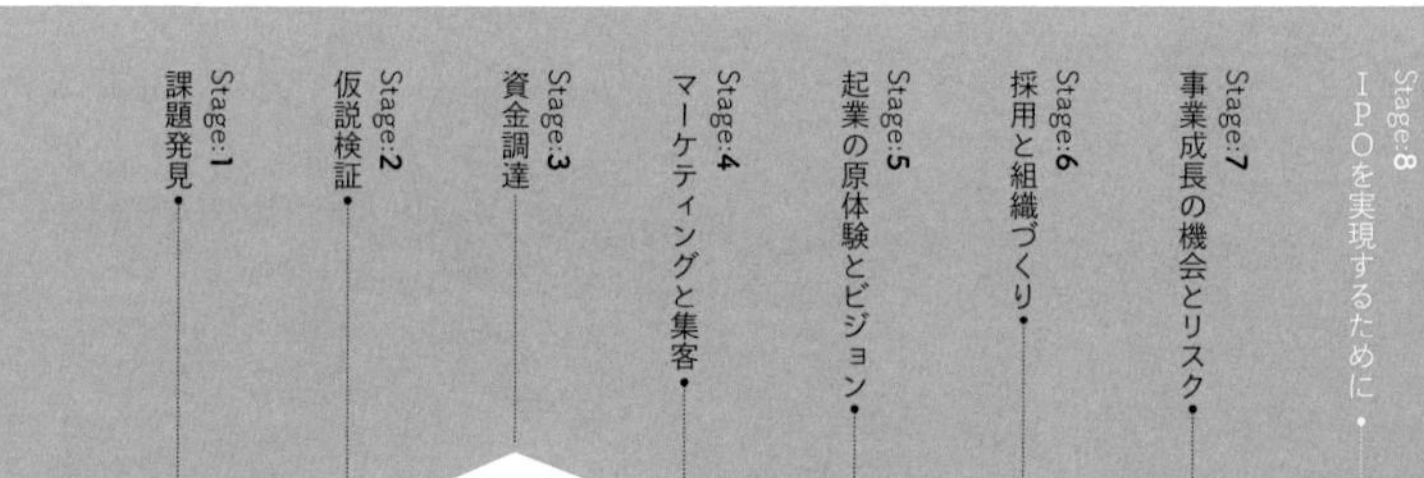

Stage:8

ＩＰＯを実現するために
～上場のプロセスと事業拡張～

本ステージで登場する起業家

Case:L

株式会社エアークローゼット

天沼 聰さん Satoshi Amanura

1979年生まれ。英ロンドン大学卒業後、2003年にアビームコンサルティング株式会社に入社し、IT・戦略系のコンサルタントとして約9年間従事。2011年より楽天株式会社（現 楽天グループ株式会社）にて、UI/UXに特化したWebのグローバルマネージャーを務めた後、2014年に株式会社エアークローゼットを創業。2022年東証グロース市場への上場を果たす。

Stage:8 「IPOを実現するために」のキーポイント

- ●IPOプロセスの全体像を把握し、必要なリソースの理解を深める
- ●CFOの採用、上場審査に耐えられる管理チームを構築する
- ●監査法人、主幹事証券から信頼を勝ち得るコミュニケーションを心がける
- ●何を解決する会社か、上場株投資家に伝えられるようにする

上場のメリットとして、「社会からの信頼が上がる」、結果として「資金調達しやすくなる」「人を採用しやすくなる」などが挙げられる。上場の意義は未上場企業が創業者オーナーの会社であるのに対して、より「公的な会社・器」として認識・経営されることにある。当然、公的な会社を目指すべく、事業運営や管理体制に不備がないか、監査法人などの第三者機関からチェックを受けて（監査という）上場を目指す。同時に株式を売り出す役割を担う証券会社が主幹事（主幹事証券という）となって、上場準備のアドバイス・審査を行う。彼らと協力しながら、自社が何を解決する会社になるのか、上場株投資家に的確に説明できるよう準備を重ねることになる。ここではそのプロセスを解説する。

IPO・上場とは何か

IPOとは、Initial Public Offeringの略で、新規上場株式を指す。上場することによって、その会社の株式は誰でも売り買いができるようになる。誰でも売り買いできるようになる以上問題のある会社の株式の売り買いは危険なため、上場を目指す会社は厳しく審査され上場することとなる。これが、上場審査プロセスの重い理由である。ちなみにベンチャー／スタートアップが上場することの多い、グロース市場では最低2年の監査証明をつける必要がある。

要は直近2年の間、

- 事業が伸びている
- 伸びていることが虚偽ではない
- 何が経営リスクか、経営陣は理解している
- 提出書類にミスや不正がない

といった観点で審査されることになるのだ。とはいえ、監査法人によって、何をどこまでか、といった話は裁量が任されているので、個別事象をうまく見ていくのがいいだろう。

IPOプロセスの全体像

前述のとおり、IPOには最低2年ほどの準備期間が必要となる。では、具体的にどんなプロセスでIPO／上場を目指すのだろうか。2年の上場準備期間というのは、監査法人／証券会社が2期分の監査／審査を行って、上場会社として体制が整っているかをチェックすることがメインとなる。

- ・上場を行う申請期（N期）
- ・1期前の直前期（N-1期）

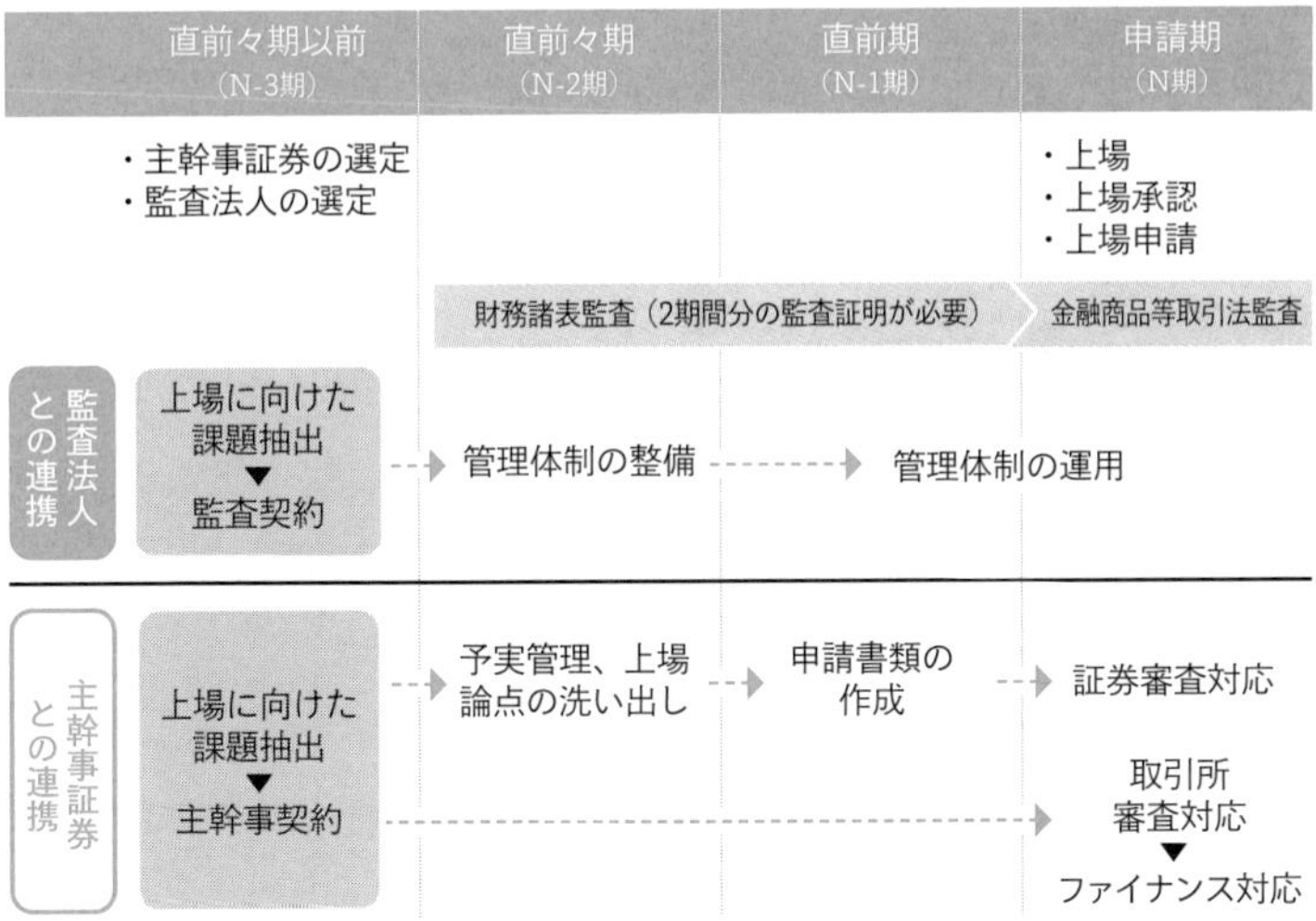

図 8-1　一般的な株式上場（IPO）準備のプロセス

Ⅰ・2期前の直前々期（N-2期）

という区分けになっており、この中で審査や書類作成を行っていくことになる（図8・1参照）。

監査法人、主幹事証券とのコミュニケーション

IPOは前述のとおり、監査法人、主幹事証券との連携に始まり、そのまま証券取引所の審査まで〝三人四脚〟で進んでいく。彼らが年間で担当できる上限社数は決まっており、そこから溢れる「監査難民・主幹事難民」になる発行体も少なくない。上場したくても、準備プロセスに入ることすらままならないケースもあるという現実はお伝えしておきたい。

では、彼らパートナーに発行体として選び、選ばれるためにはどうすればよいか。究極、彼らが重視するのは上場できる蓋然性・確度が高いかどうかである。IPOプロセス自体は、彼らのビジネスからすれば審査の負担が大きい分、上場後に顧客になることを見越してサポートしている意味合いもあり、長い付き合いができる会社かをフラットに見ているのである。業績の確度はもちろん、彼らと経営陣のコミュニケーションがスムーズにできるか、IPO準備前に見極めは始まっている

といっていい。

後述するが、主幹事証券は発行体のサポート役であると同時に、上場株投資家に上場株を販売する立場でもあり、ＩＰＯ時の株価の決め方について板挟みになる構造にある。この点を踏まえて、発行体としては主幹事証券とのコミュニケーションを適切かつ対等に行うことに留意したい。会社の業績・体制に余裕があれば、２社以上の証券会社を主幹事に含める、共同主幹事や推薦を共同で行う共同推薦等で、株価や審査プロセスにけん制を効かせる手法もある。

上場審査に耐えられる管理チームの構築が肝心な第一歩

監査法人、主幹事証券に加え、ＩＰＯの一番のカギは社内のＩＰＯ準備・管理チームの構築である。上場された出資・支援先のＣＦＯにインタビューしていくなかで、ＩＰＯで最も重要な論点は、ＩＰＯ準備を一緒に推進する管理チームをうまく構築できたかどうかが分岐点だったという声が目立った。

特に上場審査において苦労が多いといわれる点に、

・月次決算の適正化：45日以内に月次実績を仕訳・算出できるか
・予実管理：事業計画に対して、精度高く実績としての売上・営利が着地できるか
・内部統制：社内の意思決定に際し、事前に規定・ルールを整備し、規定に基づいて確認・承認ができているか

といったあたりはどの出資・支援先も苦労しながら乗り越えてきている。

月次決算においては経理担当者が、予実管理においては経理と事業部の連携が、内部統制は規定作成者と社内への浸透・運用が欠かせない。管理チームを構築したうえで、社内の各部署との連携が密にできているかも間接的にチェックされている点は頭に入れておきたい。

共闘を通じて監査法人、主幹事証券、シ団に応援してもらう

こうした管理チームの発足、社内整備を整えながら、監査法人の適正意見、主幹事証券の証券審査に進んでいく。こちらの審査内容については後述するが、結論、彼らはパートナーでありつつ、上場に資する会社かを証券取引所に委任される形で管理・監督する立場であることを忘れてはなら

ない。また、信頼できるパートナーであってもあくまでＩＰＯ推進を牽引するのは発行体である、という原則は忘れないでほしい。

監査法人、主幹事証券らパートナーの質問・指摘事項を日々改善しながら、2年後にＩＰＯを迎える努力をしていく。その過程で、発行体チームの力量や誠実さを彼らが直接理解、確認し、証券取引所への推進をしてもらうのがＩＰＯプロセスである。

また、申請期にかけて自社の株式を主幹事証券を筆頭に販売準備してもらう証券会社の集まりが組成される。この際に販売支援をしてくれる証券会社をシンジケート団（シ団と略す）と呼び、彼らのバックアップがＩＰＯ時の株価形成に大きく影響する。このあたりのコミュニケーションも主幹事証券と相談しつつ、しっかり考えていきたい。

何を解決する会社か、上場株投資家にシャープに伝えられるようにする

ＩＰＯ準備後期から始まるのは、上場株投資家にどんな会社かをシンプル、ストレートに伝えられるようなメッセージの磨きこみであろう。何の問題をどう解決する会社なのか、それがなぜ成長

可能性を期待させるものなのか、初めて自社の話を聞く投資家に興味・関心をもってもらい、適切な意思決定を促せる情報提供に努める必要がある。

上場株投資家の中でも機関投資家を中心に事前の情報提供・ヒアリングを行う、インフォメーションミーティングと呼ばれる向き合いもあるが、その意味は主幹事証券とともに上場株投資家に訴求しやすい株価レンジがどのあたりなのか、一緒になってヒアリングできるという点がある。主幹事証券と一緒に上場株投資家に向き合うことで、本来は株価決定において、高くつけたい発行体と安く買いたい上場株投資家の間で板挟みになる主幹事証券と同じ側に立ちながらＩＰＯ準備を進められる利点があり、価格形成においてもブラックボックス化を避けられる。章の後段ではこうした主幹事証券の動き、状況についても触れたい。

ここからは実際に上場を迎えた発行体がどのようにして、激変する市況の中で意思決定をして実現したのか、エアークローゼットのケースを見ていこう。

Case:L

株式会社エアークローゼット　代表取締役社長 兼 ＣＥＯ　天沼 聰さん

逆風下でのＩＰＯを決めたワケ

天沼さんがたどったＩＰＯまでのプロセス

1. "シェアリング" モデルが日本に到来し始めた２０１４年、人々のライフスタイルが豊かになるものをつくっていこう、という視点から構想
2. ライフスタイルすなわち時間の価値＝ "億劫な時間" を "ワクワクしている時間" にどう変換するかが重要だと気づく
3. 忙しい女性が、ファッションを諦めずにワクワクできる時間を過ごしてほしい、という思いから、月額制ファッションレンタルサービスを創業
4. 物流企業とも提携、サービス体制を強化し、２０２２年７月にはグロース市場へ上場

エアークローゼットのビジネスモデル

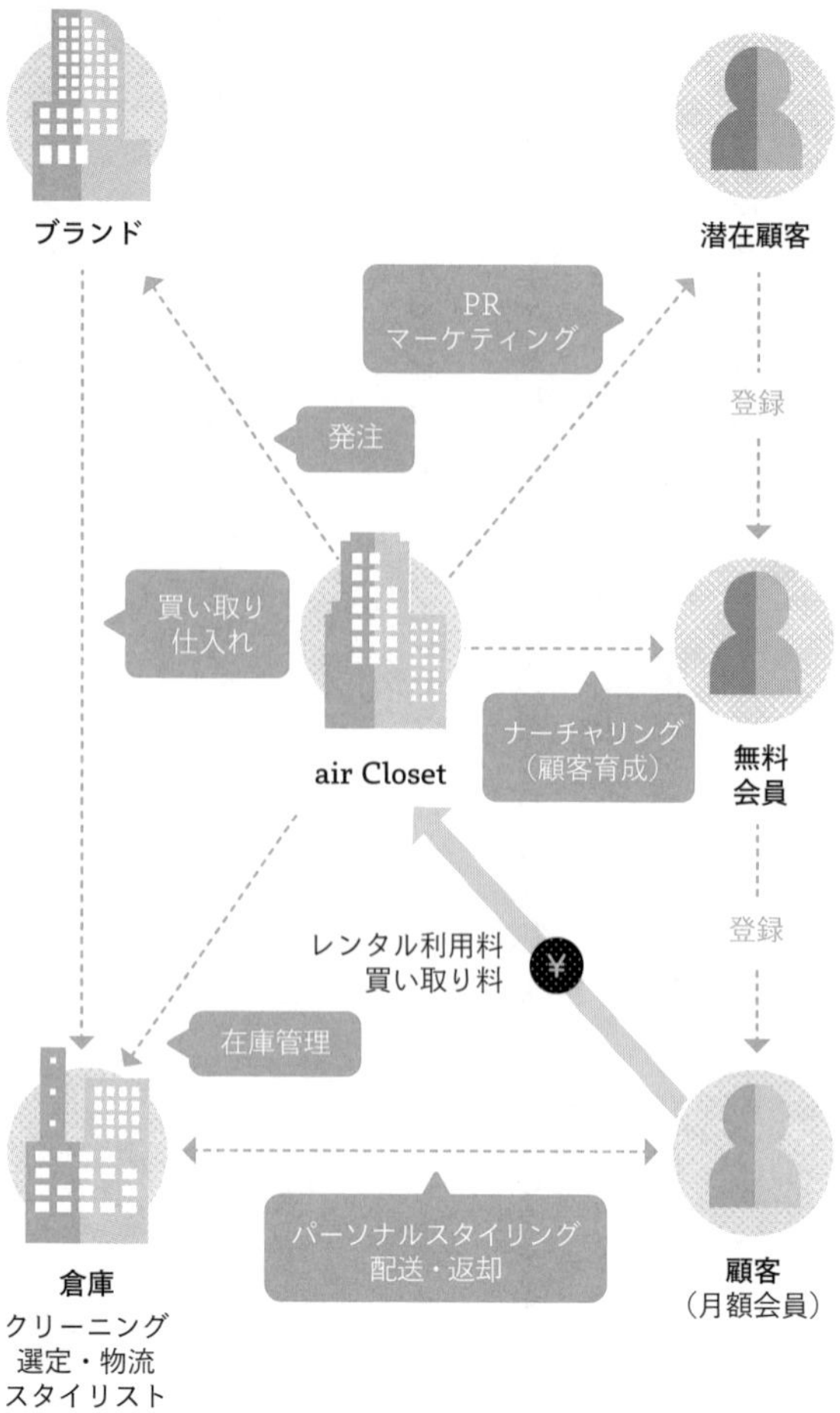

月額制ファッションレンタルサービス「airCloset」を中心に、サブスクの先駆け的存在ともいえるサービス事業を展開する株式会社エアークローゼット。２０２２年７月には東証グロース市場へのＩＰＯも果たし、急成長を続けている。同社代表取締役社長兼ＣＥＯ天沼聰さんの、起業から現在までの道のり、さらにはＩＰＯにおける経験から、成長のポイントを学んでいこう。

起業・経営における継続力・信じる力・好奇心

月額制で、毎月コーディネートされたファッションが届くサービス、と聞けば想像できる読者も多いだろう。エアークローゼットが創業した２０１４年は、まだサブスクリプションという言葉も広まっていない時代であった。当然、月額制ファッションレンタルサービス「airCloset」は、日本に全く同様のサービスが存在しない状態の中で暗中模索しながら立ち上げてきたと天沼さんはいう。

正解はいまだわからない、という天沼さんだが、起業・経営にとってのポイントとして、「継続力」「信じる力」「好奇心」を挙げてくれた。

「なにが正しいのか全くわからない中で事業を続けてきて思うのは、『続けてきたからこそ今がある』ということ。「信じる力」にも通じますが、続けていくことで応援してくださる方が増え、仲間が増え、事業も伸びていきました。実体験として『継続力』がなくては、起業は成功しないなと強く思います」

これまでの道のりを振り返ってみたときに、クライアントや事業パートナー、会社の仲間を自分自身が100%信じているときはすごく事業がうまくいっていたし、逆に信じられていないときはうまくいかなかったともいう。

事業を継続して成し遂げられたのはなぜなのか、天沼さんはこう語る。

「創業期から今も変わらず大切にしている目的として『お客様の時間価値を最大化する』というものがあります。その目的を達成するための手段としてファッションレンタルのサブスクリプションサービスが生まれました。ビジネスモデルやテクノロジーといった手段ではなく、目的を信じること。これが事業を継続する上で重要なポイントだったのだと思います」

〝ワクワク〟が空気のようにあたりまえになる世界へ

エアークローゼットは天沼さんと前川祐介さん（取締役副社長）と小谷翔一さん（取締役）の3

名で創業、最初に3人でカフェに集まって話をしたときも「この事業をやろう」ではなく「会社設立するからには、流行って無くなるものではなく、人々のライフスタイルが豊かになるものをつくっていこう」という会話をしていたという。

ただ「ライフスタイルを豊かに」と考えても何をやればいいのか、なかなか思いつかない。そんなときに行き着いたが、「すべての人が平等に持っているけれど、使い方や感じ方によって不平等になるのが『時間の価値』。億劫だとかめんどくさいっていう時間より、ワクワクしてる時間の方が価値が高い」。

「私たちが創業から変わらず掲げるビジョンである『〝ワクワク〟が空気のようにあたりまえになる世界へ』という言葉は、そんな創業メンバーの会話から生まれました。〝ワクワク〟している時間をたくさんつくり、〝億劫〟とか〝めんどくさいな〟って思う時間を減らす。それによって『時間の価値』が高い状態を当たり前にしていきたい」

ライフスタイルには衣食住を含めさまざまな領域があるが、一番人の心に近く、〝ワクワク〟する瞬間をつくれそうだと感じたのがファッションだったという。「時間の価値」をより敏感に感じるのは誰かと考え、女性向けサービスからスタートした。これにも理由は2つあると語る。

1つめの理由は、限られた時間の中で、朝の準備なども含め総じて女性の方が時間に追われていること。ファッションでいうと、男性よりも圧倒的に多い選択肢の中から自分に合ったスタイリングを探すことにも時間が余計にかかっている。

2つめが、ライフステージの切り替わりタイミングで、女性の方が自分の時間の使い方について考えるきっかけが多いこと。

たとえば仕事が忙しくなって学生の頃のようにゆっくりファッション誌を見る時間がなくなったり、マタニティ期に身体変化に合わせたスタイリングを考えなくてはいけなかったり、子育てで子供服を探していると自分の洋服探しの時間がなくなったり。これらの理由から女性の方が「時間の価値」を感じやすいと考えたのだ。

ファッションレンタルサービスの誕生

さらに「時間の価値」を高めやすい女性は誰だろうと考え、「忙しい女性向けのファッションサービス」をつくろうと考えた。忙しい女性は、時間が理由でファッションにおいて諦めてしまっていることが多いからと経営陣は考えた。

「忙しい女性を忙しくなくすることは我々にはできない。でも、忙しくても時間を有効活用して『〝ワクワク〟するファッションと出会える』サービスがつくれたら、素敵なサービスになるんじゃないか」

そんな思いで創業に至ったのだ。このときの事業選定を天沼さんはこう語る。

「やっぱりファッションが〝ワクワク〟する瞬間は、実際に着用したときのフィット感や肌感、周りとのコミュニケーションから生まれるもの。リアルにお届けするサービスにしたいと考えました。そしてどこか特定の店舗での出会いだけではなく、日本全国に出会いをつくりたいのでオンラインサービスにしようということで、ようやく『ファッションレンタルサービス』という考えが浮かびあがります」

最初は洋服が一覧で表示され、借りたい服を選んでもらうというモデルも考えたというが、それでは忙しさで〝ワクワク〟する服と出会えていない女性の課題解決にはならない。そこで、時間を使わなくても〝ワクワク〟するファッションと出会える、天沼さんたちが「パーソナルスタイリング」と呼ぶ提案型のレンタルスタイルが生まれた。

「忙しい女性の方に対して、いつまでに返してくださいとか、クリーニングして返してください、では『時間の価値』を高められていません。ならば返却期限をなくして好きなときに返せる形にして、クリーニングも我々がさせていただく。そうすればお客様が時間を気にせず届いたお洋服をたくさん着ていただけるし、お返しいただいたら次また新しいお洋服が届くまで待つだけでいい。忙しい中でも、たくさん〝ワクワク〟するファッションとの出会いがつくれるんじゃないかと考えました」

こうして、エアークローゼットが提供するファッションレンタルサービスは誕生した。創業期に掲げた目的を達成しようとサービスを磨き上げた結果、「airCloset」は月額制の、日本で初めてのサブスクリプションサービスとなった。

IPOは「持続可能な会社になることを約束する」こと

こうしてサービスインしたエアークローゼット。大きな市場の中で立ち上げた新サービスだったため、できるだけ早くポジショニングをつくっていくことが大切と考えた。創業メンバーの持分比率が小さくなってでも資金調達をしてスピードを優先することを、最初に創業メンバー間で決めたという。直近（２０２２年７月）では、スタートアップにとって逆風といわれる中でＩＰＯを実現しているが、こちらについて天沼さんはこう語る。

「これは読者の方の参考にならないかもしれませんが、私たちが上場時に一番苦労したのは新型コロナへの対応です。当然このような事態を予想していませんでしたし、特にファッションアパレル業界に対しては、新型コロナウイルスは非常にネガティブな影響を与えました。市場全体が9兆円あったものが、1〜2年で7・5兆円まで下がった。市場の10％以上が1年で消える非常事態だったわけです」

そんな状況下でもＩＰＯを決めたのは、ＩＰＯをする目的が明確だったからだ。

まずはパートナー企業もしくは顧客からの「信頼獲得」。これはたとえ株式市況が悪くても得られるメリットである。

2つ目の目的は「資金調達」。これは明確に市況によってダメージを受ける部分であった。

ただし、元よりＩＰＯを「持続可能な会社になることを約束する」ことだと考えていたので、事業の継続的な収益性が確認できた状態がＩＰＯのタイミングだと決めていたという。

ＩＰＯによる資金調達額が目減りするからといって、事業が存続できない状態ではない。外的環境が大きく変化している中であっても、目的は達成できるのだから当初計画していたスケジュールを変える必要はない、と判断して上場を決めた。

なお、いわゆるコーポレートガバナンス整備といった上場準備は、かなり早めから行っていたので大きな問題はなかったという。

投資家とのコミュニケーション

上場時に投資家とのコミュニケーションで大切にしたポイントについても聞いてみた。

「1つめはビジネスモデルを深く知っていただき、かつ既存のビジネスモデルとの会計の考え方の差分を理解していただくこと。ここは監査法人とも喧々諤々議論し、とにかく『正しく知っていただく』努力をしました。

「もう1つは、マーケットに先行する比較対象の会社がない中で、企業価値のわかりやすい判断軸を提供すること。KPIを『有料会員数』と『一人当たりの限界利益』に絞り、これを掛け合わせたもので固定費を賄っていきさえすれば長く持続可能な状態になる、というシンプルな論理を軸にコミュニケーションをしていきました」

投資家とのコミュニケーションにおいては、「ビジネスモデルを深く理解してもらうこと」「事業状況を理解しやすい判断軸・ＫＰＩを開示すること」をポイントとして意識してみてほしい。

【参考文献】

○エアークローゼット公式サイト（https://corp.air-closet.com/）
○DIMENSION　NOTE（https://dimension-note.jp/manager/detail/100）

上場審査に耐えられる準備チームをつくっていく

CFOの採用

IPOを目指すなら、CFOの採用・権限移譲は必要になってくるだろう。上場準備にあたっては、監査法人・主幹事証券と適切にコミュニケーションを取りながら、前述の上場株投資家へのIRも行うなど、CEOでは時間的に対応できないケースが多い。ゆえに、ファイナンスに明るい、もう一人の経営者を採用するというスタンスではどうだろうか。その場合、我々の観察範囲では以下の属性のCFOが多いので、ご参考までに記載する。

・投資銀行：M&Aや資金調達に強く、自社の企業価値を正しく評価でき、投資家と共通言語で話すことができる
・公認会計士：会計知識・実務や上場実務に強い、内部統制などの権限規定に明るい
・経営管理部門：人事、経理、総務などバックオフィス業務全体に対する業務理解が深い

・コンサルティングファーム：実務になれている、事業提携案の策定や企業戦略の立案ができる

などが挙げられる。

CFOチームの組成

CFOだけでなく、周りを固める専門家も必要になってくる。たとえば、

・財務経理：仕訳テスト、45日ルールに対応できるか
・人事労務：内部統制、規定類の作成などに対応できるか
・IPO準備：監査法人、主幹事証券と対応

●多様な役割を担う人材をチームとして束ね、
課題解決に向かうことがCFOに求められる

●投資家や証券会社と交渉できるチーム形成が重要となる

CFO	ファイナンスの責任者。経営戦略面でCEOのサポートも求められる
経営管理	経営管理に関する責任者
IPO推進	IPO準備プロジェクトの主担当
IR	投資家との対話を担当
その他	IPO周りの専門的な知識やIR資料等のデザイン担当

図 8-2 CFO チームに必要とされる役割
〔出所：『スタートアップの成長に向けたファイナンスに関するガイダンス』（経済産業省作成資料）より

できるか
・ＩＲ対応：上場後の投資家対話を担えるか

など。会社の管理体制次第だが、ＩＲ対応、ＩＰＯ準備などはＣＦＯが兼務することがある（図8・2）

監査法人、主幹事証券、シ団に応援してもらう

監査法人からの上場監査

監査法人からは、上場会社としてふさわしい管理体制が整っているかを見られる、という話をしたが、実際に彼らが見る観点として、

- 経営管理体制が十分に整っているか、人員の量・質は適切か
- 予算に対する予実管理をどのように定めているか、運用しているか
- 内部管理体制、すなわち不正防止機能を内部でどう仕組み化しているか
- 関連当事者取引の有無を確認し、あれば取引の見直しを行い、経営の透明性を高める

などがよく挙げられるだろう。

監査法人から、上場準備にあたっての最初の網羅的な審査をショートレビューといい、上場準備にあたって何が足りないのか、どう足りない点を埋めればいいのか、健康診断のごとくレポートを

もらえるのだ。健康診断同様に、レポートをもらってからどのように足りない部分を埋めるのかが一番重要なため、そのあたりも監査法人は監査として見守っている。

また上場準備の後半では、

- Ⅰの部（上場時に投資家候補へ広く提出する書類の1種）を作成
- 45日ルール（決算期末後の45日以内には、開示を行う東証規定）

などのドキュメンテーション（書類作成）もスタートアップ側で進めていく必要がある。

監査法人がドキュメンテーションも監査していくのは、「上場後に投資家に的確に自社の経営状況をレポーティングできるか」という側面でも見ているからだ。そのためには、当然社内の経理や財務、人事・労務についても内製化されている必要がある。専任者を置いて適切に運営するための仕組みの導入という点を、指摘をもとに実装し進めていくことになるのだ。

主幹事証券と証券審査

また上場時には、当然、自社の株式の売り込みに協力してくれる証券会社の存在が欠かせない。販売時には複数の証券会社で組み合わせて販売するケースが多く、これをシンジゲート団（通称：シ団と呼ぶ）があり、そのシ団の取りまとめを行うのが主幹事証券である。主幹事証券とは売り出しを行う前から、審査機関としてもコミュニケーションを重ねる相手であり、監査法人同様にチェック体制が設けられている。

主幹事証券はいくつかの部署に分かれているが、コミュニケーションをよく取る相手としては、

・公開引受部（上場準備に取り掛かる企業を

① 透明性の確保	証券会社内でも多数の部門が存在することから、投資家の意向が必ずしも伝わらないケースも存在するため、**情報伝達や意思決定プロセスの透明性を主幹事証券会社と約束することが重要**
② 交渉力を持つ	仮にIPOプロセスに納得できないケースでは主幹事証券会社を変えることや、さらに主幹事証券会社（事務幹事証券会社）を追加する選択肢を持つなど、**証券会社1社に頼り切な関係にならないことも重要**
③ 複数オピニオンを持つ	価格形成等について複数のオピニオンを持ち、ステイクホルダーへの交渉材料を持つことも一案
④ 投資家に向き合う	インフォメーションミーティング等で証券会社と共に投資家に向き合い、**価格等についてフィードバックをもらうことが重要**

図 8-3　証券会社との関わり方のポイント

〔出所：『スタートアップの成長に向けたファイナンスに関するガイダンス』（経済産業省作成資料）より〕

探し出し、IPOを目指す）
・審査部（上場審査の観点で指摘、改善進捗を見る）

があるが、目的が違うがゆえに、コミュニケーションのスタンスも同じ会社でも変わることは先に触れておきたい。その場合にも、課題報告書といった主幹事証券のレポートが送られてくるので、既存株主のコネクションや知恵も活用しながら、みんなで解決していく、という動きもあると思う。なお、証券会社の審査部による審査を証券審査と呼び、東京証券取引所の審査部では、この証券審査を一材料として見ているので、言わずもがな大変重要な審査になる。証券審査と東証審査の位置づけとしては、証券審査で実務詳細（予実の精度、今後の蓋然性）を審査され、東証審査においてはより企業の継続性、健全性、開示の適正性が見込めるのかを広く見られる違いがある。

エクイティストーリー

上場時／上場以降も投資家に対して、自社の事業、特徴、魅力を伝え、企業価値を向上させるコミュニケーションが必要になる。その際、どうやって企業価値を増大させるかの道筋を示したものがエクイティストーリーと呼ばれるものであり、上場後も磨き続ける必要がある。具体的に説明が必要な事項としては図8・4のようなものがある。

エクイティストーリーの留意点として、目標を高く掲げればいいものではなく、きちんと達成しうる、蓋然性のある計画に落とし込む必要がある。計画が何度も達成できない場合、投資家からの信頼を失いかねないからだ。自社の魅力を伝えるストーリーとそれを実現する蓋然性（成長に対して根拠があり、無理なものになっていないこと）が求められる。その際に、自社と似た領域の上場企業がどのようなＩＲ（投資家とのコミュニケーション）、エクイティストーリーをつくっているのか、参考にしながら作成してみるといい。というのも、上場株投資家は同じ業界／セクターの起業を比較してなぜその会社が魅力的なのか、ユニークなのかを判断しているからだ

項目	主な記載内容・概要
ビジネスモデル	●**事業の内容** 製商品・サービスの内容・特徴、事業ごとの寄与度、今後必要となる許認可等の内容やプロセス ●**収益構造** 収益・費用構造、キャッシュフロー獲得の流れ、収益構造に重要な影響を与える条件が定められている契約内容
市場環境	●**市場構造** 具体的な市場（顧客の種別、地域等）の内容及び規模 ●**競合環境** 競合の内容、自社のポジショニング、シェア等
競争力の源泉	●**競争優位性** 成長ドライバーとなる技術・知的財産、ビジネスモデル、ノウハウ、ブランド、人材等
事業計画	●**成長戦略** 経営方針・成長戦略、それを実現するための具体的な施策（研究開発、設備投資、マーケティング、人員、資金計画等）●**経営指標** 経営上重視する指標（指標として採用する理由、実績値、具体的な目標値など）●**利益計画/前提条件**（中期利益計画を公表している場合）その内容及び前提条件 ●**進捗状況** 前回記載事項の達成状況、前回記載した事項からの更新内容、次に開示を行うことを予定している時期
リスク情報	●**認識するリスク及び対応策** 成長の実現や事業計画の遂行に重要な影響を与えうる主要なリスク及びその対応策

図8-4 エクイティストーリーに必要とされる説明事項の例

（出所：東京証券取引所作成「グロース市場における『事業計画及び成長可能性に関する事項』の開示について」より）

上場前後で受け入れる投資家像

上場後にどんな投資家を受け入れるかも併せて考えておきたい。

- ・VCは基本的に、上場時に売り出しを行う
- ・事業会社はシナジー出資であれば、上場後も持ち続ける（安定株主）
- ・機関投資家（資産運用、保険、銀行）はＩＰＯ時にファンダメンタルでの投資が中心

といったように、ＩＰＯ前後で投資家の顔ぶれが変わってくる、というのは頭にいれておきたい。特に海外（機関）投資家を受け入れる場合は、上場前にレイター出資、上場後も保有し続けるという投資スタイルを取る場合もある（クロスオーバーと呼ばれる）。その場合は彼らの出資額が大きいため、上場時の流動性（売り買いしやすさ）確保を意識する必要がある。

オファリング（販売）方法

海外投資家を受け入れる際にはオファリング（販売）方法に留意が必要となってくる。主に海外

投資家を巻き込む際のオファリング方法をまとめたものが図8・5のようになる。

上場株投資家とのコミュニケーション

IPOプロセスでは、上場株投資家と対話する場が設けられており、自社の魅力を継続的に伝達する機会となる。一方で、有価証券届出書の提出前の勧誘行為は禁止されているため、その場合はあくまでご紹介＋温度感を探る場となる。具体的には図8・6のとおり。

ブックビルディング

IPO時に価格形成を行い場合、日本ではブックビルディング方式が用いられる。具体的には図

		旧臨時報告書方式	グローバルオファリング RegS	グローバルオファリング RegS＋144A
対象海外投資家	欧米・アジア	△	○	○
対象海外投資家	北米	-	-	○
対象海外投資家	海外投資家への販売活動	●欧州・アジアの投資家のうち当該方式に参加可能な投資家を対象にロードショー含めた販売活動を実施 ●国内募集案件と異なり人数の制限はない	欧州・アジアの投資家を対象にロードショー含めた販売活動を実施	●欧州・アジアに加えて北米の投資家を対象にロードショー含めた販売活動を実施
作成書類・資料(例)	目論見書	-	英文目論見書（英文監査済み財務諸表含む）	
作成書類・資料(例)	契約書	-	海外引き受け契約書等（英文）	
作成書類・資料(例)	ロードショー資料	英文スライド		
作成書類・資料(例)	弁護士事務所	日本法・海外法とも必要		

図8-5　海外投資家を巻き込む際のオファリング方法

〔出所：『スタートアップの成長に向けたファイナンスに関するガイダンス』（経済産業省作成資料）より〕

8・7のように実施し、価格決定を行う。想定発行価格が適切に評価されるよう、証券会社とは徹底的に議論する必要がある。

公開価格の設定

公開価格の設定は図8・8のようなタイプがある。先にも述べたように、日本ではブックビルディング方式が一般的である。

	イベント	概要
上場審査承認前	カンファレンス	証券会社主催のカンファレンスにて、機関投資家に対して自社事業を紹介
上場審査承認前	インフォメーションミーティング	主にIPOの半年～3か月前に機関投資家に向けて自社のエクイティストーリー等を紹介。なお、**現状では国内オファリングのみのIPOでの実施事例は少ない**
上場審査承認前	プレ・ヒアリング	**主に機関投資家に対して、需要の見込みに関する調査を実施。**なお、現状では、**販売圧力を受けにくい投資家に対してのみ限定的に認められている**
審査承認後	ロードショー	ブックビルディング期間の最終需要集計の元となる仮条件を設定するために、**機関投資家に向けて自社のエクイティストーリーやIPOの概要を紹介**

図 8-6　投資家との対話イベント

〔出所 :『スタートアップの成長に向けたファイナンスに関するガイダンス』（経済産業省作成資料）より〕

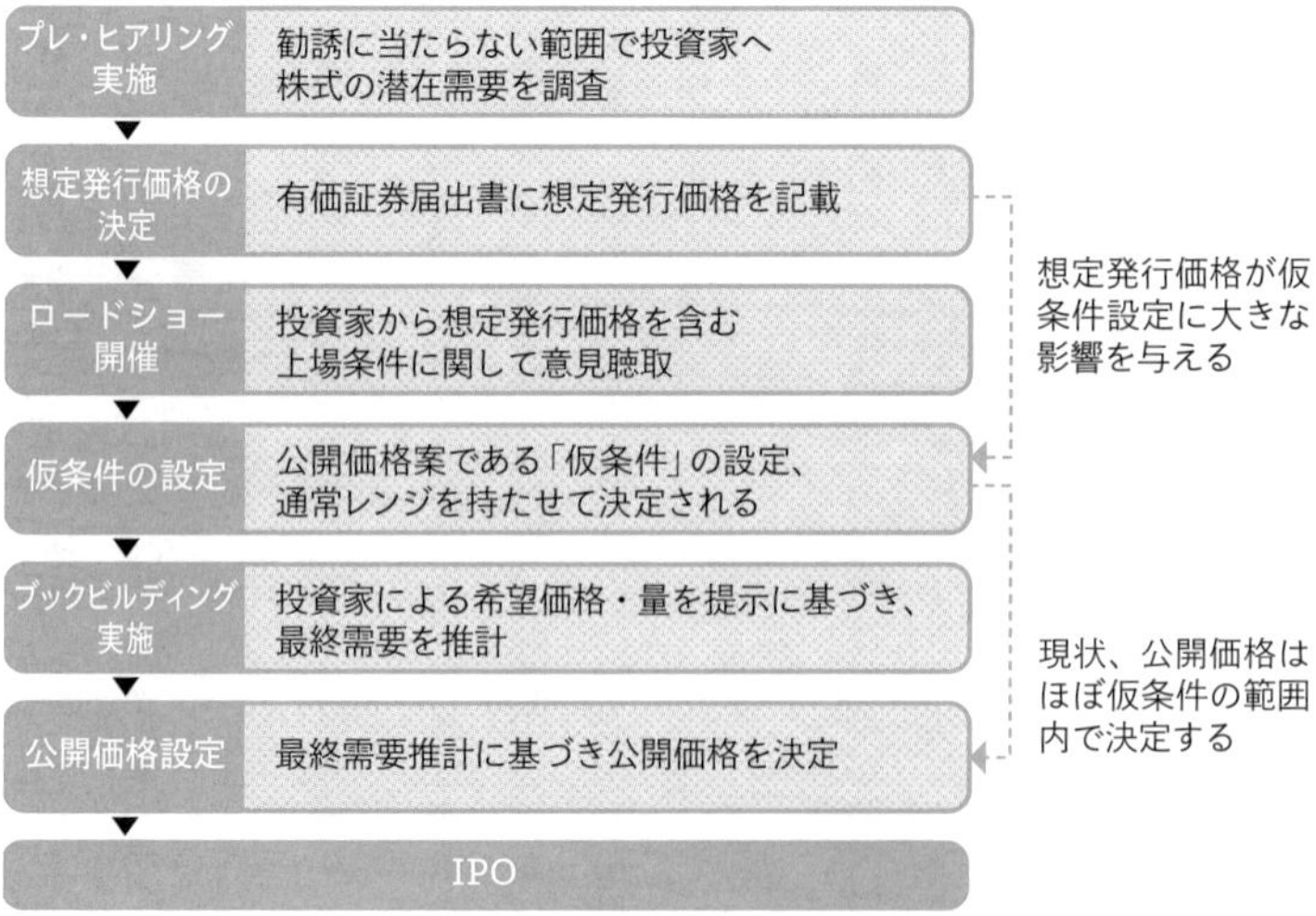

図 8-7　ブックビルディングのプロセス

〔出所：『スタートアップの成長に向けたファイナンスに関するガイダンス』（経済産業省作成資料）より〕

	入札の手順	値決めの基準	事例
ブックビルディング	主な機関投資家の意見に基づいて決定（引き受け証券会社の裁量で決定）	機関投資家への需要調査に基づき、仮条件レンジ中で決定	日本や米国における、ほぼ全てのIPO
部分入札方式	投資家が一定期間内に希望価格を入札	入札結果に基づいて、証券会社と発行企業が議論し、価格設定する	1997年8月までの国内IPOにおけるスタンダード
ユニファイド・オークション	機関投資家に希望価格と数量を調査	入札時の最多価格	米国の一部企業（Airbnb,Unity Software, DoorDash等）
ダイレクト・リスティング	引き受け証券会社を介さずに、発行隊自らが既存株を売り出す	市場の投資家の需要	海外の一部企業（Spotify, Slack等）

図 8-8　主な公開価格の設定方法

〔出所：『スタートアップの成長に向けたファイナンスに関するガイダンス』（経済産業省作成資料）より〕

何を解決する会社か、上場株投資家にシャープに伝えられるようにする

ＩＰＯの注意点、投資家層の変化

忘れてはならないのが、上場株式は市場が開いている限り、いつでも売り買いできるようになる。未上場株式と違い、流動性（株式の売買が行われる量）が上がるともいえるだろう。この流動性が生まれることで、未上場時にはいなかった投資家層が株主として参画するのがＩＰＯのメリットであり、変化だ。

日本のグロース市場の場合は大半が個人投資家であり、そのあとに金融機関、機関投資家などが並ぶ。彼らをどれだけ惹きつけ、魅力的な会社、応援し続けたい会社と思ってもらえるかが上場後の論点となる。ここの期待に応えられないと、ＩＰＯ後の売りが活発化し、株価が下落し続けることになる。当然、ＩＰＯ直後は期待感も込めて買い注文が入りやすいため、その後に熱狂が下がることはよくあるが、下落トレンドが留まらないと株価は安定しない。これこそが上場後の注意点であり、投資家層が大きく変わることは押さえておきたい。

機関投資家をどう呼び込むのか

機関投資家（資産運用、保険、銀行）はどのような目線で投資を行うのか、逆にどうすれば呼び込めるのか、考えていきたい。機関投資家の立場からすると、数千億円規模の上場株ファンドを運用する場合、銘柄数が多すぎると管理が難しいので、１社あたり最低でも数十億円は保有することになる。という前提に立つと、一つ問題なのは時価総額が１００億円規模であれば、20～30％の株式を保有するような事態になりかねない。これでは流動性が失われて、売り買いが自由なタイミングで出来なくなってしまうので、機関投資家は通常この規模には乗ってこないことが多い。加えて、４０００社近くある上場企業を機関投資家のアナリストがカバーするのには限界がある。ではどれくらいの規模なら見てもらえるのか。直近の市況では、時価総額３００～５００億円以上の企業であれば、機関投資家が見る対象として検討してもらえる可能性がある、といったところである。

一方、グロース市場上場時にこの規模感で上場できる企業は多くない。実際、グロース市場上場時の時価総額は中央値で83億円、平均値で１６２億円ほどである。つまり大半の企業が上場時は機関投資家の検討対象になっておらず、個人投資家からの期待を積み上げながら最低ラインの３００～５００億円を目指す必要がある。これを〝グロースの谷〟と呼ぶ人もいる。

エクイティストーリーを描き実践しよう

ではどうすれば、投資家から応援される会社になるのか。そのひとつの答えに、エクイティストーリー（ES）の策定と実践がある。自社の成長性が継続的に続くことを示し、優位性を高めることで、高い利益を生む、といった会社・事業における今後の道筋と呼んでもいいだろう。端的に、「弊社に出資するとリターンが出ます」を投資家に納得してもらうための将来構想ともいえる。このESの策定と、実際に目標値を毎期達成し続ける安心感がセットで必要になる。目標値を下回る状態では本当にESを成し遂げる会社なのか信頼が集まらず、株式の買いにつながりにくいからだ。当然、事業を伸ばす方向性としては、既存事業の成長と新規事業の開始がそれぞれあり、両方に特徴がある。それぞれ見ていこう。

既存事業の成長

当然、これまでの既存事業が引き続き成長するのは投資家としても安心感、納得感があり、まずこの点でES、事業計画を考えたい。

この際に論点となるのは

・事業の売上成長率
・事業の粗利

などだろう。

投資家として、売上が伸び続けるモデル、シェア獲得に伴って粗利が改善するモデル、などのポジティブな変化が起これば、今後も期待し続けやすくなる。一方、ベンチャー創業期の事業領域では、上場企業水準で見ると市場規模がそこまで大きくない可能性もある。その場合は既存事業と近しい市場領域を調査して、有望先であれば事業を立ち上げ、会社全体が狙う市場規模を伸ばす必要がある。自社単独で進出する場合もあれば、他社を買収し、参入するケースもある。次はM&Aによる事業拡張を見ていこう。

M&Aによる事業拡張

隣接領域の対象会社をM&A仲介や金融機関から紹介してもらい、買収検討していくパターンがまさにこれである。ただし、M&Aにあたっては、売り手側に買い手の会社とはいい関係性で傘下に入れそう、というイメージを持ってもらうことが必要であり、必ずしも金額を張ったからといってM&Aが実現するわけではない、というのが筆者の肌感である。その意味でも魅力的な買い手として、業界内で認知されることが、持ち込まれるM&A案件の質を左右すると筆者は考える。

なぜ上場後にM&Aが増えるのか

それではなぜ、上場後にM&Aが増えるのかについても記載しておくと、これには何点か背景がありそうだ。

- 上場時の調達で現預金が増えたこと
- 増えた現預金を必ずしもすぐ有効に使えるケース/そうでないケースがある
- 投資家からの期待を感じる中で、成長率を求められる
- 求められる成長率に対して、自社の新規事業育成が追いつかない
- 同テーマの他プレイヤーをM&Aすることで、早期に成長率実現を目指す

といった力学が働きやすくなるのだと筆者は考える。上場時のリアリティが少し伝わってきただろうか。

【参考文献】
○経済産業省「スタートアップの成長に向けたファイナンスに関するガイダンス」(https://www.meti.go.jp/policy/newbusiness/financeguidance.html)
○グロース・キャピタル ニュースリリース(https://www.gckk.co.jp/press/release12/)
○日本公認会計士協会「株式新規上場(IPO)のための事前準備ガイドブック〜会計監査を受ける前に準備しておきたいポイント」(https://jicpa.or.jp/news/information/2020/20201124acd.html)
○PwC Japan グループ「株式上場(IPO)の手引き」(https://www.pwc.com/jp/ja/knowledge/guide/ipo-guideline.html)

縮小する日本経済の中でも、拡大を続けるスタートアップ市場

スタートアップの世界はいま大きな変革期にあります。たとえば、次のようなニュースを目にした方もいらっしゃると思います。

・2022年のスタートアップによる調達額は8774億円、過去最高を更新
(『Japan Startup Finance 2022』レポートより)

・GPIF資金、VC・スタートアップに循環する流れ作る――岸田首相
(Bloomberg2022年4月12日)

・大手から新興、転職7倍　縮む年収差が追い風に
(日経新聞2022年3月6日)

特に現首相は2022年を〝スタートアップ創出元年〟と位置付けており、政府はスタートアッ

プへの投資額を5年で10倍に、という目標を掲げています〔経済産業省『スタートアップの力で社会課題解決と経済成長を加速する』（2023年3月）より〕。
DIMENSION株式会社が現在入居しているCIC Tokyo※に視察に訪れられたり、日本ベンチャーキャピタル協会で講演をされたりもしています。国のトップがスタートアップの支援について強い意志表明をすることに、大きな潮目の変化を感じます。

また、ミクロの視点でも1つ具体的な例をあげると、約10年前の2012年、筆者が在籍したスタートアップが5千万円の調達に成功した際、当時としてはそれなりにインパクトのある調達額でした。社内が湧きたつばかりではなく、周りの方が驚きとともに祝福してくれたことを今でも覚えています。しかし今や、社員数がまだ数人で売上もほとんどない状況であっても、ベンチャーキャピタルやエンジェル投資家からの最初の調達で5千万円を調達する企業の数は非常に多く、全く珍しいことではなくなりました。10億円以上の調達を発表する企業が、1か月の間に複数でることにも、驚かなくなってきました。

※CIC Tokyoは、世界に繋がるイノベーションの発進基地として、スタートアップのグローバルでの成長を支えていくとともに、世界中のイノベーター・投資家・企業が高密度に集う虎ノ門のイノベーション・コミュニティ

もちろんこれは一例にすぎませんが、スタートアップを起業する人にとっても、これからスタートアップに参画する人にとっても、特に最初の入り口の部分では、かつてないほどの環境が整っているといえます。但し、入り口に立つ難易度は下がりましたが、そこから事業を成長させる道筋は依然として厳しい、というのが'23年現在の現場での所感です。世間的には著名にみえても、業界にいる我々投資家の目線で本質を見ていくとかなり苦しい状況にあるスタートアップがあるのも事実です。

本書の中でも触れていますが、事業をスタートしてから軌道にのせるまでの過程には、多くのチャレンジが皆さんを待ち受けています。

最後に、スタートアップの起業にあたって次の3点をぜひ意識してみてください。

・創業初期の経営に必要なのは、基本的な「経営の型・考え方」を知ることです。本書で全体像を押さえて、各分野の専門書も読んでみてください。

・「型・考え方」を押さえた上で、自社には何が次に必要なのか、先読みをして前倒しで準備を進めてみてください。準備するほど、予想外の事態に対処する余裕が生まれるはずです。

・自分ひとりで悩まず、各分野の専門家の意見を聞くことを忘れないでください。スタートアップの経営は、適切なタイミングで、適切な専門家の力を借りられるかにかかっています。

経営する中で、自身だけで問題を乗り越えるのはハードルが高く感じると思います。重要なのは自身だけで悩まず、周りの人の知恵や力を借りて事業推進し、支えてくれた人や取引先、社会全体に事業を通じて報いることではないかと想います。

もし皆さんが壁にぶつかった際には、我々に気軽にご相談ください。

（問い合わせ先ＵＲＬ）https://www.dimensionfund.co.jp/contact

本書の執筆にあたって多くの関係者にご協力をいただきました。オウンドメディアDIMENSION NOTEでインタビュー取材に応じてくださった起業家の皆様、タイトなスケジュールの中ご調整いただいた各社の広報ご担当者様、起業家の皆様の熱意を文字に落とし込んでくれた小縣拓馬さん、そして執筆環境をつくってくれた元DIMENSION NOTE編集長の楠田悦子さん、資金調達〜ＩＰＯ周りで寄稿・壁打ちしてくれた元同僚の中山航介さん、長期にわたる執筆活動を暖かく見守りアドバイスくださった技術評論社・伊東健太郎さん、そしてこの執筆に至るまで多くのノウハウを次世代のために惜しみなくシェアしてくれた出資・支援先の起業家・経営陣、ファンドＬＰ投資家、同業関係者の皆様、原稿にアドバイスをくれた弊ファンドのメンバーの皆さん、現インターンの皆様、卒業生（旧インターン生）の平河さん、岡本さん、山本さん、檜山さんに厚く御礼申し上げます。

スタートアップの起業とは社会にこれまでなかったサービス・プロダクトを生み出し、大きな波を起こす最初の一歩であり、困難な過程を乗り越える意義があるアクションです。多くの志高いスタートアップが生まれることで、経済の成長や社会における課題の解決が実現できると信じています。社会を前進させるスタートアップを、一緒に生み出していきましょう！

筆者

スタートアップ関連用語集

Stage1（課題発見）

○ＭＯＡＴ…事業を守り続ける企業の強みや競合優位性のこと。

○ＳＡＭ…Serviceable　Addressable　Marketの略で、製品・サービスが実際に提供しうる市場規模のこと。ＴＡＭのうち、実際に見込める顧客層の規模となる。

○ＳＯＭ…Serviceable　Obtainable　Marketの略語で、製品・サービスが実際に獲得できる市場規模のこと。最も現実的な指標。

○ＴＡＭ…Total　Available　Marketの略語で、製品・サービスが獲得可能な最大市場規模のこと。

○ターゲットセグメンテーション…マーケティング対象を性別・年齢などの情報で分け、ニーズの異なる集団として細分化し、ターゲットを絞り込むこと。

○ピッチイベント…ベンチャーキャピタルなど投資家からの調達を希望する起業家が集まり、所定時間内に自らの事業をプレゼンするイベント。投資家は一度に複数の企業のアイデアに触れることができ、起業家は一度に多数の投資家に事業をアピールできるため、効率がいい。

○ファウンダーマーケットフィット…創業者のアイデンティティと事業内容が合致しており、創業者自身がマーケットを捉えている状態。

○フレームワーク…意思決定、分析、戦略立案などにおいて汎用的に用いられる考え方の枠組み。

○ペルソナ…架空に設定した人物像のこと。ユーザーのイメージを深め商品の訴求力を高める上で利用される。

○ロイヤリティ…他の代替ブランドがある中で消費者が特定のブランドの商品を繰り返し購入する状態。

Stage2（仮説検証）

○ＫＰＩ…Key Performance Indicatorの略語で、組織の目標を達成するために重要となる業績評価指標のこと。

○ＭＶＰ…Minimum　Viable　Productの略で、顧客に価値を感じてもらえる最小限の機能や製品のこと。

○ＰＤＣＡ…企業活動全体を、Plan－Do－Check－Action（ＰＤＣＡ）という観点から管理するフレームワーク。

○ＰＭＦ…Product　Market　Fitの略語で、顧客の課題を解決する商品が適切な市場に受け入れられている状態のこと。

○アジャイル…環境変化に機敏かつ柔軟に対応し、効率よく理想状態に近づいていくこと。

○デューデリジェンス…投資対象の実態やリスクに関する多面的な調査のこと。一般的にはビジネス、財務経理、法契約等の領域に分けて実施される。
○マイルストーン…プロジェクトの進捗を管理するために計画的に設けられた節目や中間目標のこと。
○ローンチ…新しいサービス・商品を立ち上げて世に送り出すこと。

Stage3（資金調達）

○ＣＡＧＲ…Compound average growth rate の略語で、年平均成長率を示す。市場規模やある企業の売上…利益などに応用される。
○ＣＰＡ…Cost per Acquisition の略語で、１つの顧客を獲得するまでにかかった費用。
○ＤＡＵ／ＭＡＵ…Daily active user の略で、Ｗｅｂサイトやアプリ、各種オンラインサービスで1日に1回以上利用したユーザー数のこと。同様にＭＡＵは月間での利用ユーザー数のこと。
○ＩＰＯ…Initial Public Offering の略語で、株を投資家に売り出して証券取引所に上場することにより、誰でも株取引ができる状態にすること。
○ＩＲＲ…Internal rate of return の略。投資資金を回収できる期間を考慮しながら、投資の効率性を図る指標であり、内部収益率と呼ぶ。
○Ｊ・ＫＩＳＳ…転換価格調整型新株予約権のこと。シードラウンドなどの正確な企業価値評価が行えない設立当初で使用され、より正確に評価できる次回ラウンド以降で使用できる新株予約権を引き換えに投資できる。
○ＬＴＶ…Life Time Value の略語で、ある顧客から生涯に渡って得られる利益のこと。
○Ｍ&Ａ…Merger and Aquisition の略語で、２つ以上の企業が1つになる合併とある会社が他の会社を購入する買収を示す。
○ＭＲＲ／ＡＲＲ…Monthly recurring revenue の略で、月次の売上のこと。サブスクリプション型のビジネスにおいて、事業の安定性や成長率を判断するための指標として用いられる。同様にＡＲＲは Annual recurring revenue の略で、年次の売上のことを指す。
○Ｐｒｅ／ｐｏｓｔ バリュエーション…企業の持っている価値を表す時価総額のこと。ｐｒｅバリュエーションは投資直前の企業価値を示す。
○ＲＯＩ…Return On Investment の略で、その投資でどれだけ利益を上げたのかを知ることのできる指標のこと。
○エクイティストーリー…投資家や株主に向けて会社の強みや特徴、成長戦略わかりやすくまとめたストーリー。
○エクイティファイナンス…企業が自社の新株を発行し売り出すことで、事業のための資金を調達すること。
○エンジェル投資家…企業間もないベンチャー企業に投資し、投資した以上のリターンを得ることを目的とした個人投資家。
○ストックオプション…株式会社の従業員や取締役が、自社株をあらかじめ決められた価格で取得できる権利。
○資金調達ラウンド…事業の成長フェーズの目安。投資家が企業への投資を実行する際に考慮される。創業直後から順に、シード・アーリー、シリーズA、シリーズB、シリーズC……と進行していく。
○デットファイナンス…企業が銀行借り入れや社債を発行することで、事業のための資金を調達すること。
○バーンレート…会社経営に際して1か月あたりに消費されるコストのことである。コストのみを考慮したグロースバーンレートと、売上ーコストを考慮したネットバーンレートの2種類があり、一般的には後者のネットバーンレートを用いる。

○ユニットエコノミクス…顧客・製品・店舗などのユニット単位で事業の経済性を測定する指標のことであり、LTV／CACの比などで判断される。

○ランウェイ…企業がキャッシュ不足し、倒産するまでの期間を指す。

○リードインベスター…ある資金調達ラウンドにおいて最大額の出資をする投資家のこと。そのラウンドにおける企業価値や株価などについて取りまとめを行う。

Stage4（マーケティングと集客）

○CRM…Customer Relationship Management の略で、顧客と良好な関係性を築き、継続していくこと。

○CS…Customer Success の略で、自社の顧客の成功や成長のために利用方法などに能動的に関与すること。

○CVR…Conversion Rate の略語で、特定のWebサイト・ページに訪れたユーザーの内、どの程度最終的な成果（CV：コンバージョン）に至ったかを表す指標。

○MQL…Marketing Qualified Lead の略で、購買可能性がありマーケティングするに値する見込客のことを指す。

○SQL…Sales Qualified Lead の略で、購買可能性が高く営業を行うに値する見込み客のこと。

○アップセル…顧客単価の向上ために、既存の顧客に対してより単価の高い商品に乗り換えてもらうこと。

○アウト／インバウンド…アウトバウンドとは企業側から消費者側に対して能動的にアプローチする手法のこと。一方、消費者側から企業側へ主体的に興味を持ってもらうためのアプローチをインバウンドという。

○オウンドメディア…企業自らが管理・運営し、情報を発信するメディアのこと。

○オーガニック…広告を用いずに、検索結果からサイトへのアクセス数のこと。

○チャーンレート…一定期間以内に顧客がサービスや契約を解除・退会する割合のこと。サービスに対するロイヤリティの高さを示す。

○チャネル…集客・サービスを提供するための媒体・経路のこと。

○ファネル…広く集客した見込み顧客が、検討・商談、成約へ流れる中で段々と少数になっていくこと。

○ブランディング…ブランドを顧客にとって価値のあるものにするための戦略または手法のこと。

○プル型／プッシュ型営業…プッシュ型営業とは企業が顧客に対し能動的にアプローチする方法のこと。一方でプル型営業とは、企業が市場にアプローチすることで顧客による企業への接触を促すアプローチ方法を表す。

Stage6（採用と組織づくり）

○ＯＫＲ…組織や個人の目標（Objectives）を定め、進捗を把握するための重要な成果（Key Results）を設定するという目標設定管理のフレームワーク。

○ＰＭＩ…Post Merger Integrationの略語で、Ｍ＆Ａ後の統合プロセスとマネジメントのこと。

○エバンジェリスト…業界の傾向や技術情報、自社製品やその価値をユーザーに向けて解説し、広く伝える人・職種のこと。

○オンボーディング…新しく採用した人材が企業文化や知識、スキルを身につけるための教育プロセスのこと。新人研修。

○シリアルアントレプレナー…新しい事業を何度も立ち上げる起業家のこと。

○ティール組織…上司の部下に対する細かい管理が無くとも、目的のために成長し続ける組織のこと。

Stage8（ＩＰＯを実現するために）

○ＲＯＩＣ…Return On Invested Capital、ロイクと読む。投下資本利益率。企業が事業活動のために投じた資金を使って、どれだけ利益を生み出したかを表現した財務指標。

○機関投資家…顧客からの資金を運用・管理する法人投資家の総称。主なものにに、「投資顧問会社」「生命保険会社」「損害保険会社」「信託銀行」「投資信託会社」「年金基金」などがある。

○仕訳テスト…公認会計士が財務諸表監査の一環として実施している手続で、経営者が内部統制を無効化して起票した「異常な仕訳」がないかを確認する。

○内部統制…企業が事業活動を健全かつ効率的に運営するための仕組み。内部統制を整備することで、社内の不祥事を未然に防ぎ、業務の効率化や資産の安全な管理を図ることができる。

○有価証券届出書…株式などの発行会社が有価証券の募集または売出しをする際に、金融商品取引法に基づき内閣総理大臣へ提出することが義務付けられている書類。

伊藤紀行（いとう・のりゆき）
早稲田大学政治経済学部卒業、グロービス経営大学院経営学修士課程（MBA, 英語）修了。
株式会社ドリームインキュベータからDIMENSIONファンドMBOに参画、国内のスタートアップへの投資・分析、上場に向けた経営支援等に従事。
主な出資支援先はカバー、スローガン、BABY JOB、バイオフィリア、RiceWine、SISI、他 全十数社。
ビジネススクールにて、「ベンチャー戦略プランニング」「ビジネス・アナリティクス」等も担当。
DIMENSION
https://www.dimensionfund.co.jp/

スタートアップ
起業《きぎょう》の実践論《じっせんろん》
ベンチャーキャピタリストが紐解《ひもと》く、成功《せいこう》の原則《げんそく》

2023年4月28日　初版　第1刷発行

著者　伊藤紀行《いとうのりゆき》
発行者　片岡 巌
発行所　株式会社 技術評論社
東京都新宿区市谷左内町21-13
電話　03-3513-6150　販売促進部
03-3513-6185　書籍編集部
Web　https://gihyo.jp/book

印刷・製本　昭和情報プロセス株式会社

装丁・デザイン　土屋和浩（glove-tokyo.com）、図版　後藤亜由美
編集　伊東健太郎（技術評論社）

ISBN 978-4-297-13401-3 C0034
Printed in Japan